2015

宁夏社会蓝皮书
BLUE BOOK OF NINGXIA'S SOCIETY

2015
宁夏社会蓝皮书
BLUE BOOK OF NINGXIA'S SOCIETY

主　编

张进海

副主编

郭正礼　李保平

黄河出版传媒集团
宁夏人民出版社

图书在版编目(CIP)数据

2015宁夏社会蓝皮书 / 张进海主编. — 银川:宁夏人民出版社,2014.12

ISBN 978-7-227-05932-5

Ⅰ.①2… Ⅱ.①张… Ⅲ.①社会发展—白皮书—宁夏—2015 Ⅳ.①D674.3

中国版本图书馆CIP数据核字(2014)第307389号

2015宁夏社会蓝皮书 张进海 主编

责任编辑 陈 浪
封面设计 张 宁
责任印制 肖 艳

黄河出版传媒集团
宁夏人民出版社 出版发行

地 址 银川市北京东路139号出版大厦(750001)
网 址 http://www.yrpubm.com
网上书店 http://www.hh-book.com
电子信箱 renminshe@yrpubm.com
邮购电话 0951-5052104
经 销 全国新华书店
印刷装订 宁夏精捷彩色印务有限公司
印刷委托书号 (宁)0016714

开 本 787mm×1092mm 1/16
印 张 15.75
字 数 232千字
印 数 2500册
版 次 2014年12月第1版
印 次 2014年12月第1次印刷
书 号 ISBN 978-7-227-05932-5/D·416

定 价 35.00元

目 录

总报告

领域篇

专题篇

调 研 篇

区域社会治理创新篇

2015年宁夏社会蓝皮书
BLUE BOOK OF NINGXIA'S SOCIETY

总报告

2014—2015年宁夏社会形势分析总报告

陈通明　吴灵捷　朱庆武

2014年，自治区坚持稳中求进的工作总基调，着力推进经济结构调整和产业转型升级，扎实推进稳增长、调结构、促改革、惠民生的各项工作，全区经济呈现"稳中有进，稳中向好"的运行态势，各项社会事业全面进步。整个社会形势运行正常平稳，发展态势良好。

一、2014年宁夏社会运行基本态势

（一）深化法治宁夏建设，推进"两优"发展环境

十八届四中全会提出了全面推进依法治国，建设社会主义法治国家的战略部署，为贯彻落实"中共中央关于全面推进依法治国若干重大问题的决定"，宁夏也适时出台了"中共宁夏回族自治区委员会关于贯彻党的十八届四中全会精神，全面推进依法治区的实施意见"，为法治宁夏建设做出规划，明确了任务，指明了方向。

1. 创新城乡社会治安综合治理工作。2014年以来，各地结合城市社区实际，普遍推行网格化服务管理，完善社区管理体制改革，推进老旧小区综合治理，建立规范化小区物业公司治安责任追究机制，不断创新城市社

作者简介　陈通明，宁夏社会科学院研究员，宁夏社会学会会长；吴灵捷，宁夏回族自治区党委政策研究室社会发展处处长；朱庆武，宁夏统计局社会科技和文化产业处副处长。

区社会治安综合治理工作。各地从农民专业合作组织党建、规范完善村民自治、基层综治、维稳组织建设、农村民风建设等方面进行强化和完善，充分发挥基层党组织的战斗堡垒作用，夯实农村社会治安综合治理基层基础。

2. 完善社会矛盾纠纷化解机制。各级综治组织进一步加强和规范矛盾纠纷排查调处工作，把工作重点放在重大、复杂疑难和未按期化解的矛盾纠纷上，逐案听取上月未化解矛盾纠纷调解进展情况，信访部门通报信访突出问题，对重大复杂疑难纠纷实行挂号管理。自治区综治办每月对五市和22个县（市、区）进京非正常上访人次，50人以上规模和较大及以上群体性事件发生数，月度应办结的到自治区党委、政府初信初访及未办结数，越级到自治区党委、政府上访批次及人次等指标控制情况进行通报，对接近临界的县区提出警示。

3. 落实社会公共安全管理措施，强化社会治安综合治理工作，治安形势明显好转。各地普遍建立交巡警合一的警务模式，将辖区内人口相对集中、治安相对复杂区域划分成若干巡区，全天24小时采用徒步和机动车巡逻等方式，加强重点区域防控能力，有力震慑犯罪，社会治安形势明显好转。自治区综治办在全区摸排了92个治安重点地区和突出治安问题，选取其中44个进行挂牌整治。2014年1—11月，全区交巡警共接出警51.7万起，日均1554起。其中违法犯罪占18%，求助（纠纷）交通事故类占70%。警情同比上升6.9%，刑事案件类同比下降9.6%，抓获嫌疑人同比提高14.1%。严重危害公众安全等八类案件下降5.8%，严重命案减少三成，治安案件查处数同比持平。

4. 城乡社区建设呈现新起色。自治区连续三年将城乡社区建设工程纳入民生计划。2014年协调下拨项目建设补助资金4250万元，跟踪协调和督促县（区）落实城乡社区项目选址、报批、评审、立项等工作。截至11月，100个城乡社区建设项目总体进展顺利。积极推进城市社区体制创新，2014年自治区党委、政府联合召开了全区和谐社区创建工作现场观摩会；全面清理和规范城市社区各类创评活动，切实减轻自治组织工作负担和释放自治组织活力。自治区党委下发了《关于做实村民代表会议制度提高村级治理水平的指导意见》，各地做实村民代表会议制度工作取得了阶段性成效。自治区人大修订通过《宁夏回族自治区实施〈中华人民共和国村民委员会组织法〉办法》，进一步强化了民主监督制度和措施。自治区、市、县（区）三级联动，对全区新当选村“两委”主要成员分批次、分层次进行了培训，提高了新当选村“两委”成员的理论水平和依法治村的能力。

5. 公民道德建设健康发展。推进诚信建设制度化。自治区拟定了《宁夏社会信用体系建设规划（2014—2020年）》。科技、工商、司法、金融、质检等部门也在制定本领域的诚信建设管理办法。推进志愿服务制度化。全区登记注册的志愿者达到123552名，志愿者团队数达到440个。公民思想道德建设工程深入实施。举办了第三届宁夏公民道德论坛，组织观摩了吴忠市推进社会主义核心价值观进村镇、进社区、进学校、进企业经验。开展了第九届“感动宁夏·2013年度人物”评选表彰活动和第四届全国道德模范、首届“宁夏好人”、宁夏最美人物等先进典型的选树和学习宣传工作，推出宁夏好人115名，荣登“中国好人榜”10人。未成年人思想道德建设进一步加强。扩大“日行一善”活动成果，组织拍摄了以“日行一善”为主题的“美德少年”舞台剧《我要大声唱》，到中小学校巡回展演。

（二）保障和改善民生，提高基本公共产品和公共服务水平

2014年，全区及各地继续大力实施改善民生计划，显著增强各级政府的基本公共服务产品供给，加快完善符合区情、比较完整、覆盖城乡的基本公共服务体系。

1. 优先发展教育。第一，深化教育领域综合改革，推进教育协调发展。突出学前教育办园体制改革，加快学前教育发展。制订出台了《宁夏回族自治区政府购买学前教育服务试点工作实施方案》，完成了20所购买学前教育服务试点的幼儿园遴选，审核确定了幼儿园具体实施方案。深化学校管理模式改革，制订出台了《宁夏优质教育资源扩面工程实施方案》，以优质学校为依托，采取优质学校加分校或弱校的方式，组建学校发展共同体，发挥优质学校的带动力和辐射力，促进区域内义务教育基本均衡发展。深化职业教育体制改革，打造西部职业教育高地。制订了《宁夏回族自治区职业教育考试招生改革实施方案》，进一步完善了中等职业教育春季招生和注册入学制度，设置并成立了自治区职教园区管委会。第二，不断提升教师综合素质。开展了推选全国教书育人楷模和最美乡村教师等活动。狠抓教师退出政策落实。截至2014年6月，全区共有4638名因年龄偏大、不适应教育教学岗位的教师办理了提前退休手续，腾出了编制和岗位。第三，深入实施教育惠民计划，提高教育发展保障水平。扩大普惠性学前教育资源。安排预算资金1.02亿元，新建、改建幼儿园45所。预计全区学前三年毛入园率将由2013年的60.4%提高至2014年的64.0%。安排资金2.1亿元，配发教育教学仪器设备和图书并改造了146所农村中小学田径运动场、篮球场、排球场65个。

2. 积极发展医疗卫生事业。第一，2014年，自治区加快医改推进步伐，开展公立医院综合改革试点。全区已有29家县级公立医院取消了药品加成，给群众让利9163万元。在全国率先开展“先住院后付费”诊疗服务。全区已有29家市级、45家县级、140家乡级医疗机构，为8.26万患者免住院押金1.35亿元。开展公立医院法人治理结构试点、落实大病保险制度，建立应急救助机制。确定了34所大病保险定点医院，制定了20种重大疾病标准化诊疗方案和医疗费用限额。加强医疗共同体建设，推进城乡医疗合作。第二，卫生计生民生计划取得实效。2014年，妇幼卫生“七免一救助”免费为48.2万妇女儿童人提供服务，免费治疗先天性患儿130名、救助乳腺癌和宫颈癌患者64人。免费为2213例白内障患者进行复明工程手术。免费为1.94万高危人群检测艾滋病，美沙酮维持治疗2746人，抗病毒药物治疗305人。免费为43.78万适龄儿童接种麻腮风疫苗、为41.5万65岁以上老年人建立健康档案。第三，计划生育政策稳步实施。实施“单独二孩”生育政策。全区“单独两孩”家庭申请再生育968户，完成审批220户。取消生育间隔。修改了《宁夏人口与计划生育条例》，正式取消4年生育间隔期。推进“少生快富”工程，控制中南部地区人口过快增长。截至2014年8月底，全区新增“少生快富”家庭4285户，人口出生率为12.53‰、出生人口性别比为109.12，人口指标控制达到预期目标。第四，公共卫生服务和重大疾病防控能力得到提升。2014年，基本公共卫生服务补助标准提高到每人每年35元，11类50项服务内容得到扩大。已为478万人建立电子健康档案。预防接种建证率、传染病报告率分别为99.8%、99.9%。加强重大传染病防控。做好H7N9禽流感、布病、鼠疫、埃博拉出血热、中东呼吸综合症等疫情监控。2014年全区乙丙类传染病报告发病率为383.92/10万，较去年同期下降12.1%。

3. 扩大城乡创业就业。全宁夏就业总体稳定，质量明显提高。2014年，在国内国外经济形势比较严峻的情况下，通过各方面的共同努力，宁夏就业总量进一步增加，就业形势总体平稳。2014年1—9月，新增就业人员6.89万人，完成目标任务的94.3%。城镇就业困难人员实现稳定就业6559人，完成目标任务的109.3%。登记失业率为4.04%，保持连年下降态势。不断加大区内外的转移就业力度。目前全区各地建设并形成园艺、阿语翻译、瓦工等劳务品牌41个，建设长期固定的劳务基地7个。截至2014年9月，宁夏农村富余劳动力转移就业70.37万人，完成年度目标任务的100%。转移就业显现出由注重区外转向注重区内转移的新特点，转移就业的稳定性得到进一步增强。创业带动就业作用进一步发挥。2014年以来，自治区各地进一步加强了创业指导服务工作，发展建立创业者协会。适时调整了小额担保贷款政策。截至9月底，完成创业能力培训9035人，培育小企业家3182家，培养小老板6374人，创造新岗位36031个，全民创业带动就业人数5万余人。创业园区（孵化）基地257个，创业服务组织119个。

4. 社会保障事业稳步发展。第一，截至10月底，全区企业职工养老、医疗、失业、工伤、生育“五险”参保475.2万人，城乡居民养老保险参保181.3万人，城乡居民医疗保险参保462.5万人。按时提高企业职工基本养老金水平，调整后全区月平均养老金达到2178元。合理提高医疗保险筹资水平。城乡居民医保个人筹资标准一、二、三档，分别由50元、200元、400元提高到70元、220元和440元。2014年自治区积极探索被征地农民参加养老保险办法，出台了《关于鼓励被征地农民参加养老保险的意见》，引导被征地农民自愿选择参加企业职工基本养老保险或城乡居民养老保险。第二，养老服务政策助推养老事业发展。2014年自治区政府印发了《关于加快发展养老服务业的实施意见》，加大社会力量举办养老机构的扶持力度。大力推进农村敬老院建设，投资9388万元，开工建设10所农村敬老院，设置床位1100张。引导社会力量新建民办养老机构8家，新增床位1218张；建成中卫市、盐池县、泾源县3个市、县（区）社区智能化信息服务平台，全区已有14个市、县（区）建设了养老服务信息平台，为2.3万名困难老人安装了"一键式"呼叫器。第三，扩大保障性住房建设。2014年，自治区继续加大保障性住房建设力度，开工建设保障性安居工程12.17万套（户），占全年计划的101.1%，累计完成投资110.5亿元。实现公共租赁住房和廉租住房并轨运行，出台《完善进城务工人员住房政策促进进城务工人员有序融入城镇工作方案》，把进城务工人员纳入公共租赁住房保障范围。积极探索公共租赁住房租售并举、共有产权制度，有序推进试点工作。创新融资模式，建立自治区棚户区改造融资平台，争取国家开发银行第一批贷款64.7亿元，年内可申请贷款197.4亿元。

（三）推进城镇化，优化国土空间开发格局

大力推进城镇化进程，努力构建以沿黄经济区为核心、固原市为次中心、其他县城和重点镇为补充，布局合理的城镇体系。

1. 突出核心带动，推动城市集群规模发展。全区按照"一主三副、核心带动，两带两轴、统筹城乡，山河为脉、保护生态"的城镇化总体布局。突出抓好大银川都市区和三个副中心城市组团发展，支持银川滨河新区、阅海湾中央商务区、石嘴山星海湖、吴忠滨河新区等城市新区建设，实施沿黄城市带产业园区、道路交通、商贸物流、基础设施等重点建设项目254个，完成投资294.2亿元；集中力量打造固原区域中心城市和8个大县城，实施固原西南新区、固原市规划展示馆、六盘山工业园等清水河城镇产业带基础设施、生态旅游、产业园区重点建设项目185个，完成投资83.5亿元，有效促进城镇向沿黄城市带、清水河城镇产业带和太中银、银宁盐两条交通干线城镇发展轴集聚，带动全区城镇协调发展。

2. 完善设施功能，切实提高城镇发展质量。自治区印发了《关于进一步鼓励和引导民间资本进入市政公用事业领域的实施意见》，在积极争取中央财政投资的同时，加快深化城市基础设施投融资体制和运营机制改革，通过多种形式吸引社会资本参与城市基础设施投资、建设和经营管理，指导各地统筹利用地上地下空间，加强道路、供水、供暖、绿化等基础设施建设，城市功能进一步完善。

3. 加强村镇建设，加快城乡统筹发展步伐。按照《美丽乡村建设实施方案》，指导各地立足本地资源禀赋、自然条件、区位优势、文化特色，因地制宜加快美丽村庄建设，全面完善基础设施，促进产业、人口向小城镇和中心村集聚。2014 年，开工建设交通节点型、旅游度假型、加工制造型、资源开发型、商贸流通型等重点小城镇 32 个，美丽村庄 102 个，开工率达到 100%以上，累计完成投资 23.3 亿元。

（四）实施生态移民，推进中南部地区扶贫攻坚

2014 年以来全区继续深入推进开发式扶贫，不断加大投入，逐步提高扶贫标准，构建专项扶贫、行业扶贫和社会扶贫格局。

1. 全力实施生态移民攻坚工程。自治区制订的《宁夏“十二五”中南部地区生态移民规划》启动三年来，截至 2014 年 10 月底，全区累计搬迁生态移民 26.1 万人，完成规划总任务 34.6 万人的 75.4%；累计建成移民住房 7.29 万套，完成规划总任务 7.88 万套的 92.5%；发展特色农业种植 35.44 万亩，养殖奶牛、肉牛 2.99 万头；累计开展移民教育培训 11.7 万人次，实现务工就业 10.45 万人，分别占规划总任务的 99%和 118%；生态建设累计完成移民新村生态建设 5.29 万亩，迁出区生态恢复 172.35 万亩，分别为规划总任务的 61%和 57%。

2. 实施强有力帮扶政策，大力推进产业扶贫。各地认真贯彻落实自治区的决策部署，探索总结出了产业扶贫的许多好经验和做法。银川市引进企业，搞“订单农业”，大力发展红树莓种植，探索特色高效产业促增收的新路径。鼓励发展设施温棚果蔬种植，促进移民四季增收。积极引进刺绣、草编等家庭手工项目，破解“5060”人员就业难问题。石嘴山市移民安置区制定了“2345”管理机制（即实现户均一套住房、一人稳定就业两项保障；加强与隆德县、移民对象和用工企业三方对接；确保教育医疗机构、公共服务设施、物业管理服务、基层组织建设四个配套；做到生活用品配置五个统一），采取移民社区网格化管理，开展先培训后搬迁，移民就业率稳居全区前列。创新实施插花安置移民方式，降低建设成本，减轻社会管理负担。吴忠市切实加强社会管理，积极播撒民族团结的种子，促进回汉群众“团结一家亲、建设和谐富裕新农村”。采取安置区布局与周边工业园区相结合，多渠道促进移民务工就业。中卫市组建了宁夏首家生态移民小贷公司，破解移民缺资金、贷款难问题，支持移民发展养殖产业。

3. *切实改善贫困地区生产生活条件*。各地移民新村基础设施均实现了“七通八有”（七通”是指通路、通水、通电、通邮、通广播电视、通电话、通公交，“八有”是村级活动场所、有学校、有幼儿园、有卫生室、有劳动就业服务中心、有广场，有超市、有新能源），移民群众吃水难、行路难、上学难、就医难等问题得到有效解决。各地科学制订移民产业发展规划，大力发展特色种养业、设施农业和劳务产业，拓宽了移民增收渠道，农业生产由传统“雨养农业”向节水、高效、精细的现代农业过渡，逐步改变了靠天吃饭的格局。

（五）改善生态，美丽宁夏建设取得进展

树立生态、绿色、低碳发展理念，以节能减排和生态建设保护为重点，健全激励和约束机制，加快构建资源节约、环境友好的生产方式和消费模式，增强可持续发展能力。坚持以区情为基础，以民意为导向全面推进社会治安综合治理工作，有力维护了社会治安大局，为全区经济社会健康有序发展提供了和谐稳定的环境。

1. *生态环境建设受到越来越普遍的重视*。2014 年自治区继续加大了环境污染治理投资力度，并将污染减排年度目标纳入 5 个市经济发展目标考核范围之内。据国家环境保护部最新通报，2014 年上半年，宁夏主要污染物排放量：化学需氧量排放量 11.30 万吨，同比 2013 年上半年下降 1.4%；氨氮排放量 0.84 万吨，同比下降 3.8%；二氧化硫排放量 20.49 万吨，同比上升 0.7%；氮氧化物排放量 20.02 万吨，同比下降 9.3%。

2. *以改善人居环境来推动生态文明建设*。宁夏五个地级市结合自身发展特点，围绕着生态环境建设、城市功能定位、人居环境改善来推进生态文明建设。银川市按照“东治沙，中理水，西护山，环城高速以内出精品”的总体思路，推进生态环境建设。银川以“生态之都，人居银川”获得了“2014 亚洲都市景观奖”城市综合奖。石嘴山市加快转型发展步伐，加大了对星海湖、瀚泉海、天河湾、惠泽湖的建设和保护力度，城乡绿化、环境综合整治、采煤沉陷区治理效果明显，初步形成了山水园林的生态城市格局。吴忠市以黄河生态景观建设为主线，突出黄河主轴带动，率先打造黄河金岸，确立“生态立市”战略。固原市把解决山绿与民富作为根本任务，按照城市园林化、城郊森林化、道路林荫化、庭院花园化的城市绿化布局，坚持城乡绿化与城乡建设同步规划、同步实施，提出打造“绿色固原”奋斗目标。中卫市借黄河水利之便，注重生态环境建设，加大了沙漠化、盐渍化及城市“三废污染”的治理力度。

二、2014 年宁夏社会发展存在的问题和矛盾

像整个当代中国一样，宁夏在不断赢得发展进步的同时，也必然伴生着不容回避的矛盾和问题。正视并采取积极有效的措施解决这些矛盾和问题，才能有效避免失误，使宁夏不断向好的方向发展。

（一）新型城镇化:产业集聚能力弱，对人的关注不够

1. 发展规划滞后衔接不紧，城镇产业支撑能力不强、人气不旺。像国内大部分城镇发展模式一样，宁夏城镇化的突出特征也是政府主导、大范围规划、整体推动以及在空间上具有明显的跳跃性，而且政府的主导作用更加突出。城镇建设中重规模、轻质量、缺乏特色，城市管理分散、服务跟不上；资源不能共享、部分项目重复建设，产业同质竞争问题比较突出，不利于区域整体协调发展。由于大多数县城、建制镇人口偏少，规模经济优势没形成，基础设施建设和运营成本高，配套水平低，推高了发展成本。产业聚集能力较弱，吸纳就业能力强的现代城镇产业体系尚不健全，产业整体规模小、布局分散，与城镇发展的协同性低。一些城市面积扩张过快过大，单位土地面积容纳人口偏低，民居空置率很高。依靠产业发展吸纳农民自愿进城的主渠道作用还不够突出。由于本地就业机会少，中部干旱带和南部山区人口自发外迁趋势明显，城镇凝聚力不强。

2. 对“人的城镇化”关注不够。城镇化的核心是“人的城镇化”，而宁夏在 2014 年按城镇户籍人口计算的城镇化率仅为 40.1%，有 10.5%的农民还没有完成真正的身份转换，未能享受到城镇居民的公共服务和社会保障。

即使解决了城镇户籍的部分农民变为新市民后，在思想观念、生活方式和劳动技能并没有相应“城镇化”，一些地方城镇人口增加受行政区划调整、征地拆迁等偶然因素影响较大，存在农民“被城镇化”问题。少数新市民法制观念、公德意识淡薄，一些新市民劳动技能不适应非农产业需要，普遍存在“有活没人干，有人没活干”窘态，结构性失业仍是潜在的不稳定因素。大量农民工聚集城市、虽然住在城镇，但没有真正融入城市，即所谓“半融入”。

3. 失地农民问题仍然比较突出。第一，随着工业化和城市化进程的加快，大量的农村集体土地被征用，失地农民越来越多。城镇化的一个主要方式是征地与圈地。正如李强教授所指出的，土地开发的主要利益也往往被主导者获得，被垄断开发的大开发商获得，有些甚至是被某些干部和腐败分子获得；相比较而言，被征地的原土地使用者、占有者往往处于弱势的地位。后者虽然在户口簿上成为了城市居民，但却享受不到城市居民应有的各种社会保障，失地补偿偏少，也无法满足他们失业后的养老、医疗保障等现实问题，他们对失地后的生活前景感到心存疑虑，对自己的未来感到自卑、无奈和迷茫。一些地方的失地农民由于缺乏可持续生计安排，面临“种地无田，上班无岗，创业无钱”的困境，他们的心理失衡和对城市化的抵触，由此引发的群体性事件日渐增多。特别需要指出的是，近10年来，宁夏城市化进程快速推进，失地农民急剧增加。截至2014年10月，全区失地农民总数达36.1万人，占全区常住人口的5.3%，占城区户籍人口的12.9%，其中，银川市最多，达13万人。第二，结构性失业和生活刚性消费开支大造成失地农民生活水平下降。有些县（区）失地农民收入增长缓慢，有的生活水平有所下降，下降的主要原因是收入来源不稳定性增多，生活消费刚性开支比在农村大幅上涨。银川市西夏区完全没有经济来源和无固定收入的失地农民占到30%。第三，社保制度不完善将给社会稳定带来隐忧。从总体上看，失地农民社会保障覆盖面窄，保障水平低。2014年6月，自治区出台的《关于鼓励被征地农民参加养老保险的意见》应该是解决失地农民社会保障问题的有力举措。抽样调查显示，截至2014年10月，失地农民参加城乡居民养老保险的占65.4%，没有参加城乡居民养老保险的占 34.6%。

（二）反贫困的难度日渐加大，任务异常艰巨

按照 2300 元（2010 年不变价）贫困标准，宁夏还有 80 万建档立卡的贫困人口，长期以来制约贫困地区发展的水、路等瓶颈问题依然突出，贫困人口多、贫困程度深、脱贫难度大的基本状况尚未根本改变。总体上讲，宁夏扶贫攻坚任务仍然艰巨繁重，扶贫开发到了啃硬骨头的攻坚阶段。

1. 生态移民遗留问题突出。第一，工程建设资金缺口较大。目前实行的 700 元/米^2 建房补助标准是按照 2009 年物价水平核算的。各移民安置区建房的实际招标价在 1000—1100 元/米^2 之间，加之需配建围墙等辅助设施，各移民安置区都不同程度地出现资金缺口，形成了县级债务。据测算，完成“十二五”生态移民任务，总投资约需 150 亿元，同规划概算投资的 105.8 亿元相比，资金缺口约 44 亿元。第二，一些移民安置区生产生活条件亟待改善。一些移民点布局在条件较差的区域，水利设施不配套，生产用水矛盾突出，对移民生产生活影响较大，群众反映是“从干旱地区搬迁到干旱地区”。第三，特殊人群未搬迁影响迁出区生态修复。在生态移民整村搬迁地区，仍有部分群众没有迁出，这部分人的土地与已迁出村民的土地插花分布，给生态修复和封禁管护带来较大困难。据了解，这类特殊人群在各迁出区基本都存在，占比 5%—10%不等。第四，社会管理问题凸显和公共服务滞后。移民安置地区社会管理力量薄弱、中小学老师编制不足，就医看病、出行交通和子女就学等陷入困境。移民村管理人员不足，移民社会保障政策落实不及时、不到位，配套建设的各类基础和公共服务设施后续运行管理费用较高，移民户籍管理跟进不及时，宗教场所建设和宗教事务管理不到位。

2. 移民难度越来越大。劳务移民是这次生态移民工程的一项创新举措，按规划占移民总数的 25%。但符合劳务移民条件且有劳务移民意愿的对象还是较少。截至 2014 年 12 月底，已建设劳务移民住房 1.83 万套，占总任务的 94.4%。搬迁安置劳务移民 10738 户 4.31 万人，仅占劳务移民总任务的 51.1%。有些地区劳务移民安置房建成后空置的现象严重。山区县内移民选出有水、有地、具备安置条件的地方比较困难，县内移民任务落实有难度。近三年来已搬迁生态移民26万多人。其余8万多人中，符合搬迁条件的移民对象搬迁积极性不高，对迁入区的条件期望值过高，甚至不愿意搬迁。特别是待迁出的移民中，三代多人家庭、分家未分户的多人口家庭，更不愿合户搬迁，即便搬迁出来，因住房困难，又返回原籍，造成迁出区送不出人、拆不了房、恢复不了生态，迁入区因住房矛盾纠纷，上访不断，管理难度加大。加之今年雨水多、收成好，拟定搬迁移民中部分更不愿搬迁。

3. 扶贫开发后续产业培育缓慢。第一，群众增收致富难度大，部分移民"等靠要"思想严重，缺乏艰苦创业精神。移民自身文化程度低，发展意识不强，经济基础薄弱，加之缺乏发展产业资金支持，现有的扶贫互助资金、千村信贷等项目覆盖面窄，资金额度小，无法满足群众需求。信用社贷款门槛高、利息高，大多数人够不着、担不起。由于缺乏有效抵押物和担保人，越困难的群众贷款越难。新开发土地短期内很难产生经济效益，就业创业渠道不宽，土地流转、奶牛托管后移民无事可做。个别地方甚至出现农民收入不增反降的现象。第二，务工收入不稳定。各地移民安置区普遍采取土地流转、养殖托管的形式实行规模经营，一些"5060"移民外出打工无人要，从事种养没地方，有回流风险。据抽样调查，生态移民小学及小学以下文化程度的占66.8%，初中占23.7%。受自身文化素质和技能所限，主要靠到建筑工地打散工谋生。2014年受经济下行影响，务工环境变化大，出现了找工难、收入低、不稳定的问题。第三，产业规划和生产实际脱节。中南部地区群众素有搞分散养殖的习惯，但搬迁后庭院一般只有四分地，建设养殖圈舍空间受限；有的移民安置区统建了养殖园区，但缺乏龙头企业和大户带动，圈舍空置率高。有的移民安置区统建温棚和节水灌溉设施，"为最落后地区的农民提供了最先进的农业设施"，移民受自身观念、技能限制，存在不会种、不敢种、不愿种的问题，导致部分设施温棚闲置。

（三）老龄化问题日渐凸显，社会保障和养老服务产业发展相对滞后

1. 老龄化速度快。宁夏于2009年进入人口老龄化社会，虽然比全国晚了10年，但老龄化速度加快，每年以5%的速度递增，高于全国1.8个百分点。截至2013年10月，宁夏60岁以上老年人口已达80.7万，占总人口的 12.2%，其中失能失智老人 14.98 万，占老年人总数的 18.6%。而“421”（指独生子女制度实行数十年后形成的每个家庭一般拥有 4 个老人、夫妻 2 人和 1 个孩子）的家庭结构，致使家庭难以承担养老责任。而社会保险和养老事业发展缓慢，又远远未能跟上。

2. 企业职工养老保险、养老基金支付压力逐年加大，制度可持续性面临挑战。2013 年，全区有 18 个市县当年养老基金收不抵支 8.86 亿元，自治区给吴忠、灵武、平罗、同心、隆德、海原等 6 个市县下拨调剂基金 2.78 亿元。2014 年，需自治区下拨调剂基金的市县增加到 9 个，截至 2014 年 9 月底已下拨调剂基金 17 亿元。2014 年全区基本养老保险基金预算收入 92.5 亿元，支出 103.46 亿元，基金缺口 11 亿元。预计到 2022 年宁夏基本养老保险基金累计结余将全部用完。

3. 城乡居民养老保障水平偏低，养老保险保障层次单一造成过度依赖基本养老保险。2014 年，宁夏城乡居民养老保险基础养老金每人每月为 85 元，部分市、县、区在此基础上提高了本地基础养老金水平，银川市基础养老金已达到 135 元，石嘴山市和中宁县达到 115 元，中卫市达到 100 元，吴忠市达到 95 元。与发达地区的城乡居民养老金标准和物价水平相比，保障水平总体偏低，差距较大（京津沪分别为 430 元、220 元和 540 元）。现在，只有电力、烟草、银行等经济效益较好的单位建立了企业年金，其他企业仅为部分职工缴纳了企业职工基本养老保险，养老保障方式单一，企业年金和个人储蓄性养老保险未能发挥应有作用，职工养老待遇仍过度依赖政府基本养老保险。

（四）社会治理体制面临的矛盾和挑战

党的十八届三中全会通过的《中共中央关于全面深化改革若干重大问题的决定》指出：“创新社会治理，必须着眼于维护最广大人民根本利益，最大限度增加和谐因素，增强社会发展活力，提高社会治理水平，全面推进平安中国建设，维护国家安全，确保人民安居乐业、社会安定有序。”实现这一要求的重点是改进社会治理方式、激发社会组织活力、创新有效预防和化解社会矛盾体制、健全公共安全体系等。

1. 不断创新社会治理方式的压力较大。一是系统治理的整体能力还不强。社会治理体系建设步伐较慢，社会各方面参与治理的积极性还不高，多元主体协商共治、协调互动、共建共享的机制还不完善，政府治理和社会自我调节、居民自治良性互动的格局还没有形成。二是综合治理的能力还比较弱。一些地方和部门往往寄希望于运用单纯的方式和手段快速见效，忽视宣传引导、思想教育，不能积极创新思维。三是源头治理的问题还比较多。不主动研究问题，不注重寻找问题发生的内在规律；硬件建设层次较低，软件建设水平不高，无法适应治理要求。四是依法治理的任务还比较重。

2. *公共安全体系建设的压力越来越大*。一是食品药品安全风险的防范压力越来越大。近些年宁夏在食品药品安全监管制度创新、监管能力建设和监管体系完善方面取得了进展，但随着食品药品生产的科技含量日益提高和现代化程度日益加深，一些不法生产经营者不惜以身试法，监管制度本身还存在漏洞，监管环节存在空白，尤其城乡结合部和广大农村监管力量薄弱，致使不可预知的风险隐患仍然很多，加之宁夏主要是一个食品药品输入省区，监管形势依然严峻。二是安全生产风险防范的压力越来越大。近年来安全生产形势不容乐观，企业内部管理和风险控制体系建设滞后，安全防范设备陈旧落后，在煤炭、化工等生产领域仍然存在一些不可预知的安全隐患，隐患排查治理体系和安全预防控制体系还没有真正建立，遏制重特大安全事故的机制还不完善。三是应对各种自然灾害的能力还比较低。应对各种自然灾害的应急救援体系建设缓慢，硬件配套率较低，救援队伍系统培训工作力度小，整体能力不能适应新的要求。

3. *基层社会治理面临严重问题*。一是基层社会治理的不确定因素不断增多。农村治安防控能力较弱，城乡结合部、城中村综合整治进展缓慢。城乡结合部、城中村人员组成复杂，基础设施不完善，环境脏乱差，治安防控能力弱，成为各种治安案件高发地段。农村地区治安防控体系层次仍然较低，专职治安巡防队伍未完全建立，治安防范水平还处于较低层次，隐患不少。群众对公共服务、物业管理、社会治安等问题投诉较多，而有些虽已整治，但存在重居住建设、轻社会管理和治安防控的问题，防控设施不配套，自我管理能力弱。二是基层社会治理的综合能力比较薄弱，城乡社区网格化服务管理发展不平衡。从基础设施到必需设备，从制度建设到法律意识，从人员配备到组织领导，基层社会治理的综合能力普遍较低。各县（市、区）综治办和乡镇（街道）综治委（办）力量薄弱，社会治安综合治理和平安建设工作令人堪忧。

4. 政府部门社会治理责任缺失，社会力量参与社会治理渠道不畅。从社会治理的视角看，现在面临的一个突出问题是一些政府工作部门不能完全履行职责，从文件到文件，从会议到会议的工作方式相当普遍；一些部门的工作水平低，目光短视，得过且过，应付差事，部门间缺乏沟通协调；有的部门和公务人员宁可不作为，也不愿承担丝毫的责任；部门利益和个人利益成为某些部门和一些公务人员决策做事的基本出发点，说什么“为人民谋福祉，为社会奉献力量，为国家尽责任”，那不过是他们拉大旗作虎皮的幌子而已。另一方面，社会力量对于社会治理，既缺乏积极性，又没有平台和能力。截至 2014 年 11 月，宁夏共有社会组织 4580 家。这些社会组织大都缺办公和活动场地，硬件基础设施和配套设施严重不足，普遍缺经费。社会组织竞争力和发展后劲不足，承接政府购买服务能力不足。总之，社会力量和社会组织参与社会治理还缺乏法治和制度性保障。

三、2015 年宁夏社会发展展望和创新社会治理的对策建议

（一）按规律科学有序的走新型城镇化道路

城镇化是人们的居住方式、生产方式、就业方式、生活方式的巨大变化，而对于这种变化无论是管理者、社会还是个体都需要有一个比较漫长的适应过程。因此，追求速度，盲目扩张对城镇化绝无益处。截至 2012 年，宁夏的城镇化率已超过 50%，城镇人口首次超过农村人口，今后一个时期，宁夏的城镇化将进入高速发展阶段。2014 年 7 月国务院正式印发了《关于进一步推进户籍制度改革的意见》，提出到 2020 年，将有 1 亿农业转移人口和其他常住人口在城镇落户。按此测算，宁夏在今后 6 年应有约 50 万人口落户城镇。

1. 突出特色，坚持规划先行，有序推进全区新型城镇化。推进新型城镇化科学发展，必须按照把宁夏作为一个城市规划建设的理念，做到规划

先行，坚持规划引领。认真实施《宁夏空间发展战略规划》的思路，发展宁夏新型城镇化。每个城市（镇）要从各自的地理位置、历史文化、风俗习惯、资源禀赋出发，突出特色、科学定位，着力塑造城镇的个性化形象和品牌，让居民能望得见山、看得见水。强化规划的严肃性、权威性、强制性和硬约束机制、责任追究制度，确保规划落实。

2. 宁夏新型城镇化以发展市县（区）城市为主，坚持城乡互动，实现城乡一体化发展。社会学家李强和他带领的研究团队认为，小城镇虽然一度被视为实现农村人口转移、解决中国城镇化问题的重要载体，但是，20多年来的实践证明，小城镇也有其局限性。作为现代文明载体的城市，其聚集文明和极其高效率的重要原因在于其集约化能力极其强大，而小城镇的集约化能力毕竟有限，创造就业岗位的能力毕竟有限，城市生活丰富程度毕竟有限。为此，提出解决问题的出路就是大力推进以县城为中心的中等城市的建设，大力发展县域经济。从宁夏的地理、环境、人口状况和城镇化发展的实践来看，这一意见值得考虑。在宁夏，一般情况下，也只有县级及以上城市才有集聚产业、发展服务业，吸纳人口就业、产生集约化的“滚雪球”效应。要推动银川、吴忠一体化发展，建设好石嘴山、中卫、固原三个副中心城市，继续推进积极培育特色突出、功能多样的县城建设，大力提升人口承载能力，为更多的人提供资源和机会。加快建设美丽乡村，落实好《宁夏美丽乡村建设实施方案》，制订好村镇布局规划，着眼于农村未来发展趋势，以环境优美、农民富裕、民风和顺为目标，推动公共基础设施向农村倾斜，加强农村环境综合整治，改变一些乡村脏乱差的情况，实现乡村道路硬化、卫生净化、村庄绿化、环境美化。要重视农村文化建设，既要注重“市井文化”，也要重视发展“乡土文化”。要尊重自然、顺应自然，慎砍树、不填湖、少拆房，坚决防止用城市开发建设模式建设新农村。

3. 坚持产城融合，不断增强城市经济实力。各市县要从资源禀赋、产业基础、区位条件出发，统筹规划建设产业园区，优化产业布局，重点培育具有鲜明区域特色的主导产业，坚持错位发展，避免同质竞争，不断增强经济实力，为新型城镇化提供支撑。创新机制，整合资源，引进旅游大企业，建设核心景区，推进文化旅游产业融合发展、更快发展。充分发挥贺兰山东麓的酿酒葡萄产区之优势，把葡萄酒产业与推进银川市新型城镇化结合起来，做成世界一流产业。

4. 进一步规范土地征用行为，提高征地补偿标准。据全区城市建设总体规划数据显示，到2030年，五市和各县（市区）城市规划区总面积将达到1630平方公里，比2011年的城市建成区面积还要净增加1127.8平方公里，还将有约169万亩耕地被征用，按照每征用2.3亩耕地产生一个失地农民计算，预计到2030年宁夏失地农民将新增80万—90万人，失地农民总数将突破100万，占农村总人口近三分之一。城市建设要尽量减少大规模占用耕地，鼓励多使用山荒地，严格执行用地规划，节约、集约用地，严禁随意大面积征用农村集体土地。确需征用的要充分尊重群众意愿，坚决反对强征强用。合理调整城市规划区建设规模，避免因“造城运动”给社会发展带来负面效应。按照公平补偿原则，以土地的市场价值为依据，确定征地补偿，切实保护农民利益。要充分考虑农村经济发展和农民收入增长的实际,按照“就高不就低”原则，适当调整现行征地补偿标准。改变以货币补偿为主的单一补偿方式，采取“货币+就业安置+社会保险+土地股份”的补偿办法，积极探索多渠道、多样化的征地补偿方式，不断拓宽补偿渠道。要为失地农民提供多种方式的法律援助，确保失地农民在其合法权益遭到侵害时具有寻求法律保护的条件和环境，使农民对土地的权利切实得到法律的保护。

（二）创新扶贫机制，注重扶贫实效

1. 尝试政府+公司+移民的生态移民模式和机制。过去宁夏的政策性移民，无论是哪种模式，由政府主导移民开发是主要特点。根据外省经验，宁夏生态移民也可以尝试由政府出资，委托公司来运作，按照统建和自建房屋相结合加补贴的方式和路径组织移民开发。陕西省已做了这方面的尝试，并取得了成效。陕西陕南移民搬迁有限公司是经省政府批准由陕西有色金属控股集团和省财政厅共同出资组建的具有政府管理职能国有企业，其责任就是筹措陕南移民搬迁启动资金。公司“五大职能”是方案审查、资金预算、安排启动资金、加强监督和资金回笼。搬迁公司还承担“两个任务”，一是抓示范点建设，二是信息化管理。

2. 探索建立金融扶贫模式。选择中南部地区条件较好的县（区），开展金融支持扶贫产业发展试点，利用“自治区财政补助资金+地方配套资金”的方式，设立产业扶贫担保资金，与金融机构合作，按一定比例放大投放贷款，撬动金融机构加大对贫困户的贷款支持。完善扶贫贴息贷款政策，进一步扩大互助资金、千村信贷、农村小额信用贷款、农村妇女创业小额担保贷款规模和覆盖面，实现对贫困村全覆盖。在贫困地区重点培育一批信用户、信用村、信用乡镇。对在贫困地区信贷投放较多的金融机构，在发放支农再贷款、办理再贴现、差别准备金动态调整等方面给予优先支持。

3. 以水定项目，以水定人口。按属地管理原则，统筹解决移民群众的生产生活困难。有关县（市、区）和自治区水利、国土、住建、环保等部门加强协调，加大项目和资金投入力度，加强水资源调配、土地整理改良、水利和环保设施配套建设，妥善解决移民安置区的突出问题。今后移民安置区选址要把水土资源支撑能力作为前置条件，以水定项目，以水定人口。

4. 完善生态移民政策，将部分县内移民转为扶贫开发整村推进。一是对生态移民规划区内的“单人单户”、非农户迁转户籍给予适当经济补偿。二是采取插花安置方式解决大户搬迁问题。对整村搬迁范围内尚未安置的几代同堂大家庭，利用灌区进城农民闲置住房、土地插花安置，促成尽快搬迁。三是妥善解决迁入地相关人员编制配备问题。根据生态移民迁出地和迁入地人口变化，及时将迁出地的行政、公安、教育、医疗卫生等管理人员编制核转迁入地，加强移民安置区的基层管理和服务。目前可通过迁入地向迁出地定向遴选方式，实现行政管理和公共服务人员带编转移。四是对选址困难、水土资源偏紧的县内移民，建议转为贫困村整村推进，这样更有利于节约成本，整合资源，增强群众自我发展能力。

（三）强化政府功能，让社会保障事业惠及全体公民

1. 合理确定社会保险事业中政府、企业和个人的责任。社会保险是由政府、企业和个人三方支撑的“三足鼎立”的制度。但现在主要的问题是责任分担不清，甚至失衡。学术界普遍认为企业是社会保险缴费负担最重的一方，企业职工养老保险 20%的企业缴费率显著高于福利最大化条件下最优缴费率15%的水平，这不仅会对企业的经营及市场竞争产生不利影响，也不利于养老保险制度的长期稳定和可持续发展。有研究者指出，中国五项企业职工社会保险法定缴费之和相当于工资水平的40%，有的地区甚至达到50%，在181个国家中排名第一。清华大学白重恩教授的研究结果也指出，中国社会保险缴费率约为“金砖四国”其他三国平均水平的2倍，是北欧五国的3倍，G7国家的2.8倍，是东亚邻国和邻近地区（中国香港和中国台湾）的4.6倍。居高不下的缴费率不仅影响当期消费，也严重影响了企业的竞争力，导致企业特别是小微企业、西部企业负担更重一些。有的研究成果通过模型测算分析，认为小微企业能够承受社会保险负担最高限度为26.9%，适宜的缴费限度为18.8%。事实上这一结论尚未考虑企业的所得税和营业税等，如果再加上这些因素，企业社会保险缴费负担还应当有所降低。

社会保险制度也是政府为社会提供的、最基本的公共服务和公共产品之一。对社会保险的投入实际上是政府实施的一个社会资源和财富再分配过程。目前从政府财政的角度看，中央政府承担了投入的主要责任，而地方政府除了承担管理责任并付出管理运行成本外，并无直接的投入。从社会政策“托底”的功能来看，需要地方政府与中央政府共同分担为社会保险制度托底的责任，在地方财政对民生的投入中，对社会保险的投入应当是一个逐年加大的过程，这是自治区政府在财政安排中应当运筹谋划的一个重要方面。要积极应对人口老龄化加剧发展带来的社会压力和挑战，逐年加大政府补助投入，以弥补在执行社保制度中各种社保缴费的欠账，提高社会保险的保障水平。一是调高养老保险待遇水平造成的资金缺口应由财政给予一定比例的补助；二是自治区出台的各类扶持企业和灵活就业人员参加社保的补助政策和减免政策所需资金，由自治区财政给予相应补助；三是建立财政补助社会保险基金的长效机制，每年按地方财政收入的一定比例补助社会保险基金，体现政府提供公共产品、进行再分配的责任。

2. 社会保险制度改革应当坚持“公正”“以人为本”的原则，政策制定应当以维护中低收入阶层的权益为出发点。我国现行社会保障制度主要面临着公平性和可持续性两方面的挑战。“全覆盖，保基本，多层次，可持续"是我国社会保险制度设计的基本原则，从社会保险制度基本内容来看，它主要也是发挥为中低收入阶层提供保障的功能。往往是就业者的收入越高，社会保险制度对其保障功能会随着其收入的增加而弱化；反之，就业者的收入越低，社会保险制度对其就愈加重要和不可缺少。这一点在养老保险制度中表现得尤为突出。把城镇普通劳动者最大限度地吸纳到社会保险制度中，做到"应保尽保"，是社会保险制度的本质要求和目标，也是社会保险制度改革和制定政策的出发点。但从截至的 2014 年 9 月的统计数据和实际调研结果来看，宁夏的社会保险参保率仍然是偏低的，扩大参保率还有很大的空间。

3. 完善社会保险管理机制，加快实现各类社会保险的自治区级统筹。完善落实各项社会保险关系跨地区跨险种转移接续办法，使不同身份、不同地域的就业人员能够顺利转移接续社会保险关系和转换社会保险险种，享受相应的社会保险待遇。宁夏城镇职工 "五险"中，养老保险、工伤保险、失业保险三个险种已实现了自治区统筹，但职工医疗保险和生育保险仍属于市级统筹。应加快推进医疗保险和生育保险自治区级统筹。实现自治区统一管理，健全社会保险社会化管理服务体系，将各类离退休人员统一纳入社区管理服务，解决自治区境内异地居住、异地参保人员就地就近享受医疗保险和生育保险的便利。同时对于职工医疗保险基金的支出要严格执行政策规定，深化医疗体制改革，控制过度医疗，抑制医疗费用的不合理增长。

4. 加快养老服务业发展。据测算，2014 年宁夏老龄人口将达到 83.46 万人。到 2020 年，宁夏 60 岁以上老年人口将达到 97.17 万以上，届时将占总人口的 13%以上，至 2030 年宁夏 60 岁以上人口将达到 142.49 万人，比 2013 年增加 62.62 万人，增长 78.4%，年均增长 3.5%。且老年人口的失能失智化、空巢化将进一步加剧。老龄化进程迅猛加快，全面落实《国务院关于加快发展养老服务业的若干意见》（2013 年 35 号文件）和《自治区人民政府关于加快发展养老服务业的实施意见》（2014 年 44 号文件）的精神，积极协调有关部门，落实发展养老服务业各项分工任务。加大财政投入和项目建设，建设农村敬老院、农村幸福院和城镇日间照料中心，在有条件的县区建设智能化养老服务信息服务平台，最大限度地满足老年人多元化、多层次的服务需求。

（四）建立现代社会治理体系，保障社会健康运行发展

社会治理创新，是社会发展和建设的主线；社会发展和建设不断深入的过程，也是社会治理创新发展的过程。而创新社会治理，本质上就是建立全社会共同参与、多方协调的治理格局。要不断扩大社会各方面力量对社会运行管理的参与，并且要依据包括法制和制度在内的规则来规范和保障社会的善治。

1. *切实改进社会治理方式*。一要建立健全社会治理体系。完善“党委领导，政府负责，社会协同，公众参与，法律保障”的社会治理体制，实现政府治理和社会自我调节、居民自治良性互动，实现共治、法治，平安、和谐目标。二要进一步提高社会道德水平。坚持一手抓法治、一手抓德治，大力弘扬社会主义核心价值观，弘扬中华传统美德，培育社会公德、职业道德、家庭美德、个人品德，既重视发挥法律的规范作用，又重视发挥道德的教化作用，实现法律和道德相辅相成、法治和德治相得益彰。三要努力提高综合治理和源头治理工作水平。建立健全综合治理的各种工作机制，坚持源头治理，标本兼治，重在治本，加强网格化管理和社会化服务的基础设施建设，健全城乡社区基层综合服务管理平台，充分利用现代科学技术和数字城市、智慧城市以及信息化建设的资源优势，畅通民意诉求渠道，及时反映和协调人民群众各方面各层次利益诉求。

2. *着力健全公共安全体系*。一要继续完善统一权威的食品药品安全监管体系。健全监管机构，强化监管职能，健全最严格的覆盖全过程的监管制度、食品原产地可追溯制度和质量标识制度，保障食品药品安全。二要深化安全生产管理体制改革。重点要加强隐患排查治理体系和安全预防控制体系建设，坚持制度建设和现代科技手段运用相结合，切实遏制重特大安全事故。三要健全防灾减灾救灾体制。从政策法规体系建设到具体制度完善，从基础设施建设到各种设备配备，从人员保障到强化培训，全面提高应对各种自然灾害的应急管理能力和水平。四要继续创新立体化社会治安防控体系。强化基层社会治理能力，整合、优化和协调各种治理资源，加强社会治安综合治理，打防结合，依法严密防范和惩治各类违法犯罪活动。

3. 扶持社会组织，加快社区建设力度。一要为社会组织创造一个宽松的生态环境和执业环境，保障社会组织在社会服务中的平等参与、正当竞争、成果名誉等合法权益，营造阳光文明公正的社会氛围。二要对规模大、质量高、社会效益突出的民办非企业单位，按社会评估等级给予资金补助。三要加大政府向社会组织购买服务的力度，做到项目招标、委托或购买项目的公平、公正，防止由于暗箱操作的寻租和腐败现象。四要落实自治区深化和谐社区创建的整体部署，制订推进工作方案，落实自治区部门和市、县（区）工作任务。广泛开展"星级和谐社区"创建，推进街道（镇）和社区职能转变，推行社区网格化服务管理模式，构建和强化街道和社区为民服务体系。通过新建、改扩建、购买等方式，加快城乡社区服务站建设。

4. 不断加强依法治理。要努力建立和完善社会治理的政策法规体系。尽快制定适合宁夏区情的相应政策法规，为社会治理工作提供强有力的法治保障。法律作为国家意志的体现，在社会治理中起着规范和约束的功能。依法治国是实现中华民族伟大复兴、建设现代化强国的基本路径。没有法治，就不可能有社会的善治，更不可能有现代化的强国。经验观察告诉我们，法治观念淡薄，有法不依，不惧违法，其危害性要远比法制建设本身的缺陷和不足大得多。因此，法治建设的一个最重要也是最艰难的任务是不断提高公民遵纪守法的素质，建设人人守法、处处依法行事的社会氛围和环境。这也许是需要几代人的努力才能达到的目标。

（本报告借鉴和采纳了本书其他一些研究报告的观点和资料，特此说明）

2015年宁夏社会蓝皮书
BLUE BOOK OF NINGXIA'S SOCIETY

领 域 篇

2014 年宁夏教育事业发展报告

田继忠　禹晓成

2014 年，宁夏教育事业保持了良好的发展态势，各项发展指标进一步提升。学前教育资源继续扩大，义务教育均衡发展深入推进，职业教育基础能力不断增强，高等教育学科与专业水平进一步提高，各级各类教育取得了新的成就。

一、数量发展

（一）学校数量

全区学校数量比上年有所增加，幼儿园数量增加较多，中小学数量继续减少，中等职业学校和高校数量基本保持不变。2013—2014 学年度，全区共有各级各类学校 3086 所，比上年增加 37 所。其中,全区幼儿园增加 107 所，比上年增加了 20.30%。小学（教学点）、初中、普通高中分别减少 61 所、9 所和 1 所，中等职业学校增加 1 所，高校数量保持不变。

（二）办学规模

全区在校学生数量呈现出两头增长，中间减少的趋势，其中幼儿园、高校在校生继续增加，义务教育阶段在校学生数有所减少。2013—2014 学年，全区各级各类学校有在校学生 146.09 万人，比上年减少 0.93 万人，减

作者简介　田继忠，宁夏教育科学研究所所长；禹晓成，宁夏教育科学研究所教师。

少了0.63%。特殊教育学校在校生1903人，比上年减少4.13%。幼儿园16.1万人，比上年增加5.51%。义务教育阶段在校学生88.87万人，比上年减少了2.44%。普通高中在校人数16.52万人，比上年增加4.9%。中等职业学校在校人数9.40万人，比上年减少了10.32%，减幅较大。高校在校学生10.8万人，比上年增加8.26%。

（三）普及与巩固

学前、高中阶段及高等教育入学率（毛入学率）稳步提高，义务教育阶段巩固率有所下降。2013—2014学年度，学前教育毛入园率达到60.39%，比上年提高2.58个百分点。小学六年及初中三年巩固率分别为80.84%和89.1%，比上年分别降低2.1和1.35个百分点。高中阶段教育毛入学率为88.40%，比上年增长0.13个百分点。高等教育毛入学率达到29.30%，比上年增长1.21个百分点。

（四）民族教育

义务教育教育阶段少数民族学生比例普遍高于民族人口自然比例，其他教育阶段少数民族学生比例较低，特别是高层次教育少数民族学生比例明显较低。2013—2014学年度，少数民族在校学生58.13万人，少数民族学生占在校生的比例为39.79%。其中少数民族在校学生，幼儿园6.29万人，小学29.10万人，普通中学16.33万人，中等职业学校21.56万人，成人高校0.74万人，普通高校3.44万人，所占比例分别为31.17%、48.19%、36.3%、22.95%、21.99%和31.76%。地方普通高校少数民族高职、本科生和研究生分别为9897人、12906人和553人，所占比例分别为26.69%、26.30%和14.55%。义务教育阶段少数民族学生比例高于全区常住少数民族人口自然比例。非义务教育阶段少数民族学生比例普遍低于人口自然比例。表现出教育层次越高，少数民族学生所占比例越低的特点。

（五）民办教育

各级各类民办教育规模均有所增加，民办幼儿教育和民办高等教育发展较快，所占比重不断提高。2013—2014学年度，全区有各级各类民办学校449所（国民教育系列），比上年增加51所，增加了12.81%。在校学生15.27万人，比上年增加1.51万人，增加了10.96%。其中，民办幼儿园

421所，比上年增加48所，增加了12.87%。民办幼儿园在校学生8.69万人，比上年增长10.45%。民办高等学校4所，在校学生3万人，比上年增长11.40%。民办小学、初中、普通高中及中等职业学校数量少，在校生总计3.58万人，比上年增加3790人，增加了11.85%。民办幼儿教育和民办高等教育在国民教育中的比重较大。各级民办学校数量占全区学校总数的14.55%。其中民办幼儿园占66.4%，民办高校占25%。民办学校在校学生占全区在校学生的10.45%。民办幼儿和民办高校在校学生所占比重分别达到55.39%和36.32%。民办教育对全区幼儿教育和高等教育的发展贡献较大。

（六）教师队伍

全区教师总量进一步增加，师资水平有所提高。全区各级各类学校共有教职工9.25万人，比上年增加1.32%。全区有专任教师8.32万人，比上年增长5.09%。其中，幼儿园专任教师6624人，比上年增长7.79%；小学专任教师3.41万人，比上年减少0.79%；普通中学专任教师2.94万人，比上年增长0.96%；中等职业学校专任教师2611人，比上年增长2.31%；高校专任教师10051人，比上年增长51.55%。

小学、初中、普通高中专任教师合格率分别达到99.80%、99.55%和96.81%。

二、重点工作进展

（一）普惠性幼儿教育资源不断扩大，政府购买学前教育服务试点取得成效

继续实施幼儿园建设工程。2014年，安排资金10200万元，启动幼儿园新建、改建项目，涉及幼儿园45所。项目全部竣工后，可新增学前教育班数364个，增加学前教育学位10920个。政府购买学前教育服务试点工作取得新进展。为充分利用新建幼儿园，解决好新建幼儿园教师问题，固原市、兴庆区、红寺堡开发区和中宁县开展了政府购买学前教育服务试点工作，通过以奖代补的方式，在以上四县（区）选择20所幼儿园进行了试点探索。试点工作社会反响良好，为进一步创新幼儿园办学体制积累了经验。

（二）农村薄弱学校办学条件持续改善，义务教育均衡发展深入推进

多项工程支持农村学校改善办学条件。一是“全面改善贫困地区义务教育薄弱学校基本办学条件工程”实施，全年安排资金13.8亿元用于改善农村中小学办学条件。二是“农村中小学体育运动场建设项目”，安排预算资金11000万元，改造田径运动场108个、篮球场115个、排球场65个，惠及146所农村中小学。三是“农村中小学供暖设施改造项目”，安排资金9240万元，改造农村中小学供暖设施55.7万平方米，惠及中小学校281所。四是“明德小学品牌建设工程”投入资金1173.4万元，为50所明德小学配备多媒体设备、教师备课电脑以及其他教育教学设备。以上工程项目的实施，进一步改善了农村学校基础办学条件，对促进义务教育均衡发展奠定了物质基础。

义务教育均衡发展取得新进展。2014年，金凤区、西夏区、惠农区、利通区、青铜峡市等五区（市）通过国家义务教育均衡发展评估认定，兴庆区、永宁县、平罗县、彭阳县、沙坡头区、中宁县等六县（区）通过自治区义务教育均衡发展验收，标志着川区各县基本实现义务教育均衡发展的目标。为缩小校际间的办学差距，全区开启了集团化办学模式，通过“优质学校+分校”“优质学校+弱校”“优质学校+新校”“名校一校多区”“城乡学校发展共同体（合作体）”等方式扩大优质教育资源，带动薄弱学校发展。

深化中小学招生制度改革。2014年。全区严格推行小学、初中免试就近入学制度，按照划片入学、对口升学、电脑随机派位等方式进行招生、排班。全面推行《宁夏中小学生学籍管理办法实施细则》，落实“一人一籍，籍随人走”管理制度，提升了全区学籍管理信息化水平。普通高中择校生比例由15%减少到10%。通过一系列举措基本遏制学生无序流动等现象，对缓解择校问题有积极意义。

（三）职业教育重点工程陆续竣工，职业院校招生稳步增长

职业学校建设成效明显。宁夏职业教育园区已经整合入住学校11所，在校学生6.8万人。银川市等五市新建职教中心或实训基地已全部投入使用。青铜峡市、平罗县、灵武市、隆德县、海原县、西吉县等县级职教中心改扩建或迁建工程全部竣工。目前，全区共有独立设置的公办全日制高、中等职业院校40所，其中35所进行了新建或改扩建，基础设施改善为职业教育跨越式发展提供了物质保障。继续扩大中等职业学校的招生服务范围，拓宽生源渠道，积极争取应届高中毕业生、往届初高中毕业生、返乡农民工、企业员工、退役士兵等各类人群进入中等职业学校学习。加大职业教育东西部联合招生合作办学力度，参加全国中等职业教育东西部联合招生合作办学洽谈会，与东部省市签订了意向性合作协议。全年共完成职业教育东西部联合招生合作办学1万多人。八年来，宁夏赴东部职业学校学习、实习和就业的学生总数已达到8万多人，其中约5万余名学生已在外地稳定就业。

（四）高等教育学科与专业建设进一步加强，合作办学开创了新局面

加强学科建设，创新人才培养模式。2014年，全区高校新增公共管理、会计、化学工程、计算机技术工程、艺术和药学等7个硕士专业学位授权点，扩大了专业学位研究生培养规模。全区立项建设重点专业8个、教学团队10个、实验教学示范中心8个、教育教学改革64项。推进工学、法学、新闻传播学、农林、医学领域卓越人才培养改革。宁夏大学2个项目批准为教育部第一批卓越农林人才教育培养计划改革试点项目。宁夏医科大学“地方院校五年制临床医学专业综合改革探索与实践”获得国家级教学成果奖二等奖。宁夏大学食品科学与工程等7个学科被评选为自治区级优势特色学科。组织实施研究生教育创新计划项目，立项研究生教育创新计划项目10个，立项建设大学生创新创业训练项目256项，大学生校外实践教育基地10个。

积极推进高校合作项目。宁夏大学“中西部高校基础能力建设工程”和“中西部高校提升综合实力工作”两个项目立项建设。宁夏医科大学与自治区政府、教育部、卫计委达成“共建协议”。宁夏大学与宁夏师范学院联合办学正式展开。宁夏理工学院与东北大学，银川能源学院与福州大学达成对口支援协议。宁夏大学“阿拉伯世界与中国内陆向西开放研究协同创新中心”和宁夏医科大学“回医药协同创新中心”两个自治区级协同创新中心建设启动，正在争取国家高校第二批协同创新中心项目建设。

（五）互派留学生取得新进展，国际师资交流增强

2014 年，国家公派留学及“西部地区人才培养公派出国留学特别项目”在全区选派留学人员 75 人，其中首次选派匈牙利国家奖学金项目学生 13 人。宁夏大学同也门科技大学、埃及苏伊士运河大学首次合作开展“3+1”人才培养模式，选派 200 多名学生出国留学。爱德基金会高中生德国交换生项目，选派 2 名学生赴德国寄宿家庭学习一年。2014 年宁夏大学、宁夏医科大学、银川能源学院、宁夏国际语言等学校，共录取外国留学生 176 名，在校留学生近 600 名，其中阿拉伯国家来宁留学生 80 多名，比 2013 年增长 52%。

国际化师资交流进一步加强。2014 年全区高校、阿语学校聘请外籍教师 76 人，比 2013 年增长 56%，是聘请来宁外教最多的一年。其中，聘请长期阿语教师 8 人，短期阿语教师26 人。宁夏师范学校聘请外籍教师 2 名，自治区英语教师国培班聘请国外英语教师 3 名。“塞上名师名校长培养工程”20 人赴英国诺桑比亚大学进修，“千名中西部大学校长海外研修计划”第四期派 3 名校（院）长出国学习。宁夏向国家汉办推荐外派教师 25名。

（六）学生资助体系进一步完善，实现各级各类教育全覆盖

2014 年，资助各级各类在校学生 25 万人，国家、自治区、社会慈善组织投入资金共计近 7.7 亿余元。其中，高校奖励博士、硕士研究生 84 人，发放资金 171 万元。资助博士、硕士研究生 3532 人，发放资助金 1077.2 万元。国家奖学金奖励本科、高职生 111 人，发放资金 88 万元。励志奖学金奖励 2585 人，发放资金 1292.5 万元。国家助学金资助 24010 人，发放资金 6919.65 万元，资助覆盖面达到 25%。全区共有 5.3 万余名宁夏籍高校学生获得生源地信用助学贷款，贷款金额 3.03 亿元，分别比去年增长 18%和 26.8%，贷款人数和贷款额度均创历史新高。中等职业学校免除全日制正式在校生 66355 人的学费（每生每年 2000 元），投入资金 1.3 亿余元。享受国家助学金 14940 人，每生每年 1500 元，投入 2241 万元。资助普通高中学生 49725 人，每生每年平均 1500 元，投入资金 6993.16 万元。资助学前一年学生 12238 人，每生每年 1000 元，投入资金 808.2 万元。社会组织向家庭经济困难教师、学生捐资 1.44 亿余元，有 48550 人受益。

稳步推进义务教育阶段学生营养改善计划。2014年继续推进营养改善计划，全年下达营养改善计划专项资金22909.3万元，惠及西海固地区11个县（区）农村义务教育学校学生和独立设置的特殊教育学校学生28.5万名。建立学生营养改善计划教师陪餐补助机制，下达陪餐教师补助资金954.8万元，解决了11235名服务学生营养改善计划教师的午餐问题。

（七）教师培训力度加大，师资水平得到提高

培训中小学教师4.4万人次。2014年，通过置换脱产研修、短期集中培训和远程培训等"国培计划"项目累计培训教师44058人次，其中示范性项目培训578名，中西部中小学教师培训项目培训41370名，幼师国培项目培训2110名。实施"塞上名师"培养计划，考核认定48名中小学教师（校长10名）为首批中小学"塞上名师"，并建立20个"塞上名师工作室"。

构建教师培训基地。以宁夏大学为主要对象，同时与国家教育行政学院、清华大学、北京师范大学、华东师范大学、北京教育学院、陕西师范大学等国内重点院校，以及中国教师研修网、中国教育电视台、全国教师继续教育网等网络培训机构建立了教师培训合作伙伴关系。确定了区内22所优质中小学校为中小学教师培训实践基地，石嘴山市为中小学信息技术应用培育性示范区，40所中小学幼儿园作为幼儿与教师培训基地。初步建成师范大学与中学教学相结合、理论学习与实践参与兼顾的教师培训基地。

开展双师型教师培养。通过选派专业课教师赴企业挂职锻炼，高校专业教师与法律、新闻单位专业人员互聘等方式，加大高校双师型教师培养力度。2014年，选派23名高校青年教师赴国内知名院校进行为期一年的进修学习。选拔5名高校法学教师及5名检察院系统工作人员互聘交流，开创了双师型教师培养新模式。

（八）"特岗教师计划"和老教师提前退休新机制为教师队伍发展增添了活力

自2006年至2014年，国家特岗教师计划和地方特岗教师计划累计为农村中小学招聘教师近2万名，占全区义务教育阶段学校专任教师的37.38%。特岗教师90%以上分配到农村中小学任教。山区各市县（区）农村学校专任教师中特岗教师的比例达到50.17%，川区农村学校特岗教师比例为36.15%。补充音、体、美及信息技术教师2500名，占特岗教师人数的13.2%。特岗教师极大地缓解了农村教师短缺的状况，改善了中小学教师年龄、学科结构，给农村中小学注入了新鲜血液，成为农村教育的生力军。

为了让年龄大，且长期有病不适合在教师岗位工作的老教师退出教师岗位，宁夏从2012年起，实施了中小学老教师提前退休政策。教师提前退休政策受到老教师普遍欢迎。2014年全区中小学提前退休的老教师超过万人。大武口区、惠农区、青铜峡市等地提前退休教师人数普遍超过当地教职工总数的10%，盐池县已经办理提前退休手续的人数达500多人，占全县教师人数的38%。提前退休政策解决了许多地方教师超编的历史遗留问题，给特岗教师腾出了岗位，对提升教师队伍整体素质意义重大。

三、分析与展望

（一）学前教育

农村幼儿教育要以政府投入为主，城市幼儿教育要充分发挥民办教育的作用。近年来，实施 的“学前教育三年行动计划”“城乡幼儿园建设工程”成效显著，在很大程度上缓解了学前教育供需矛盾。但从目前幼儿园建设布局看，重视城镇轻视农村的取向较为明显。新建的标准化公办幼儿园主要集中在乡镇、县镇以上地区，而农村由于不适宜建设规模较大的标准化幼儿园被忽视。这种幼儿园建设取向，一定程度导致幼儿教育的城乡二元化。因此，学前教育政府投入应因地制宜，公共投入要向农村倾斜，主要以开办小学附设学前班为主。在城市，由于在各方面条件上有利于民办幼儿园发展，政府投入主要用于鼓励和扶持民办幼儿园，依靠民办幼儿园来发展城市幼儿教育。

加快探索新建幼儿园的运作模式，充分利用好公共幼儿教育资源。要尽快理顺新建幼儿园的用人机制，逐步消除新建幼儿园无机构、无法人、无教师的状况，积极开展“公助民办”“购买服务”等办园试点工作，充分利用好幼儿教育公共资源，建立符合劳动法规和教育要求的用人机制，保障幼儿教育事业健康发展。

（二）义务教育

提高义务教育阶段学生巩固率，缩小城乡、校际教育差距。从数据看，义务教育阶段学校数量继续减少，减少的学校主要是生态移民搬迁后撤掉的原居住地教学点与小学。义务教育在校学生数的减少主要是由于学龄总人口减少而引起的。要采取积极应对措施，及时发现存在的问题，做好义务教育阶段学生巩固工作，防止学龄儿童流失。切实缩小城乡、校际学校师资水平的差距，是解决问题的关键。

（三）职业教育

切实解决中等职业教育的师资问题，加快建立职业教育内部及职业教育与普通教育间的衔接机制。加强师资队伍建设是职业教育实现内涵发展重要内容。就教师数量而言，中等职业学校与普通高中还有较大差距。目前，中等职业学校的生师比为27.04，与普通高中教师配备数量相差悬殊（普通高中的生师比为14.32）。同时，由于职业教育学科专业随市场转换较快，专业型和技能型教师培养滞后，除财会、建筑等传统专业外，其他新兴学科师资问题较为突出，因此，无论是质量，还是数量中职学校师资都需要加强。在职业教育内部，中等职业学校和高等职业院校间的专业对应性较差，中职到高职的升学机制不顺畅。职业教育与普通教育之间没有良好的衔接机制，学生选择职业院校后，升入高一级学校的机会过少。因此加快建立教育衔接机制，使职业教育内部、职业教育与普通教育兼容贯通，对优化教育结构，提高职业教育的吸引力有积极意义。

（四）高等教育

建立高校分类评价机制，引导教师重视教学。当前高校普遍以科研论高低，把科研成果作为教师职称晋升的重要条件，在很大程度上造成了教师重科研轻教学的状况，出现了高校教师人人搞科研的现状。目前，教育部推行把高校分为研究型和应用型大学，按类型实行差别化管理，对改变目前一般性地方高校过于强调科研的现状有十分积极的意义。宁夏高校应结合实际情况，积极探索分类评估的办法，把教学质量作为评价专任教师的主要指标，引导教师更加重视教学。

（五）民族教育

继续加强少数民族高层次人才培养力度，重视中阿交流合作方面的专业人才培养。从各级各类教育少数民族在校学生的比例来看，义务教育阶段少数民族在校学生比例高于人口自然比例，但从大中专院校少数民族学生所占比例来看，少数民族教育与汉族的差距较大，特别是研究生受教育人数明显较低。因此，在高等教育，特别是研究生教育层次方面，需要提高少数民族高层次人才培养的比例。

重视中阿交流合作方面专业人才的培养。随着国家向西开放战略的实施，中阿合作交流不断深入，与之相适应的人才需求迫切，特别是懂阿语、有相关专业知识的综合型高层次人才十分缺乏。因此，引进和聚集优质资源，打造一所以研究和培养人才相结合的阿拉伯学院（学校），为中阿合作交流提供人才保障和智力支持显得十分必要。

（六）民办教育

宁夏与东部发达省区比较，民办教育的比重仍然较小，特别是民办义务教育及高中阶段教育比重更小。因此，政府在科学监管的基础上，应当给予民办教育更多的优惠、激励政策，通过多种途径扶持民办学校发展，以更加开放和包容的态度对待民办学校，使其与公办教育形成良性竞争与互补，从而推动国民教育全面发展。

（七）教师培训

建立全区统一的电子化教师培训管理平台，提高教师培训的质量。近年来“国培计划”及各类地方性教师培训项目为教师提供了大量的学习机会，培训的形式更加多样化，对提高教师素质起到了十分积极的作用。但教师培训还面临许多问题。一是培训管理还不够精细，没有形成常态化的教师培训机制，应当把各类教师培训项目纳入整体规划，统筹安排，并为每个教师建立电子培训档案，使教师培训制度化、科学化。二是从大量集中式培训来看，教师的培训满意度并不高，加快改变重数量、轻质量的教师培训模式是改进教师培训工作的当务之急。

（八）特岗教师

改善特岗教师待遇，提高特岗教师工作的积极。全区特岗教师（含已转正）已超过中小学教师总量的三分之一，是农村教育的中坚力量。目前，特岗教师存在的问题主要有以下几点。一是特岗教师对工资待遇不满意。特岗教师人年均2.7万元，与同类在职人员相比，在住房公积金、住房补贴、绩效奖励、医疗保险、生育保险等社会保障与福利方面有较大差距。二是特岗教师一定程度上存在“熬过三年就能转正”的想法，管理上缺乏激励机制和竞争机制。三是培训缺乏针对性。鉴于以上情况，首先，要建立特岗教师工资正常增长机制，保证特岗教师工资与社会平均工资同步增长。积极争取政策，将特岗教师的医疗保险、生育保险等纳入社会保障体系，减小特岗教师与在编教师待遇差距。其次，建立特岗教师评价机制与激励机制，对在工作中表现突出的优秀教师予以奖励，提高特岗教师工作的积极性。最后，对师范生和非师范生实行分类培训，增强培训的参与性、体验性和实践性，帮助特岗教师尽快胜任工作。

（本文数据主要来源于宁夏教育厅编印的《2013—2014年度教育统计快报》，部分数据来源于教育厅文件。）

2014年宁夏社会保险事业发展报告

刘 涛

2014年，宁夏抓住两区建设的有利时机，以人人享有社会保障为目标，以制度创新为突破，以提升经办能力、服务水平为着力点，以科学化、标准化、精细化管理为手段，简化经办流程，优化服务环境，进一步完善城乡统筹，扩大社会保险覆盖面，提高社会保险待遇，社会保险改革取得新突破，事业取得新发展。

一、2014年社会保险事业发展概况

2014年，宁夏社会保险事业迅速推进。以养老、医疗、工伤、生育、失业五个险种为主体的社会保险体系进一步完善；各险种参保人数继续增加，预计到11月底，全区城镇职工基本养老保险、城乡居民基本养老保险、城镇职工基本医疗保险、城乡居民基本医疗保险、失业保险、工伤保险、生育保险参保人数分别达到148.2万人、182.1万人、115.5万人、462.5万人、71.6万人、78.9万人和71万人，预计到年底，累计参保人次将达到1130万人次；社会保险待遇进一步提高，为企业离退休人员连续第10次调增了养老金，职工、居民基本医疗保险报销比例在2013年基础上继续有所提高，城乡居民大病保险在全区全部实施，进一步提高了居民基本医疗保险报销水平；基本医疗保险改革继续深入，医保控费取得了一定

作者简介 刘涛，宁夏回族自治区社会保险事业管理局综合处副处长，经济师。

成效，医疗保险监控工作逐步规范；社会保险基金监管有力、运行平稳；社会保险科学化、标准化、精细化管理得到加强。社会保险制度实现了全覆盖，更多的城乡居民和非公经济组织及灵活就业人员、农民、城镇居民、学生等群体拥有了社会保障，共享经济发展成果。

(一) 养老保险改革深入推进

1. 参保人数稳中有增。预计到2014年底，全区城镇企业职工基本养老保险参保人数达到148.3万人，其中参保离退休人员达到44万人；全区统筹城乡居民社会养老保险参保人数达到182.2万人，其中60岁以上领取养老金人数为36.8万人。养老金全部采取社会化发放，社会化发放率保持在100%。养老保险参保人数与领取养老金人数继续稳步增长。

2. 养老保险待遇进一步提高。宁夏企业离退休人员养老金连续“十连调”，2014年人均增加养老金207元，企业离退休人员月人均养老金水平为2178元。2014年，宁夏统筹城乡居民基本养老保险基础养老金每人每月为85元。一些市县在此基础上又有所增加，目前灵武市最高，为每人每月135元。2014年，按照国家机关工作人员和离休人员死亡一次性抚恤金支付标准，将全区企、事业单位离休人员死亡一次性抚恤金支付标准调整为本人生前40个月基本离休费加上一年度全国城镇居民人均可支配收入的2倍。

3. 打通职工与居民养老保险制度转移接续渠道。2014年，根据国务院和国家人社部的要求，出台了《关于进一步完善我区城乡居民基本养老保险制度有关问题的通知》和《关于贯彻城乡养老保险制度衔接暂行办法的意见》，打通了职工与城乡居民养老保险制度转移接续渠道，实现了宁夏参保人员在城镇职工基本养老保险和城乡居民基本养老保险两种制度之间的顺利衔接。

4. 降低缴费基数缓解经济下行影响。为积极应对经济下行给企业生产经营造成的困难，制定了《关于2014年度全区社会保险缴费基数及福利待遇计发问题的通知》（宁人社发〔2014〕66号），调整了参保单位职工及个体工商户、灵活就业人员缴费基数。2014年，全区企业及其职工养老、失业保险最低缴费基数保持2013年水平不变，按2012年全区在岗职工平均工资的50%进行核定，灵活就业人员养老保险最低缴费基数调整为2013

年在岗职工平均工资的40%。

5. 出台被征地农民养老保险办法。积极探索被征地农民参加养老保险办法，自治区政府出台了《关于鼓励被征地农民参加养老保险的意见》。采取以灵活就业人员参加职工基本养老保险20%的费率参保缴费，政府和被征地农民分别承担12%和8%的方式，在政府补贴一致的条件下，引导被征地农民自愿选择参加企业职工基本养老保险和城乡基本社会养老保险。目前，永宁县、银川市、吴忠市已经组织实施，已经有5000名被征地农民按照新政策纳入了职工养老保险制度范围，其中，2750人享受了职工养老保险待遇；一些市县的方案正在审批，待批准后组织实施。被征地农民养老保险办法的出台，规避了养老保险制度"碎片化"的问题，从制度上解决了被征地农民的养老保险问题。

6. 在全国率先开展全民参保登记试点。宁夏积极争取与浙江省、重庆市共同成为国家首批试点，计划用三年时间，完成宁夏全民参保登记工作。自治区政府已印发了实施方案，完成了与公安机关668万参保登记数据比对、与质监部门机构代码核对以及软件系统开发等基础性工作，10月份，试点登记工作在全区全面启动，目前各地正在组织宣传培训，开展入户参保登记调查工作。

7. 企业年金制度覆盖面逐步扩大。随着全区经济社会快速发展，建立年金的企业和年金基金规模逐年增加。建立企业年金的企业由"十二五"初期的37家增加到2014年的120家；参加职工由"十二五"初期的1.82万人增加到2014年的2.6万人；年金基金规模由"十二五"初期的7.2亿元增加到2014年的11亿元。

（二）医疗保险体系日益完善

1. 参保人数继续增加。预计到2014年底，全区城镇职工基本医疗保险参保人数将达到116万人，城乡居民基本医疗保险参保人数将达到462.6万人。

2. 待遇水平进一步提高。为进一步减轻参保人员就医负担，在测算与分析的基础上，将2014年城乡居民基本医疗保险市二级医疗机构住院费用报销比例在原基础上提高了10%，普通门诊统筹年度最高支付限额由300元提高至330元，门诊大病报销比例在原基础上提高了5%，将全区城乡居民医疗保险一、二、三档统筹基金年最高支付限额分别由6万元、11万元、15万元提高至7万元、12万元、16万元，达到城乡居民人均可支配收入的6倍以上。全区城镇职工医保政策范围内住院费用支付比例达到76%以上（较2013年提高3个百分点），城乡居民医保政策范围内住院费用支付比例达到65%，其中二级及以下医疗机构达到72%以上。

3. 异地就医结算工作取得进展。全区进一步完善了异地结算制度，制定了《自治区基本医疗保险区内异地就医结算管理办法》和《自治区基本医疗保险异地就医结算操作规程》。到2014年11月底，自治区内实现了银川市外参保人员在银就医看病即时结算，部分市县还开展了与其他市县异地就医结算。跨省异地就医方面，已与天津、上海、海南、广州等地签订了异地就医结算合作协议。目前，已与海南、广州实现异地就医结算。

4. 城乡居民大病保险全面铺开。2014年3月，全区全面推开大病保险工作。五个地级市筹资标准从25元至28元不等，大病保险所需资金从城乡居民医疗保险统筹基金划拨。城乡居民大病保险起付线全区统一为6000元，起付额以上的合规医疗费用分8个费用段进行报销，上不封顶，最低报销比例不低于50%。同时，对20种重大病种报销比例再提高2—3个百分点。截至9月底，全区大病保险参保人数达462万人，大病保险基金收入1.16亿元，享受大病保险待遇人数为1.3万人，1.8万人次；单人最高支付28.47万元，单次最高支付16.6万元。享受大病保险参保患者在基本医疗保险基础上政策范围内报销比例提高了17.4%。

5. 医保监控快速推进。出台了《基本医疗保险监控业务管理规程》、《自治区医保服务医师诚信监督办法》，医保监控业务纵向深入、横向联动，医保监控工作在全区全面铺开。部分监控系统全部部署到位，监控功能和监控数据标准化逐步完善，建立了自治区、市、县三级监控网络，监控对象从两定机构逐步向医务人员和参保人员延伸。进一步加大了医保基金违规案件的查处力度，截至9月底，自治区医保监控中心对涉嫌违规的17家医疗机构进行核查，追回违规资金316.4万元，处罚76.9万元。

6. 实施居民普惠性健康体检。从2014年9月起，宁夏全面启动城乡居民普惠性健康体检工作，全区119万50岁以上参保人员将接受五大类35

小项的免费健康体检。全区 50 周岁以上、连续三年以上参加城乡居民基本医疗保险并缴费的人员，以及参加城镇职工基本医疗保险的企业退休人员均可免费体检。预计将有 96.1 万名城乡居民和 22.9 万名企业退休人员从此惠民政策受益。50 周岁至 59 周岁人员每 3 年体检 1 次，60 周岁以上人员每 2 年体检 1 次。目前已完成 10 万人体检任务。

7. 首诊在基层就医引导机制逐步建立。依托乡镇卫生院（村卫生室），社区卫生服务中心（站）开展门诊统筹和门诊大病保险，基层医疗机构门诊就诊人次大幅度提高，平均门诊人次达到了 1.12。医保报销比例向基层医疗机构倾斜后，城乡居民一级医疗机构住院报销最高可达 95%。2014 年以来，在基层医疗机构住院人次占比较 2013 年提高了 0.7 个百分点。

8. 省级统筹加快推进。印发了《推进建立城乡居民基本医疗保险自治区级统筹制度工作方案》，在调研测算基础上，起草了《宁夏城乡居民基本医疗保险自治区级统筹实施意见》，目前已报自治区政府审定，从 2015 年起实行自治区统筹，全区城乡居民医保参保范围、政策标准、基金管理、经办服务、定点管理、信息系统"六统一"，基金实行统收统支管理。

9. 信息化水平进一步提高。目前宁夏已基本实现了基本医疗保险数据的全区大集中，建成了贯通全区的区、市、县、乡、村五级网络。全区二级以上医疗机构、乡镇民生服务中心、一级及乡镇卫生院（社区卫生服务中心）、村卫生室联网率分别达到 100%、100%、100%、70%。持卡人可在各级医疗机构就医购药。累计制作完成社保卡 572 万张，覆盖 90%的参保人群。

（三）工伤保险省级统筹运行平稳

2012 年 10 月 1 日，宁夏工伤保险基金实行自治区级统筹管理。2013 年，按自治区统一的缴费基数、缴费费率和行业浮动费率申报核定应缴费额，建立了自治区工伤保险基金储备金，业务下放市、县经办。运行两年来，由于统筹层次的提高，增强了企业参保信心，事业单位也逐步纳入参保范围；工伤保险覆盖面逐步扩大，基金支撑与保障能力增强，基金运行平稳有序。

（四）生育保险进一步完善

2014 年，宁夏进一步完善了生育保险实施意见，全区各地生育保险费率确定在 0.4%—1%之间，其中机关和全额拨款事业单位费率 0.4%—0.5%

之间；生育保险费由医保经办机构申报核定，税务部门实行征收。2014年前三季度全区生育保险次均分娩医疗费为2407元，生育津贴平均为5361元（一次性领取）。

（五）失业保险稳步推进

预计到年底，全区失业保险参保将达72万人。2014年，自治区出台了《关于进一步做好援企稳岗促进就业工作的通知》（宁政办发〔2014〕204号），通过采取实施社会保险补贴、岗位补贴、职业技能培训补贴等政策措施，进一步发挥失业保险基金在稳定就业、帮助困难企业恢复生机、提高企业待岗人员素质等方面的积极作用，有效缓解了参保企业和个人的缴费压力。预计三项补贴政策将惠及企业4200户职工11万人（其中女性6万人），共需要支出失业保险基金约4.47亿元。

（六）基金管理安全有序

社会保险预决算管理得到强化，完成了2013年社会保险基金决算和2014年度预算草案编制上报工作。加大基金监管力度，制定出台了规范拨付职工养老保险调剂金办法，建立缺口基金保障管理机制。开展了全区城镇职工养老保险、统筹城乡居民社会养老保险和统筹城乡居民基本医疗保险三项基金专项检查，加强社会保险稽核工作。建立社保与司法部门联动机制，加强社会保险领域涉嫌诈骗犯罪案件移送工作，维护基金安全。通过审计、稽核、医保监控、认证等多种手段，收回违规基金718.8万元，追回少缴社保费6.6亿元。

（七）推进“五险合一”征缴改革

为顺应社会保险经办发展的趋势，2014年，自治区党委将“五险合一”征缴列入了深化改革促进经济发展计划，制定了时间表、路线图。人社、编办、财政、税务等部门深入调研，借鉴外省市区经验、教训，结合宁夏实际，制订了“五险合一”经办管理体制改革方案，正在报自治区政府审批。

二、宁夏社会保险事业发展面临的主要问题

（一）经济下行对扩面征缴带来严峻考验

受全国经济增速放缓的影响，前三季度宁夏经济增长率为7.6%，全区

部分企业停产、半停产，无力缴纳社保费。社平工资增长过快，职工各项社会保险缴费基数水涨船高，参保单位压力大，造成了参保单位漏报人数，瞒报基数；大多数参保企业和群众选择低档缴费，少数困难人员暂停缴费，造成新一轮欠费；个人身份参保人员因基数过高，到2013年养老保险交够了15年（从1999年实施私营企业、个体工商户参加企业职工基本养老保险办法开始计算），许多个体工商户和灵活就业人员准备断保，据统计，全区职工养老保险实际缴费人数占职工总数的83.1%，中断缴费17.6万人；城乡居民养老、医疗保险由于“空挂户”、一人多户现象，一些居民长期在外地务工或定居，难以办理参保登记手续；由于缴费基数增长快，一些企业和以个人身份参加城镇职工医保的，自愿放弃原职工医保待遇而选择缴费不多的城乡居民医保。此外，城乡居民养老保险缴费周期长，一些青年农民参保积极性不高，农村长期外出人员参保登记收缴保费困难。

（二）养老保险基金支付压力加大

2013年全区基本养老保险基金总收入为107.58亿元，总支出103.46亿元，如果扣除中央财政补贴收入16.68亿元，当年基金缺口上了两位数。由于人口老龄化加重，制度内抚养比进一步下降。据统计，宁夏2012年60岁以上的老年人达76万余人，占总人口的11.3%；2014年9月底全区参保离退休人员43.2万人，同期参保职工人数为103.1万人，抚养比为2.39（即平均2.39个在职职工负担1个退休人员），根据测算，预计今后我区退休人员平均每年按6%的速度增长，参保职工人数平均每年按3%增长，全区制度内抚养比将进一步下降；受预期寿命增加和养老金连续10年调增等因素影响（2005年以来，宁夏企业退休人员养老金从862元增加到2178元，净增加1316元），养老金刚性支出增长较快，年均增长27%，高于基金征缴年均增长率5个百分点。再加上因病提前退休、特殊工种退休和政策性提前退休，客观上造成养老保险费的少收和养老金的多支，一定程度上加大了基金支付压力。

（三）城乡居民基础养老金总体水平偏低

目前宁夏城乡居民基础养老金为每人每月85元（不包括市县地方增加部分），随着物价上涨和居民消费水平不断提高，基础养老金水平仍然偏低,与民政部门发放的农村和城镇居民最低生活保障标准（农村每人每月145.83元，城镇每人每月300元）相比差距较大。2011年，宁夏城乡居民普遍建立了养老保险制度，经过几年的低水平运行，已有所积累，但由于保障水平低，享受待遇周期长，影响了一部分居民的参保与缴费积极性。

（四）城乡与地区之间医疗卫生资源配置不均衡

一方面是基层医疗机构服务能力弱，由于基层人才、设备、药品等缺乏，合理的分级诊疗和双向转诊模式亟待完善，大量常见病、多发病患者涌入二级以上医院，就医压力增大，总额费用超支。另一方面是区域差别，三级医院主要集中在银川市，银川市医疗机构的数量占全区医疗机构数量的近一半，以社区卫生服务中心为枢纽的首诊、双向转诊、门诊大病等一体化管理服务和社区卫生服务多种收费方式一体化结算的管理新模式暂时难以实现。此外，公立医院改革滞后，给医药费用不合理增长埋下伏笔。

（五）社会保险经办机构力量不足的矛盾依然突出

截至2014年11底，全区参保人数累计达到1129万人次，但全区经办人员不足800人，人均服务人次1:1.5万人，远远超过国家规定1:6000人的标准，而且新的经办业务不断扩展，工作量逐年上升，基层一线经办人员力量不足，专业技术人员匮乏。社会保险经办服务对象由原来主要面对一个个单位转变为现在既要面对单位更要面对个人，管理服务层次由原来区市县三级转变为现在的区市县乡村五级，服务一直要延伸到最基层的行政村和居委会。工作量增加了4—5倍，但工作人员基本没有增加，基层社保经办力量薄弱的矛盾更加突出。

三、推进宁夏社会保险事业发展的对策建议

（一）打组合拳，力促参保扩面

1. 实施全民参保登记计划。2014年，宁夏被列为国家首批试点省区，计划用3年时间率先在全国完成全民参保登记工作。实施全民参保登记计划就是对已参保人员进行信息比对，对没有参保人员进行信息登记，实现公民社保信息动态管理。通过社保数据库与公安人口数据库比对，筛查出应保未保人员，建立名册，分解到市县区、乡镇（街道）、村（社区），采

取分片包干，逐一进行入户登记，完善公民的个人社会保险信息，对于长期离家外出人员，采取电话、网络、传真件登记等办法。对于在外省市区重复参保人员，通过国家人社部数据异地协查平台，筛查清理不在同一统筹地区的重复参保人员。

2. 调整完善政策。结合自治区经济发展状况，2015年继续调整社会保险缴费基数、待遇计发的相关政策，减轻单位和个人缴费压力，减少漏保和断保；根据自治区和市县（区）经济发展水平，2015年提高城乡居民基础养老金标准，增强政策吸引力；尝试制定部分险种的预缴、趸交办法，更好地适应特殊人群的缴费需求。

3. 加强联动协调。自上而下，建立人社、财政、公安、民政、农牧、建设、工商、税务、计生等部门参与的扩面联动机制，明确各部门职责，细化量化任务；做好部门信息的互通，社保与公安、民政、卫生计生、工商、税务的信息对接，加强对各类工商登记、暂住人口等情况的及时掌握；由公安、人社、农牧、卫生计生等相关部门组成联合工作组，对农村和城镇外出务工人员情况建立人员花名册，对城乡居民户籍和人员管理情况进行全面摸底排查，清理核对信息，注销"空挂户"。

4. 加大考核奖惩。各级党委、政府将完善社会保障体系、维护公民权益放到更加突出的位置，将职工各项社会保险和城乡居民社会保险参保列入各级政府民生计划，制定工作目标，签订责任书，细化分解任务，实行进度通报，建立自治区、地市、县（市、区）、乡镇（街道）四级考核奖惩机制，各级财政要落实考核奖励经费，对参保、扩面、征缴等工作实行专项奖励。

5. 加大政策宣传。广泛开展政策宣传，制作宣传年画、宣传手册等进行宣传；利用乡镇集市、群众聚会等活动场所进行宣传；利用电视、广播、报刊、网站等媒体进行宣传；转变群众传统观念，提高群众参保积极性。

（二）下大力气，狠抓征缴清欠

1. 加强调研摸清底数。从三个方面着手：一是理清税务部门和社保经办机构所管理的企业、单位欠费情况，核对好欠费数据，按行业、地区、企业（单位）性质等进行分类；二是人社部门与税务、财政等部门，分门别类有针对性地组织调研，找出欠费、漏报、漏缴的原因、动机，形成调研报告；三是向自治区政府及有关部门提出工作建议。

2. 分解任务抓好督查。与各市、县（区）政府签订目标责任书，将社会保险欠费（重点是企业职工基本养老保险）的清欠任务分解下达，各地制定全年清欠计划，并在自治区报备。自治区政府组织人社、税务、财政等部门实行定期督查、按季通报、半年检查、年底考核。

3. 协调配合形成合力。各地在社会保险欠费的清欠工作中要加强组织领导，成立由当地政府牵头的工作领导小组，建立联席会议和正常协调机制，由领导小组成员单位联合组织清欠行动，相互配合，协调一致，形成清欠工作合力。

4. 建立机制落实奖惩。欠费不仅直接影响社保政策的执行落实和社保基金的支撑能力，也影响了政府的公信力和社会公平，给社会造成不稳定因素。清理社会保险欠费是一项复杂艰难的“攻坚战”，各级政府应建立工作激励与惩处机制，加强考核，落实奖惩，形成良性工作运行机制。

（三）多方筹措，提高城居养老金

1. 挖掘内部潜力。各级政府继续加大公共财政对民生的投入，经过科学测算，继续从节省的“三公经费”与楼堂馆所建设资金以及新增财政收入中拿出一部分，增加到社会保障的投入上，提高全区城乡居民基础养老金水平。

2. 争取中央支持。吃透中央民族工作会议精神，积极寻求中央对宁夏的支持。根据国务院颁布的《关于开展新型农村社会养老保险试点的指导意见》中“国家根据经济发展和物价变动等情况，适时调整全国新农保基础养老金的最低标准”的规定和十八大关于到2020年实现城乡居民人均收入比2010年翻一番的目标，请中央在普遍调整基础养老金的前提下，对宁夏再按一定比例增加，以减轻今后宁夏基础养老金增量压力。

（四）综合配套，调整医疗资源

通过政策引导、建立机制、强化考核、推进公立医院改革、合理调配医疗资源、加强基层医疗服务机构软硬件建设等措施，改善基层医疗机构工作条件，增加县级公立医疗机构和基层医疗机构专业技术评定职数，实行三级和县级医疗机构医务人员职称评定与基层服务年限挂钩，积极引导医疗人才和医疗资源合理向基层流动。

（五）拓宽渠道，缓解经办压力

1. 从长远考虑，建议加快建立符合宁夏特点、科学合理的基层社会保障公共服务体系。根据辖区服务对象数量，综合考虑辖区面积、人口、经济社会发展水平等因素，按国家社会保障部公共服务平台配置工作人员标准，为市县社保经办机构和民生服务中心配备足够数量的工作人员，补上基层经办短板，提高基层社会保障公共服务水平。

2. 利用现有空编，通过事业单位公开招录，补充急需人员。有空编的市县区，调剂人员编制，充实人员；缺少编制和暂没有编制的，由各市县（区）通过政府购买服务的方式解决，人员实行动态劳动合同制管理，劳动报酬参照事业单位当年新录用人员的标准执行，经费由财政承担。

3. 加快信息化建设，简化办事程序，开展便民服务，提高工作效率。通过实施社保一卡通工程，建设社保网上经办大厅，在基层推行网络化管理；推行“一线工作法”“预约办理”等方法，工作人员上门服务，简化办事流程，提高服务效率；加大资金投入，为基层配置硬件设施；与银行、邮政等社会服务机构合作，推行银行缴费、电话缴费、流动服务车等便民方式。

4. 改革经办管理体制。社会保险经过20余年发展变革，社保经办管理上机构分设、多家经办、业务重复、事出多门，造成资源浪费，办事单位和群众也不方便。2014年自治区党委把推进社会保险“五险合一”征缴列入了改革计划，准备对机构、业务进行整合，通过整合，减少社会保险公共业务的人力投入，提高办事效率，缓解经办压力。

2014年宁夏公立医院改革发展报告

王维成

宁夏回族自治区党委、政府高度重视公立医院改革工作，自治区全面深化改革领导小组把推进县级公立医院综合改革作为全面深化改革的重点工作任务之一，对推进县级公立医院综合改革试点工作进行了安排部署。自治区政府常务会议讨论通过了《推进国家第二批县级公立医院综合改革试点实施意见》，作为指导永宁、灵武、平罗、盐池、同心、海原六县开展试点工作的规范性文件，银川市城市公立医院综合改革试点工作也于年内全面启动，宁夏公立医院规划布局不合理、公益性不强、管理制度不健全、就医秩序不规范以及综合改革不配套等问题有望在新一轮改革过程中得到解决，并为推动全国公立医院改革创造经验。

一、发展现状

（一）基本情况

截至2013年底，全自治区有各级各类医院156家，其中公立医院72家，民营医院84家；按类别划分，综合医院99家，中医医院19家，中西医结合医院3家，民族医院3家，专科医院32家。在公立医院中，县级公立医院29家，包括17家综合医院和12家中医医院。17家县级综合医院总床位4230张，在职人员4422人，门诊次均费用123.98元，住院次均费用

作者简介　王维成，宁夏回族自治区卫生和计划生育委员会信息中心主任，主任医师。

4393.32元。12家县级中医医院总床位1663张，在职人员1455人，门诊次均费用82.04元，住院次均费用3070.50元。均低于全国平均水平。

（二）改革进展

2009年以来，全区公立医院积极参与新一轮医改，在医院管理、重点学科建设、人才队伍建设、服务能力提升、医疗安全保障等方面取得了积极进展宁夏医科大学总医院、自治区人民医院、自治区中医医院分别组建了医疗集团，并分别与银川市社区卫生服务机构建立了医疗联合体，27家县级公立医院通过了二级医院等级评审。2010年，根据原卫生部等五部委印发的《关于公立医院改革试点的指导意见》（卫医管发〔2010〕20号）精神，自治区政府确定银川市为自治区级公立医院改革试点城市，自治区第三人民医院为自治区级公立医院改革试点医院，永宁县、灵武市、平罗县、盐池县、同心县为县级公立医院改革试点县（市）。为鼓励和支持各试点县（市）多种方式探索公立医院改革的路径，力求在体制机制方面实现创新和突破，宁夏相继出台了《宁夏回族自治区"十二五"期间深化医药卫生体制改革实施方案》《宁夏回族自治区关于县级公立医院综合改革试点指导意见》《关于取消县级公立医院药品加成实施补偿有关问题的通知》《宁夏医疗机构执业医师多点执业管理办法》《宁夏回族自治区关于进一步鼓励和引导社会资本举办医疗机构的若干意见》《宁夏医保药品招标目录》等一系列文件，为改革试点工作提供政策支持。2014年4月，宁夏永宁、灵武、平罗、盐池、同心、海原6个县（市）被国家确定为第二批县级公立医院综合改革试点县，银川市也被确定为第二批公立医院改革国家联系试点城市。随后，根据国务院推进县级公立医院综合改革试点电视电话会议精神，自治区卫生计生委成立了推进县级公立医院综合改革试点工作小组，出台了《自治区推进县级公立医院综合改革试点实施意见》。

（三）初步成效

一是全面取消全区29家县级公立医院药品加成。2012年10月起，29家县级公立医院全部取消了药品加成；2013年，共销售药品6.29亿元，让利群众9163.10万元，各级财政和医保补偿资金到位共计7425.83万元。二是实施了创新支付制度提高卫生效益试点项目。自治区人民政府和美国哈佛大学萧庆伦教授带领的项目专家团队合作，在宁夏盐池、海原乡村两级实行门诊费用按人头包干和在县级医院实行住院费用总额包干预付制模式。2012 年 4 月推广至吴忠、中卫两市,促进了分级诊疗，推动了县域卫生综合改革。三是加强县级公立医院基础设施建设。2009 年以来，利用中央财政投资和地方配套资金对 22 所县级医疗机构进行了新、迁、改扩建，总投资 6.96 亿元，其中，争取中央投资 3.46 亿元，加强了 23 所县级医院农村急救体系建设。四是建立医疗服务共同体，引导优质资源下沉基层。自治区以宁夏医科大学总医院、自治区人民医院、自治区中医医院为核心医院，组建三大医疗集团，覆盖全区所有县级以上公立医院，自治区人民医院宁南分院扎根南部山区为群众提供优质医疗服务，县级医院也充分利用医疗集团优势，每年选派医疗技术骨干到自治区级医院进修学习，自治区级专家、学者也到县级医院进行传、帮、带、讲，带动学科发展，实现优质医疗资源纵向流动，为破解群众看病难进行有益探索。五是探索人事分配制度改革。全自治区所有县级公立医院都积极推行岗位聘任制，形成能上能下、能进能出、双向选择的用人机制，凡新进人员一律实行公开招聘。各试点县（市）将医务人员绩效工资与医疗服务数量、质量、技术难度、成本控制、群众满意度等挂钩，收入分配要向临床一线、关键岗位、业务骨干、学科带头人和有突出贡献的人员倾斜。六是推行“先住院后付费诊疗服务”模式。在永宁、盐池等县开展试点的基础上，2014 年 5 月将“先住院后付费”服务模式在全区县级以下医疗机构全面推广实施，转变了服务模式，方便了群众看病就医。

二、主要问题

一是公立医院改革还没有完全上升到各级政府层面，改革还缺乏整体性和系统性，公立医院的根本性问题还没有触及，如管理体制、运行机制、人事分配制度还具有很浓厚的计划经济体制色彩，现行的事业单位铁框框严重制约着公立医院改革的进程。

二是公立医院公益性回归还缺乏机制性保障和制度性安排，遏制公立医院趋利的“拐点”还没有出现，公立医院缺乏成本意识和预算管理机制，高收入、高成本、高消耗、高浪费、不计成本的现象持续存在。

三是政府办医职责不明确，管得多，办得少，公立医院法人治理结构职责不清，行政化取向明显，管办关系纠结。公立医院普遍高额负债的现实被长期回避，公立医院呈现出发展越快，群众和医院职工越不满意的窘境。

四是医疗、医保、医药联动机制缺失，政府补位不到位、不及时，公立医院改革犹如一团乱麻，头绪不清，症结不明，关键穴位还没有找准，医改五年取得了阶段性成效，但老百姓看病就医负担依旧沉重。

五是药品实行“零差率”销售以后的补偿机制没有建立起来，医院按进价向病人销售药品，但药品运输、仓储、保管等环节的成本和正常损耗问题没有从根本上得到解决，医院表面上取消了药品加成，但通过其他渠道比如利用大型设备检查把药品不加价的损失补回来，群众从根本上看没有受益，加之药品和耗材集中采购导致部分质优价廉的药品、耗材彻底从市场上消失，群众看病难的问题依然存在。

三、对策与建议

（一）充分发挥市场竞争机制，让市场决定药品和医疗服务的价格

医疗体制不能独立于大的社会经济体制之外，而只能与之兼容、互补和匹配。公立医院改革的真正出路应该是提高医疗服务价格，使医疗服务收入足以弥补医院全部药品收益，这样才能真正废除以药养医，实现医药分开。同时，应取消医院事业编制制度，让医生成为自由职业者，使其可以自主选择执业方式和执业机构，培育一个竞争充分、职业声誉机制完善的医生人力资源市场；此外，应推动公立医院民营化，放开医疗服务市场准入，形成民营医疗机构为主体、竞争充分的医疗服务市场格局。

（二）进一步加强顶层设计，明确提出基于我国新医改路线图的医疗机构管理体制和运行机制

以《中共中央国务院关于深化医药卫生体制改革的意见》为指导，统筹推进医疗保障、医疗服务、公共卫生、药品供应和监管体制五个领域的综合改革，明确各级医疗服务机构（包括基层医疗卫生机构和民营医院等）的功能定位，乡村卫生服务机构和社区卫生服务机构捆绑实行门诊按人头

包干预付制；县级医院实行住院费用包干预算制；市级以上医疗机构和民营医院实行总额预付制，通过经济杠杆引导其医疗服务重点向疑难杂症和专科疾病倾斜。根据前三年的医疗服务量和医保基金补偿比确定各级医疗服务机构的门诊和住院“服务包”，并与基本诊疗费和基本公共卫生服务经费一同打包，实行包干预付制，在政府补偿的基础上，将医保基金按季度预拨 70%给医疗服务机构（乡镇卫生院负责对村卫生室门诊包干经费和基本公共卫生经费进行监管和预拨），剩余的 30%年底根据绩效考核结果兑现，全程通过医保专网和医院管理信息系统实现医疗服务行为、质量和费用的实时监管。通过门诊包干预付制使乡镇卫生院和社区卫生服务中心想方设法吸引病人在村卫生室和社区卫生服务站就诊看病并且能够看好病，这样使医方和患方才能获得最大收益，同时，实现乡对村、社区卫生服务中心对站的监管。通过对县级医院实行住院费用包干和总额预付制，鼓励其通过提高诊疗水平和服务质量将能在县内治疗的病人尽量吸引回到县内，实现县级医院效益最大化，促进医疗机构主动监管。同时，根据基本医疗服务和基本公共卫生服务质量、医院管理和群众满意度制定省、市、县、乡、村绩效考核方案和实施细则，将考核结果与包干经费挂钩，激励医疗服务机构加强管理，持续改进提高服务质量，合理使用医保基金。为基层医疗卫生机构设计门诊处方，将处方书写合格率、输液率、抗生素使用率、激素使用率等信息进行公示和监管，促进医疗机构合理检查、合理用药、合理治疗、合理收费。开发卫生管理应用平台及其实用软件，既兼顾医疗质量的监管，又兼顾医疗费用的监管，既让病人得到高质量的医疗服务，又要防止医疗资源的过度浪费。既让老百姓满意，又让医保部门满意，使政府的卫生投入取得最大的效率和效益。

（三）加快推进综合改革，促进基层医疗机构全面发展

实行县乡村医疗卫生人员与服务一体化管理，完善疾病应急救助制度，充分利用信息化手段促进优质医疗资源纵向流动。继续发展医疗集团和医疗服务共同体，整合公立医院学科优势，实施集团内一体化管理。全面推行先看病后付费诊疗模式，以三级甲等医院为载体推动公立医院改革，形成适当的利益分配机制，让大医院对基层医院和社区的帮扶责任从行政性要求变成医院内部的需求和意志，增强急慢分治、分级医疗、双向转诊的可操作性。促进健康服务业和健康产业的发展，建立覆盖全生命周期、内涵丰富、结构合理的健康服务业体系，打造一批知名品牌和良性循环的健康服务产业集群，基本满足广大群众的健康服务需求。

（四）进一步明确政府履行公立医院举办主体责任，全面落实政府对公立医院财政保障政策

将公立医院离退休人员费用纳入年度财政预算足额及时拨付；将符合规划的基本建设及大型设备购置、重点学科发展、人才培养、政策性亏损、承担公共卫生任务和紧急救治、支边、支农公共服务等支出纳入预算统筹安排；加大对公立医院日常运行支持力度，提高财政对公立医院人员工资保障水平；化解县级医院2013年底以前形成的长期债务，纳入同级政府性债务统一管理。继续推进政府职能转变，明确公立医院法人治理机构职责。厘清政府与公立医院在人事、资产、财务等方面的责权边界与关系，建议在政府层面建立公立医院理事会、监事会，形成理事会领导下的院长负责制管理体制。院长可实行任期制和聘任制以及年薪制，年薪标准为医院职工工资平均水平的3—5倍，由地方财政单列预算安排，聘任期内院长不享受医院奖金。院长可采取民主推荐、公开选拔、组织考察等多种方式产生。医院副院长由院长提名，医院理事会投票表决并报卫生行政部门审批，党委组织部备案。

（五）全面提升医疗服务能力

建立医疗服务及管理人才培养制度，公立医院新进医师必须经过住院医师规范化培训方可上岗。深化京宁、沪宁、闽宁医疗卫生人才培养机制，优先遴选试点县公立医院优秀骨干人才参加培训，自治区财政安排专项经费给予支持。推进医院信息化建设，在自治区统一规划下，加快推进县级医药卫生信息资源整合，逐步实现医疗服务、公共卫生、计划生育、医疗保障、药品供应保障和综合管理系统的互联互通、信息共享。提高中医药（回医药）服务能力，利用宁夏当地中医药资源，充分发挥中医简便验廉特色优势，加强对基层卫生机构支持和指导，促进中医药进基层、进农村，为群众防病治病。

（六）大力加强对公立医院的监管

要建立“制度+科技”监管模式，严格行业监管，利用信息化手段，定期对县级医院医疗服务质量、安全、费用、运行进行监管，规范医院管理行为和医疗行为，及时查处不合理和违规行为。加强行业自律，建立完善诚信制度和医务人员考核档案，实施公正、透明的群众满意度评价办法，加强社会监督。建立完善医疗纠纷第三方调解机制，把公立医院全部纳入医疗责任保险范围，完善医疗风险共担机制。

2014 年宁夏社会组织发展报告

徐如明　马　佳　马小平　刘　姝

社会组织，又称“非政府组织”“非营利组织”或“民间组织”，是区别于政府组织、企业组织的具有非政府性、非营利性等特征的新的组织形态。[①]社会组织是相对于政府拥有的公共权力、企业追求高额利润而言，没有公共权力、没有营利目的的而具有非营利性、公益性和互益性的特性为社会提供社会服务的组织。[②]无论是在发达国家还是在发展中国家，社会组织在解决各种社会问题，积极参与各级各类公共事务中发挥着积极作用，在经济、社会、文化、环保、社会保障等领域乃至国际舞台上发挥着越来越重要的作用。它与政府、企业共同构成现代民主国家的三大组织支柱，是人类社会发展史上一次伟大的组织制度创新。

社会组织有广义和狭义之分。狭义社会组织包括根据现行法规在各级民政部门登记注册的社会团体、基金会、民办非企业单位、商会、农村专业协会、境外在华 NGO。广义的社会组织还包括人民团体、社会企业等。在我国，通常意义上的社会组织主要有三类：社会团体、民办非企业单位

作者简介　徐如明，中共宁夏回族自治区委员会党校社会与文化教研部讲师；马佳，南京理工大学在读博士；马小平，银川市委宣传部未成年人思想道德建设工作科科长；刘姝，中共宁夏回族自治区委员会党校社会与文化教研部副教授。

① 王名《社会组织论纲》，社会科学文献出版社 2013 年版，第 2 页。

② 徐家良《社会组织的结构、体制与能力研究》，中央编译出版社 2012 年版，第 5 页。

和基金会。目前，社会组织加快发展，积极作用日益显现，已成为经济社会建设中的一支中坚力量。加强社会组织的研究，激发社会组织的活力，对于实现建设开放宁夏、富裕宁夏、和谐宁夏、美丽宁夏的战略目标，具有十分重要的意义。

一、宁夏社会组织概述

截至 2014 年 11 月，宁夏共有社会组织 4580 家，每万人拥有社会组织 7 家，略高于全国水平（我国每万人拥有 4 家社会组织）。但是与发达省区相比，特别是与西方发达国家相比还有不小差距，比如德国每万人拥有 120 个社会组织。为加强对社会组织的管理，特别是社会组织的党建工作，夯实党的执政基础，2010 年宁夏专门成立社会组织党工委。

银川市共有社会组织 1326 个，其中社会团体 436 个，民办非企业单位 465 个，农村专业经济组织 161 个，农民用水协会 264 个。每万人拥有社会组织 6.4 个。社会组织中有党员 2420 名，建立党委 13 个、党总支 12 个、单独支部 251 个、联合党支部 375 个（联合党支部覆盖社会组织 637 个），社会组织党组织覆盖率达到 68.9%。115 个社会组织被评为 3A 级以上社会组织，9 个社会组织被评为全区先进社会组织，8 个社会组织党组织被评为全区社会组织先进基层党组织，金凤区、西夏区、贺兰县社会组织工委被评为全区社会组织党组织创先争优优秀指导单位。2014 年 2 月，银川市被国家民政部确认为全国社会组织建设创新示范区。

石嘴山市共有社会组织 1624 家，社会团体 209 家，民办非企业单位 171 家，基层社会组织 1244 家。每万人拥有社会组织 5 家，有 3A 级以上社会组织 32 家。全市社会组织建立党组织 154 家，建立团组织 16 家，建立工会组织 35 家，党组织覆盖社会组织 259 家，党组织覆盖率为 68.16%，社会组织共有会员（职工）约 14 万人。

固原市共有社会组织 557 家，其中社团 129 家，民办非企业单位 53 家，农村合作社 375 家。每万人拥有的社会组织 3.6 个。虽然社会组织数量少，但是门类齐全，自身建设能力逐渐加强。

二、宁夏社会组织发展取得的成就

（一）社会组织数量增长较快，发展速度加快

宁夏几乎每天都有新的社会组织注册诞生，门类趋于完善。在银川市，社会组织已遍布城乡，覆盖社会生活的各个领域，初步形成了门类齐全、层次不同、覆盖广泛的社会组织体系，在政治、经济、文化等领域发挥着越来越重要的作用。在石嘴山市，社会组织每年以11.4%的速度不断增长，在促进经济社会发展中发挥了积极作用。固原市今年新增20多家社会组织，形成了行业门类齐全的社会组织体系。

（二）登记门槛降低，管理体制得以理顺

宁夏民政厅于2013年12月进行社会组织登记改革，出台《宁夏社会组织登记暂行办法》，将非公募性基金会、市级异地商会的登记审批权限下放至各地级市，取消商会、慈善类、社科类和社会服务类社会组织必须有主管部门的规定。办法还规定了行政审批规定时限：社会团体45日、民办非企业单位和基金会为30日。

银川市通过压缩审批时限、精简审批环节、降低登记门槛和实行网上审批优化了社会组织培育环境。同时通过完善登记、年检、评估等制度，提升了对社会组织的管理能力。民办非企业单位的审批登记由法定的60个工作日缩短到现在的4个工作日内办理完毕，变更和注销登记在资料齐全的情况下现场办结。取消科技类、公益慈善类、城乡社区服务类民办非企业单位的业务主管单位审批，实行直接登记。免去城乡社区服务类民办非企业单位的注册资金。民办非企业单位审批流程由改革前的工作人员逐级审批改革为网上直接审批，大大提高了工作效率。

石嘴山市降低社会组织准入门槛，简化审批程序，进一步压缩办理时限，提高办事效率。对行业协会商会类、科技类、公益慈善类、城乡社区服务类社会组织一律取消业务主管单位，实行由市、县区民政部门直接登记制度。对社会组织的分支机构不再进行登记审批，异地商会、非公募基金会的审批权限进一步下放到市、县区民政局。固原市实行民政局取消社会组织筹备阶段，建立社会组织一周内办理登记制度。

（三）政府购买社会服务政策出台，社会组织服务能力得到提升

2014 年 8 月 19 日，宁夏出台《宁夏回族自治区政府购买社会工作服务实施办法》，肯定了社会工作服务在解决社会问题、化解社会矛盾、维护社会稳定等方面的积极作用，规定了政府购买社会工作服务的工作原则，职责分工、购买程序等内容。

银川市部分行政部门已经开始政府购买社会组织服务实践。为进一步提升社区卫生服务水平和能力，银川市出台《政府购买社区卫生服务试点工作实施方案》，鼓励社会力量参与多渠道发展社区卫生服务，理顺社区卫生服务管理体制。

2014 年石嘴山市政府出台了《石嘴山市推进政府购买服务工作实施方案》《石嘴山市政府购买服务指导目录》，在充分摸底调查的基础，明确了目标任务、购买主体、承接主体、购买内容、购买机制、资金管理、绩效管理和部门职责及工作要求，在先行试点的基础上扎实推进政府购买服务工作，建立购买服务平台和服务制度。积极争取中央财政支持社会组织参与社会服务项目 2 个共计 60 万元，市民政局积极筹措福彩公益金 24 万元对社会组织进行以奖代补，支持社会组织发展。市县区各级社会组织争取政府购买服务资金 600 余万元。

三、宁夏社会组织发展存在的问题

（一）制度设计滞后，法律法规不健全

社会组织登记管理依据的还是 1998 年的《社团登记管理条例》和《民办非企业单位登记管理暂行条例》，法律法规很滞后，制约了社会组织的发展。尤其实行社会组织直接登记后，登记管理机关、业务指导单位、综合监管部门的职责界定与协作机制尚未建立，相关政府职能部门还没有主动将社会组织纳入各自的业务管理、指导范围的意识。

（二）基础设施薄弱，自我发展能力差

一些社会组织缺办公和活动场地，硬件基础设施和配套设施严重不足。社会组织竞争力和发展后劲不足，承接政府购买服务能力不足。固原市 40 家民办幼儿园，有 35 家在原州区，绝大多数租地办学，超过一半没有登记。宁夏扶贫与环境改造中心因工资待遇低招不上年轻人，工作主要由无业人员和退休人员来承担。银川市社会团体（尤其行业协会）中有近2/3是由国家机关、事业单位组建或其现职、离退休工作人员担任领导职务的，77家行业协会商会中，有33家与主管部门合署办公，30家财务由主管部门直接管理；37家城乡社区类社会组织中，全部与主管部门合署办公，也无单独财务。这些社会组织往往成为“二政府”或行政的附属，不具备社会组织必须具备的社会性、自愿性、民主性、自治性等特征，难以独立自主发展。

（三）管理力量不足，监督管理服务不到位

社会组织登记管理人员紧张，专职社会组织登记管理人员紧缺，工作力量薄弱，缺乏管理、指导、服务后劲，各项服务和执法监管力度不够。以银川市为例本级目前登记注册的社会组织就有370个，却只有2名工作人员，集咨询、服务、登记、管理、执法、监督、党建等职责于一身，管理力量非常薄弱，无法应对新时期对社会组织的新要求。各县（市）区民政局社会组织登记管理工作也只有一名兼职人员。

（四）扶持力度有限，培育存在盲点

一是对社会组织扶持发展政策较少，相关法律法规操作性不够强，政策法规亟待完善，政府购买服务少。比如税收问题、用地用水、土地等优惠政策也很难落实到位，影响了社会组织活力的发挥。政府购买社会力量服务有限，加上行政事业单位一些弱化的职能本应由社会组织承接，但行政事业单位不愿放权，不愿将那部分职能交给社会组织去做，导致社会组织活动范围狭窄和活动受限。二是对社会组织的培育停留在文本上，难以落实，存在“扶持初创期，奖励成熟期，较少关注成长期”的问题。比如社会组织工作人员的社会保障、职称、户口等问题上也没有配套的政策保障。三是社会组织扶持发展资金、项目少，对社会组织的扶持主要靠国家财政，省市县财政安排的扶持资金较少。

四、激发宁夏社会组织活力的对策建议

（一）完善顶层设计、健全社会组织法律法规

针对现已出台的社会组织登记管理制度改革方面的政策，如直接登记、

政社脱钩、宽进严管等方面，特别是在落实社会组织法人治理、政府监管社会组织方面法律、法规单薄甚至缺失，对政府依法监管社会组织造成影响。建议尽快制定出台相关操作性强的政策措施，加快推进各项改革措施落实，让社会组织得实惠，切实维护社会稳定。

（二）建立社会组织培育机制

社会组织的健康快速发展，必须依靠政府的精心培育和大力扶持。针对社会组织结构不合理、规模偏小、资金短缺、活力不足等问题，需尽快建立起政府财政对社会组织培育扶持机制。一要为社会组织创造一个宽松的生态环境和执业环境，增强政府权力部门与社会组织等的沟通协商，保障社会组织在社会服务中的平等参与、正当竞争、有效实施、成果名誉等合法权益，营造阳光文明公正的社会氛围。二要对规模大、质量高、社会效益突出的民办非企业单位，按社会评估等级给予资金补助。三要加大政府向社会组织购买服务的力度，做到项目招标、委托或购买项目的公平、公正，防止由于暗箱操作的寻租和腐败现象。

（三）完善政府向社会组织购买服务制度

目前宁夏一些地方已经开始政府购买社会组织服务的尝试，但在购买目录、项目内容、定价标准、考核指标等诸多方面还不完善，缺乏统一的标准，实施中随意性较大。在采购程序、资金监管、项目评估方面，没有明确的工作程序，缺乏有效的监督和制约手段。建议根据《国务院办公厅关于政府向社会力量购买服务的指导意见》和《民政部、财政部关于政府购买社会工作服务的指导意见》，借鉴在政府购买服务方面做得比较好的省区经验，结合宁夏实际，及时建立健全政府向社会组织购买服务机制。

（四）提高社会组织登记管理水平

随着社会组织的迅猛发展，社会组织管理力量薄弱、经费匮乏、手段落后等问题，已经成为制约社会组织健康发展的瓶颈。尤其在直接登记和去行政化以后，社会组织登记和管理任务将更加艰巨。因此建议：一要落实市县社会组织登记管理人员编制，充实人员，核拨必要的业务经费，尤其要保证办案经费，强化行政执法工作手段。二要加强对社会组织社会服务的监督管理，完善民主评议、问责听证、评估公示等制度，充分发挥其为社会弱势群体和特殊利益群体的服务提供、利益维护和利益代表的作用，使其在承接政府转移职能中不断提升能力，促进社会组织的发展。

社会组织是社会建设的重要内容，是新时期党和政府联系群众的重要桥梁纽带，对深化政府行政体制改革，改善公共服务供给方式，充分激发社会活力，具有十分重要的意义。

2015年宁夏社会蓝皮书

BLUE BOOK OF NINGXIA'S SOCIETY

专题篇

以十八届四中全会“决定”为指导推进宁夏社会治理创新研究

郭正礼　杨永芳

党的十八届四中全会“决定”就推进法治中国建设做出重大战略部署，提出要“推进多层次多领域依法治理。坚持系统治理、依法治理、综合治理、源头治理，提高社会治理法治化水平”。社会治理作为国家治理体系的重要组成部分，其法治化程度直接决定着国家治理能力现代化的水平。可见，依法治理是社会治理的内在要求，法治是促进国家治理能力现代化的基础，坚持依法社会治理是贯彻落实依法治国方略的重要体现。当前要推进我国经济发展、政治清明、文化昌盛、社会公正、生态良好，实现和平发展的战略目标，只有更好发挥法治的引领和规范作用，才能确保全面建成小康社会、实现中华民族伟大复兴的中国梦。

改革开放以来，现代化、市场化和全球化交织在一起，促进了我国社会的大变革，使得中国社会的流动性、开放性、活跃性、复杂性空前加剧。由于经济与社会发展的结构性失衡，社会分化不断加剧，社会矛盾日益尖锐，社会治理面临前所未有的新挑战。在过去的一个世纪，西方发达国家依据法律进行社会治理，在很大程度保证了社会的相对稳定，延长了资本主义生产方式和政治制度的存续。西方的这些经验尽管我们不能全部照搬

作者简介　郭正礼，宁夏社会科学院副院长，研究员；杨永芳，宁夏社会科学院法学社会学研究所副研究员。

照抄，但是它重视法律权威对社会治理和社会建设的作用则是值得我们借鉴和吸收的。当前，面对国内和国际的传统风险和新型风险，我们在社会治理方面仍存在诸多困境。宁夏要与全国同步进入全面小康社会，必须坚决贯彻依法治国、依法治区的方略。我们只有在法治轨道上多层次、多领域推进社会治理创新，才能最大限度实现社会的良好治理，建设好开放宁夏、富裕宁夏、和谐宁夏和美丽宁夏，与全国同步进入全面小康社会。

一、当前宁夏社会治理中存在的突出问题

（一）社会治理体系不健全，社会矛盾处于高发期，公正公平受到挑战

目前，随着宁夏城镇化进程的加快，民生建设与经济发展速度不协调的问题日益突出，群众就收入分配、住房、教育、医疗、养老等民生建设方面的公正公平问题反映强烈。此外，从信访部门的统计数据来看，群体性事件依然处于高发频发态势，主要集中在：一是城镇拆迁类问题。此类信访问题主要是由于各地进行城镇化建设、城乡环境综合治理引发的利益纠纷。部分群众对拆迁安置补偿标准不满、赔付资金不到位、拆迁政策不理解、安置时间违约等引发的问题。二是土地征用类问题。主要集中在征地补偿和土地权属两个方面。征地补偿以遗留问题居多，而土地权属问题引发的矛盾逐渐成为基层社会治理的焦点。主要是部分群众要求对没有明确权属的宅基地、自垦地、承包地等进行确权。三是拖欠农民工工资问题。当前农民工讨薪以集体访居多，出现常态化趋势。四是劳动社保类问题。随着宁夏社会保障体系的不断完善，今年以来劳动社保方面的信访问题明显减少，但仍占全区信访总量的20%，主要是编制福利待遇、社会保险、劳动合同纠纷等引发上访问题。五是检举乡村干部问题。主要反映乡、村两级干部失职渎职、贪污腐化、滥用职权等问题。群众一方面对当地有关部门的答复处理结果不满；另一方面是对基层组织失去信任，不再相信当地领导的承诺，不愿再依靠基层组织解决问题；此外，在基层选举中一些失利（落选）的人员串联越级上访成为新的社会动态。六是经济综合类问题。主要涉及国有企业改制、金融财税、国资监管等方面的问题，以国有企业改制和民间非法集资问题为主。部分国有、集体企业改制后因负担过

重、经营困难，职工权益受损引发上访问题。还有一些民间非法集资以高额回报为诱饵，使集资户上当受骗，集资户预期收益落空，集资款本息不能收回，从而引发集体上访。

这些信访问题既有因城镇化快速推进出现的新问题，也有多年不能根治的老问题，反映了当前宁夏社会矛盾仍处于多发频发的态势。这些诉求涌入信访部门，一方面反映了我国在司法领域存在立法滞后，法律法规不健全，有的是由于执法不严、或司法不公；另一方面，部分群众“信访不信法”的思维模式和做法也暴露出宁夏社会治理体系不健全不完善的问题。

（二）基层社会治理成为重中之重

当前，宁夏基层社会治理问题突出，成为社会治理的重点和难点。这些问题主要表现在：一是基层组织涣散，工作人员素质不高，凝聚力不强。二是权力过分集中，基层贪腐问题突出，主要表现在侵占涉农资金、截留征地补偿款、挪用扶贫资金等贪腐问题。2013 年至 2014 年 10 月，宁夏回族自治区银川市两级人民法院共审理涉及土地征用拆迁犯罪案件 16 件 44 人，其中涉及村党支部书记和村民委员会主任及成员 27 人，占全部涉案人数的近 61.4%。三是群众参与度较低，监管薄弱。基层“苍蝇”众多，凸显了监督力量从上到下在“层层减压”，越是位高权重的人，各方监督力量盯得越紧，越到基层，监管就越薄弱。同时，基层监管制度不具有执行力，大多仍停留在制度层面，不具有较强的现实操作性，特别是对基层组织的“财政大权”的监管，实际效果甚微。一些基层行政人员参与其中共同腐败，有的人员形同虚设，存在不作为等渎职问题，导致容易滋生腐败。四是利用宗教习俗敛财，搞政绩工程、形象工程问题依然存在。基层社会治理中出现的这些问题极大地损害了党和政府在群众中的威望，对基层社会稳定造成了巨大的危害，加强基层社会治理迫在眉睫。

（三）社会组织发展不足

社会的自组织化程度越高，社会的稳定性就越强，社会活力就越大，社会治理的难度系数就越小。从我国社会治理趋势来看，无论是提升党的执政能力、降低社会治理成本，还是提高居民的社会福利水平、满足居民的多样性社会服务需求，都应该按照社会治理与发展的规律，通过社会体制的改革，转变政府社会职能，大力发展民间社会服务组织以及专业化的社会服务。新社会组织具有重要的社会建构功能，是构建新时期“党社关系”“政社关系”的重要平台，是现代社会治理与公共服务的重要组织形式。当前，宁夏社会组织发展中存在的问题主要表现在：一是数量少，自我发展能力不足。大量社会组织还处于行政附属的角色中，自治色彩不强，承接政府购买服务能力不足。二是管理力量不足，监督管理服务不到位。三是扶持力度有限，培育存在盲点。

二、推进宁夏社会治理创新法治化的建议与对策

（一）加强立法，完善制度，以保障公正公平为基础，提升社会治理水平

公正公平是社会主义制度的本质特征。改革开放 30 年来，我国在经济建设方面取得了举世瞩目的伟大成就，但不可否认的是，社会矛盾日益尖锐，公正公平受到严峻挑战。当前，要“切实保障公民人身权、财产权、基本政治权利等各项权利，体现权利公平、机会公平、规则公平，使公民经济、文化、社会等各方面权利得到落实，实现公民权利保障法治化”，首要的是发挥立法的引领和推动作用。一是加快社会领域立法进程。要完善教育、就业、收入分配、社会保障、医疗卫生、食品安全、扶贫、慈善、社会救助和妇女儿童、老年人、残疾人合法权益保护等方面的法律法规。要加强社会组织立法，规范和引导各类社会组织健康发展。实现立法和改革决策相衔接，做到重大改革于法有据、立法主动适应改革和经济社会发展需要。二要提高社会领域的立法水平。以民生建设为切入点，重点解决立法质量不高、立法相对滞后的问题，更好处理公民权利与国家机关权力之间的关系问题，使每一项立法都符合宪法精神、反映人民意志、得到人民拥护。要把公正、公平、公开原则贯穿立法全过程，坚持立改废释并举，增强法律法规的及时性、系统性、针对性、可操作性和有效性。三是建章立制，建立和完善一批制度。针对当前问题突出的领域，完善政府性投资工程项目管理方面的制度、干部管理制度、惩治和预防腐败的相关制度等。

（二）重视底层实践，推进基层治理法治化

全面推进依法治国，基础在基层，工作重点在基层。为此，要加强城

乡社区建设，筑牢社会稳定的根基。一是要构建基层多元治理格局。要发挥基层党组织在在社会治理中的地位，完善城乡居民参与社区治理的载体和渠道，大力培育和发展社区社会组织，建立驻区单位参与社区治理的激励机制。二是基层行政管理与群众自治实现良性互动。明确基层治理各项事务的性质、治理主体及其权利、责任、义务。推行社区公共服务事项准入制度，实行权随责走、费随事转。三是增加对基层社会治理的资源供给。通过财政补助、社会力量捐赠或投资、委托办理服务事项的单位划转等方式，多渠道筹集基层治理所需资金。以居（村）民实际需求为导向，进一步健全社区服务中心、便民服务网点等服务设施，改善基层基础设施和装备条件。四是加强社区人才队伍建设。鼓励和吸引优秀人才向基层社区流动，打造专业高素质的社会工作人才队伍，强化基层自治组织的服务功能，使城乡社区居（村）民积极参与民主自治机制的创新，成为基层依法社会治理的实践者和受益者。五是建立法定、规范、稳固的社情民意沟通渠道。应特别重视群众参与、专家论证、集体讨论、合法性审查等环节的程序制度建立与完善，在维护法律权威与尊严的同时充分考量相关群众的基本诉求与切身利益，形成争议事项协商共决机制，实现政府治理和社会自我调节、居民自治良性互动。六是加强基层监督力量。鼓励部分县市继续大胆探索实践“县委权力公开透明运行”模式，制作权力运行清单，邀请民众参加县委常委会议等决策会议；一些地区在村“两委”之外成立了村民监督委员会，监督基层权力的行使。要进一步延伸纪检监察、检察机关等专业监督力量的监督触角，在乡镇一级逐步设立检察院、纪委派出机构，及时发现、受理民众的监督举报，让更多的基层监督力量被挖掘，更多的基层监督模式被创新。

（三）以法治思维引领社会组织改革发展

近年来，针对传统社会管理模式的诸多弊端，党中央“破瓶颈补短板”，加强“两新”组织建设，完善社会治理体系,增强社会治理能力，提升社会治理科学化、现代化水平，社会治理取得了明显成效。但从全面推进依法治国的总目标来看，社会治理主体的发展还远远不够。全面推进依法治国，需要我们以法治思维和法治方式引领和推进社会组织改革发展，增强社会组织改革的系统性、预见性和实效性。当前宁夏的社会组织不是太多、太强，而是太少、太弱。要发展大量自立的、活跃的、有责任的社会组织。政府要加大对社会组织发展的支持力度，将社会组织视为伙伴和助手，在法律、体制、政策、规划等方面营造一个宽松、良好的发展环境。积极推进职能转变，完善政府购买公共服务的机制，把适于社会组织承担的公共服务和社会管理职能转移给社会组织。提高社会自我管理能力，增强社会柔性管理，提高社会包容度，促进社会各阶层的融合。引入竞争机制，优化资源配置，提高服务水平。推动社会组织的“去行政化”“去垄断化”，完善社会组织登记办法，着力扩大覆盖面。允许行业协会、异地商会、公益服务类、社会服务类、经济类、科技类、体育类、文化类等社会组织可直接向民政部门申请登记。社会组织实现自愿发起、自选会长、自筹经费、自聘人员、自主会务和无行政级别、无行政事业编制、无行政业务主管部门、无现职国家机关工作人员兼职的组织。重点培育、优先发展工商经济类、公益慈善类、社会服务类、群众生活类社会组织。建立现代社会组织体系，逐步形成发展有序、门类齐全、层次多样、覆盖广泛的发展格局；逐步形成社会组织具备现代社会组织的基本特征；逐步形成大部分社会组织能够承担政府转移、委托、授权的职能，能够提供相应的公共产品和公共服务；逐步形成法律监督、政府监督、社会监督、自我监督相结合的监管体系。使社会组织在法律框架下，健全以章程为核心的法人治理结构，实现自我管理、自我服务、自我教育、自我发展，成为独立的法人主体。

（四）增强公众法治信仰，树立司法权威

十八届四中全会提出：“法律的权威源自人民的内心拥护和真诚信仰。人民权益要靠法律保障，法律权威要靠人民维护。”法治的根基在于人们发自内心的认同，现代社会治理是包括全体人民共同参与的多元共治，只有全体人民都信仰法律，成为社会主义法治的忠实崇尚者、自觉遵守者、坚定捍卫者，在全社会形成厉行法治的积极性和主动性，形成守法光荣、违法可耻的社会氛围，社会治理才能在法律框架下运行，现代社会治理模式才能真正形成。树立司法权威，实现社会依法治理，首先是领导干部要做学法守法的模范践行者。领导干部要率先学法信法守法，依法办事，成为社会正义的守护者，在道德层面上认同并外化法律行为，从而使社会治理在法律框架下运行。其次增强国家工作人员依法办事的观念和能力。当前，要杜绝有法不依、执法不严、违法不究等行为，解决以权代法、以言代法、选择性执法、运动性执法、多头执法等现象，以及执法司法过程中不规范、不严格、不透明、不文明等现象，使人民群众切实感受到问题能反映、矛盾能化解、权益有保障，感受到社会正义的无处不在，形成信仰法律的社会氛围。最后，要充分发挥思想道德和传统文化的核心价值引领作用，构建和夯实国家的“软治理”制度系统。法律是成文的道德，道德是内心的法律。增强法治的道德底蕴，强化规则意识，倡导契约精神，弘扬公序良俗。发挥法治在解决道德领域突出问题中的作用，引导人们自觉履行法定义务、社会责任、家庭责任。个人的行为从他律走向自律、从自利走向自为，需要社会层面的正向引导。各种大众化的宣传教育形式，可以逐步让人民群众感受到法律的权威，在潜移默化中自觉守法、遇事找法、解决问题靠法，理性表达诉求、依法维护权益，法治秩序才能得以实现。

宁夏城市社区体制改革研究

白　华　吴灵捷　李宏武

近年来，随着城乡居民生活水平的提升，服务需求的增加，参与意识的提高，利益诉求的复杂多样，对加强和改进政府公共服务、增强城市社区自治和服务功能提出了新的更高的要求。如何适应新形势，正确处理政府、市场、社会三者关系，完善政府与自治组织分工与合作机制，建设城市新型社区，已经成为摆在各级党委、政府面前的重大课题。

银川市兴庆区从自身实际出发，按照自治区统一安排部署，以创建"和谐社区"试点为契机，以构建社区网格化综合管理服务体制为切入点，以"创新体制，突出党建，理顺关系，强化自治"为目标，实施"3+X"网格化服务，建设网格管理指挥中心，加强居委会自治，设立市民服务站，从2013年初，在新华街等6个街道办事处推进社区体制改革，初步探索出了一条"建设服务完善、管理民主、充满活力、和谐幸福新型社区"的路子，形成了基层党建区域化、管理服务网格化、居民自治一体化的管理服务格局，积累了一些经验，具有一定的推广价值。

作者简介　白华，宁夏回族自治区全面深化改革领导小组办公室专职副主任；吴灵捷，宁夏回族自治区党委政策研究室社会发展处处长；李宏武，宁夏回族自治区全面深化改革领导小组办公室协调督查处副处长。

一、基本做法

按照利于发展、便于管理的原则，以社区为单元，将社区按一定标准划分为若干工作网格，在明确党组织、政府与群众自治组织各自的权责、明晰各自行为边界的前提下，党的建设、行政服务管理、居民自治组织进社区入网格，协同推进社会治理，构建起了党支部领导社区各类组织和各项工作、政府依法行政、居民依法自治的新型城市治理模式。

（一）建立管理网格，创新社区服务管理平台

一是划定管理网格。对有物业管理小区、企（事）业单位等人口居住相对集中、管理较规范的，按照每500—700户划分一个网格；对于分散杂居、无物业管理的、人口流动频繁等不易管理地段，每300—500户划分一个网格，目前兴庆区在11个街道办事处共划分网格564个，实现了城市地区网格全覆盖。二是建立网格管理数据库。对网格内住户的基本情况，如年龄、民族、住房、就业等，进行全面普查，建立电子档案，并在电子地图上对其住址进行空间定位。对网格内的所有城市基础设施、建筑物，如住宅楼栋、房屋等，进行全面普查，并在电子地图上进行空间定位，建立了比较完善的城市管理数据库。截至目前，建立居民档案21万多人。三是建成网格管理指挥中心。建立起链接区直29个部门（单位）、11个街道办、564个网格的信息化平台，搭建起为民办事的网络化平台。

（二）突出核心地位，构建党建区域化格局

实行社区"大党委制"。在保持社区党总支设置的前提下，成立69个社区大党委，建立了网格联合党支部（每3至5个网格设立1个党支部），在区域内构建起了"街道党工委—区域大党委—辖区单位党组织—网格联合党支部"四级党组织网络体系，党支部、居委会、业委会、物业公司、辖区单位党组织和政府派驻机构负责人交叉任职、分工协作，确保每个网格都有党组织，每个党员都在网格中。创新了网格化管理新形势下党的建设的新体制，建立起了区域大党委民主协商议事会议制度，凸显社区党组织的核心作用，组织和调动辖区社会各方力量，管理基层社会，服务辖区居民。

（三）重设组织架构，创新社区服务管理体制

探索适合网格化管理的行政管理、公共服务和居民自治的新体制。按照简政放权的要求，大胆探索街道、社区行政管理体制改革，建立起街道、社区、网格三级服务管理的新型基层公共服务管理体制。一是建立街道市民服务中心。优化整合原街道办事处职能和人员，设置服务窗口，以全新的形式，承接办理政府职能部门依法延伸到街道的公共服务，如就业失业登记、社会救助申请、计生类证明、证件办理等。二是组建3+X网格管理队伍。按照政府购买服务的机制，主要承担行政职能。“3”是指网格员、网格督导员、网格助理员等“三员”，“X”是指网格协管员。在街道办事处直接领导下，每个网格员管理1—3个网格，一岗多责，一岗专责，主要负责政府各部门延伸到社区的公共服务工作；网格督导员由街道下派干部构成，指导网格员工作；网格助理员由区机关在职在编干部构成，统一分配下沉到网格协助网格员工作；网格协管员由本网格内的志愿者、老党员、业委会、居委会成员等构成，协助管理网格。目前，共为564个网格配备网格“三员”1310人，实现了网格内行政服务管理常态化，同时也为每个公务员下基层入网格了解社情民意、就地解决实际问题探索了新途径。三是重新组建居民委员会。按照地域性、认同感等构成要素和便于居民自治、便于服务的原则，因地制宜，按“一社一居”“一社多居”等不同模式，共设置204个居委会，组织居民依法开展自我管理、自我教育、自我服务、自我监督。

（四）重新界定权责，改革“政社不分”治理模式

提出“党委（支部）领导社区各类组织和各项工作”，“凡属居委会自治性的管理工作，放手居委会”自主管理和“政府部门行政职责范围内的工作任务，不得随意下达到居委会”，居委会不再为居民出具证明或盖章，不再承担各类创建工作，政府也不再对居委会进行考核；由民政、政研等部门牵头梳理基层党组织、街道办事处与社区自治组织的权责。社区大党委统筹、协调辖区机关、企事业单位、非公组织等的党建工作，研究部署和组织实施辖区内社会性、群众性、公益性活动；网格联合党支部对涉及社区建设、社区党建和居民群众利益的重大问题，牵头征求意见，协商各

方处理。街道办事处主要承担行政管理和服务职责，特别是经过部门清理、专家审核、村居讨论和社会公示程序，制定出台了网格管理员、网格助理员工作职责和居民委员会工作职责，明确界定了行政管理与自治组织的职责，基本厘清了政府延伸管理和社区自治组织责权边界。行政事务的强行摊派减少了，居委会干部可以投入更多精力服务社区，先后有600多人次参加了区直部门组织的专题培训，自治能力在理论学习和实践锻炼中持续提高。

（五）健全工作机制，创新社会管理方式方法

抓住社区这个服务群众的神经末梢，应用网格化管理新模式，信息化智能化新手段，探索出一套规范管理、高效服务的社会管理新方式。一是建立问题发现机制。网格员入户工作制度化、指标化，服务项目点对点，将工作触角延伸至每个家庭，做到有的放矢、精确服务。网络员累计入户178660户，全面掌握网格内人、地、物、事、情、组织等情况，还解决了楼房供暖、煤气泄漏等2287件与群众生活关系密切的重大事项。居委会组织居民会商社区事务，化解邻里纠纷矛盾，降低社会风险。二是完善事务受理机制。街道市民服务中心建立首问责任制，将原有8个服务窗口优化为“劳动就业、民政救助、计生卫生、综合受理”等4个窗口，与之前相比，优化办理流程4个，减少办事环节20个，减少办理天数55天，限时办结率达99%。每个网格员配有“掌上网格”手机，入户时对涉及行政事务和公共服务类诉求，通过手机上传至网格管理中心，网格管理中心分类网传至各职能部门（单位）进行办理，办理结果网上反馈网格员，再由网格员当面向居民答复办理结果；对涉及居民自治的民情，网格员反馈居民委员会。居委会反映和发现涉及行政服务管理事项，或反映给网格员或反映给街道市民服务中心。街道市民服务中心、网格员共计受理居民申请事项50857件，办结47973件，居委会组织居民会商社区事务624件。三是建立责任追究机制。街道办事处、网格员负责网格内所有行政管理和公共服务工作，是网格区域内的管理主体，对出现的管理问题，做到及时发现、及时处理、及时上报。职能部门负责所有网格内涉及本部门职责内的管理工作，是网格区域内涉及行政服务管理的业务管理主体，对出现的相关问题，做到有人负责、及时发现、及时处理。对网格内出现的行政服务管理问题没有及时处理的，首先追究网格的管理主体（社区、街道办事处、区）的管理责任，同时要按出现问题的业务对象，追究相应管理部门的管理责任。四是强化监督考核机制。以网格化管理主体为考核对象，强化对街道办事处、区直部门、网格员等责任主体的监督，细化考核内容，量化考核标准，具体奖惩措施，建立综合考评机制，为网格化城市管理提供制度保障。居委会更多地承担监督评议职责，通过召开居民代表大会、社区议事会、评议会、听证会等，对网格员、业委会、物业公司、供水、供电、供气、供热等进行监督评议。

（六）加大扶持力度，构建社区服务多元模式

一是强化公共服务。完善和强化街道市民服务中心功能，凭借网格员入户服务这一触角，在重点保障未成年人、老年人、残疾人、低收入群体服务需求的基础上，开展面向全体社区居民的劳动就业、社会保险、医疗卫生、计划生育、文体教育、人民调解等主要服务。二是大力发展便民利民服务。鼓励和支持各类组织、企业和个人兴办居家生活类服务业。三是大力发展社区志愿服务。充分发挥党员、共青团员、学生和专业技术人员作用。四是加大政府对社区公共服务的扶持力度。以政府购买居家养老服务、老饭桌、志愿者服务项目为重点强化购买服务，构建社区公共服务、便民利民服务、志愿互助服务和政府购买服务相衔接的多元化社区服务体系。

二、主要成效

总的看来，银川市兴庆区社区体制的改革实践，规范了基层政府的行政权力、减少了基层政府的管理层级，提高了基层政府的办事效率；理顺了居委会与基层政府的关系，厘清了居委会与街道办事处和网格员的工作职责，还原了居委会的自治职能，提升了自治组织履职能力，实现了基层治理体制重大革新，取得了基层政府归位、自治功能增强、办事效率提高、居民群众受益等多方成效。

一是规范了行政管理。兴庆区的探索实践，贯穿了建设服务型政府的目标要求，破除了基层政府将自治组织作为延伸机构的行政管理模式，树

立了行政主体和自治主体间的平等地位。通过明确街道办、网格员和居委会的工作职责，将社区行政管理、公共服务的权力下放给街道办和网格员，将社区发展、建设的选择权、“一事一议”等社区事务的监督权交还给自治组织和居民群众，有效推动了基层政府转变职能、提高效率。

二是提高了自治能力。社区网格服务体制的建立，消除了居委会的行政色彩，剥离了作为社区群众自治组织的居委会行政职能，减少了自治组织的行政依赖，为健全自治机制、增强自治功能提供了空间。居委会充分做到了明确职责，规范设置，民主选举，落实“四自”，行业监督。基层政府直接干预减少了，自治组织对基层公共事务和公益事业的责任意识显著增强，自治组织凝聚力和自治活动吸引力随之增强，更多的社区居民主动参与到社区建设之中。

三是扩大了居民参与。兴庆区的探索实践，强化了社区居民的参与意识，调动了社区居民和组织参与社区建设和活动的积极性，建立起了多元主体共同治理的新格局，形成了基层社会管理的整体合力。累计有 2.2 万人参加社区“一事一议”，共成立了 180 个党员功能小组，引导、组织居民开展了书法、文艺、体育等活动，丰富社区文化生活。一批社会组织蓬勃兴起，积极参与到养老服务等社区管理和服务之中。

四是减少了矛盾纠纷。兴庆区的探索实践，提高了基层政府的执行力和社会公信力，加强了基层社会管理和服务资源的整合，提升了自治组织履职能力，建立起了社区诉求表达、利益协调、矛盾化解和权益保障的长效机制，将大量社会矛盾化解在基层、解决在萌芽状态，为促进社会和谐打下坚实基础。一方面社区干部主动深入居民家庭，矛盾纠纷有人问、有人管、有人帮助解决；另一方面居民群众积极参与社区决策，通过制度化渠道反映诉求、调解纠纷、达成谅解。

五是方便了基层群众。围绕群众各方面、各层次的利益诉求，深入推进街道市民服务中心“一站式”服务机制，整合服务资源，进一步合并相近或相同的服务事项，精简服务流程，增强服务功能，尽可能将部门办理事项下放到街道市民服务中心。改变了过去基层各部门力量分散、各自为政、资源浪费、推诿扯皮等状况。完善街道市民服务中心采集汇总社区基础信息，办理社会管理和公共服务事项，培育发展社区社会组织，把网格员入户开展服务和专业服务机构服务相结合，使“上面千条线”汇聚于“基层一中心”，群众办事不用再到处跑、到处找，极大地方便了群众。基层服务管理资源和力量的整合，进一步增强了受理和满足群众利益诉求的功能。

六是转变了干部作风。街道市民服务中心和网格员搭建了便民利民“超市”。基层干部在这里有了直接服务群众的阵地、职责和手段，他们的工作干得怎么样，群众都看在眼里、记在心上。这也激发了他们的工作激情，促使他们开动脑筋，甩开膀子，迈开步子，为群众办实事、解难事，真正做到“民有所呼，我有所应”，“民有所求，我有所助”。办事流程和办事制度公开，使群众知道该找谁办事、该如何办事。各项工作都暴露在“阳光”之下，“暗箱操作”就没有了空间。

三、几点启示

城市新型社区是满足人民群众日益增长的精神与物质需求的有效载体，是加强社会建设的重要基础，是全面建设小康社会、实现社会主义现代化的有机组成部分。兴庆区建设城市新型社区的成功探索，为宁夏全面推开试点工作积累了经验、奠定了基础，也对今后宁夏进一步深化改革，加强和创新社会治理，大力推进城市新型社区建设，有深刻的启示。

一是要准确界定基层政府与自治组织的权责。根据现行有关法律、法规，界定群众自治组织依法履行职责事项，从根本上剥离其行政职能，进而倒逼政府转变职能、基层干部转变作风，把关注重点切实转移到完善公共服务设施、丰富公共服务项目、提高公共服务质量上来，创造自下而上推进行政体制改革的新氛围。

二是要坚持网格化管理、社会化服务的改革方向。改进社会治理方式，必须要坚持系统治理，要加强党委领导，发挥政府主导作用，鼓励和支持社会各方面广泛参与，实现政府治理和社会自我调节、居民自治良性互动。要坚持综合治理，强化道德约束，规范社会行为，调节利益关系，协调社会关系，解决社会问题。要坚持源头治理，标本兼治，重在治本，健全基层综合服务管理平台，及时反映和协调人民群众各方面各层次利益诉求。要充分激发社会组织活力。正确处理政府和社会关系，加快政社分开，推进社会组织明确权责、依法自治、发挥作用。适合由社会组织提供的公共服务和解决的事项，逐步交由社会组织承担。

三是要进一步完善政府购买服务的运行机制。街道办事处聘用网格员管理网格内行政事务，只是政府购买服务的一种形式，且仅限于行政管理内部，无法促进社区自治组织的发展。政府购买服务还应扩大到居委会等自治组织，科学制定政府向社会购买服务的指导性目录，依法梳理出基层群众自治组织协助政府工作事项，明确基层政府委托自治组织办理这些事项的经费保障、违约责任，彻底杜绝基层政府采取行政手段干预自治事务、采用行政命令下达指标任务的工作方式。

四是要加强网格管理员队伍建设。网格员是社区工作的基础，代表政府行使职权，是党的政策的最终执行者，其工作内容繁杂，工作强度大，必须要有一定的综合素质和政策水平。要加强培训，建立淘汰机制；要提高待遇，减少非正常流动；要关心他们的成长进步，采用多种培训方式提升素质，探索建立从网格员中培养发展党员、招录公务员、选拔基层干部以及推荐党代表、人大代表、政协委员和劳动模范等制度渠道，稳定和优化网格员队伍。

宁夏社会治理面临的困难与政策建议

张其度

创新社会治理体制机制，是推进国家治理体系和治理能力现代化的重要内容。十八届三中全会明确要求："创新社会治理，必须着眼于维护最广大人民根本利益，最大限度增加和谐因素，增强社会发展活力，提高社会治理水平，全面推进平安中国建设，维护国家安全，确保人民安居乐业、社会安定有序。"重点是改进社会治理方式、激发社会组织活力、创新有效预防和化解社会矛盾体制、健全公共安全体系等。十八大以来，自治区党委、政府高度重视社会治理工作，全区社会治理工作稳步有序推进并取得一定成效。但要更好地适应新的发展要求，进一步推动全区社会治理迈上新台阶，还面临许多困难和问题，需要通过深化改革、创新体制机制、完善政策法规体系等途径加以解决。

一、现阶段面临的困难和问题

（一）不断创新社会治理方式的压力还比较大。

1. 系统治理的整体能力还不强。随着经济快速发展，广大人民群众生活水平不断提高，社会利益格局日益多元和复杂，社会治理的要求也越来越高。与快速发展变化的形势和要求相比较，社会治理体系建设步伐还比较慢，治理的系统性还不强，社会各方面参与治理的积极性还不高，多元

作者简介 张其度，宁夏回族自治区政府研究室社会处处长。

主体协商共治、协调互动、共建共享的机制还不完善，政府治理和社会自我调节、居民自治良性互动的局面还没有形成。

2. *依法治理的任务越来越重*。党的十八大明确提出要“加快形成党委领导、政府负责、社会协同、公众参与、法治保障的社会管理体制”，增加了“法治保障”，进一步强化了法治在社会治理中的保障作用。但“依法”的任务还比较重。首先，与治理现代化要求相适应的国家政策法规体系还不健全，一些领域法律缺失、“无法可依”的问题仍然突出，与之配套的地方性政策法规也存在缺失问题。其次，在社会治理过程中，一些已有的政策法规已经不能适应新的时代要求，或者陈旧过时，或者相互抵触。再次，运用法治思维和法治方式化解社会矛盾的意识还不牢固，好多地方和部门仍然习惯于用以往单纯的行政管理管控等方式开展工作，运用法治方式化解社会矛盾的能力不强，效果不佳。

3. *综合治理的能力还比较弱*。社会治理既然是系统治理，当然更要综合治理，要是综合有机、协调配套、相互融合、积极有效地运用法律、经济、教育等各种方式和手段。一些地方和部门往往寄希望于运用单纯的方式和手段快速见效，忽视宣传引导、思想教育，遇到具体的违法违纪等问题容易解决，而遇到一些性质复杂、界限模糊却又隐患较大、牵涉面较广、容易引起涟漪效应的问题时，往往束手无策。不能积极创新思维，综合运用各种有效方式和手段，达到强化道德约束，规范社会行为，调节利益关系，协调社会关系，解决社会问题的目标。

4. *源头治理的问题还比较多*。从思想认识上，忽视源头治理的现象比较突出，不主动研究问题，不注重寻找问题发生的内在规律，不能更好地从萌芽状态认识事物本质，不能透过现象看本质，不能防患于未然，出了问题才去救火，按下葫芦浮起瓢，往往陷于被动。从硬件建设和软件支持的结合上，由于经济比较落后和认识不够到位共同交织，导致硬件建设层次较低，软件建设水平不高，无法适应治理要求。尤其是近些年来，国际国内通过建立网格化管理、社会化服务机制和建设基层综合服务管理平台提高社会治理水平等成功经验，有力说明必需的硬件和不可或缺的软件充分结合提高治理效率的重大意义。但许多地方和部门，对此缺乏清醒认识，缺乏科学长远规划，投资严重不足，建设严重滞后。从反映群众诉求方面来看，主动性不强，协调性较差，不能深入群众主动了解诉求，相关部门你管你的我管我的，不能及时回应和关切群众合理诉求，距离中央提出“坚持源头治理，标本兼治，重在治本，及时反映和协调人民群众各方面各层次利益诉求”的要求还有较大差距。

（二）发挥社会组织推进社会治理的作用还不充分

1. 对社会组织在社会治理中的积极作用认识还不到位。一些地方和部门还没有充分认识到社会治理主体多元和渠道多元的重要性，没有很好认识各类社会组织在提供服务、反映诉求、规范行为等方面的积极作用，不能正确处理政府和社会关系，政社分开步伐缓慢。不能从经济社会发展的全局出发推进社会组织明确权责、依法自治、发挥作用，鼓励和支持社会组织参与社会管理和公共服务，因而没有很好地发挥其社会功能，更好地调动各类社会组织为经济社会发展服务，为促进公益事业发展服务。

2. 社会组织参与社会治理的能力还比较差。宁夏社会组织普遍规模小、层次低、能力弱，参与社会治理的积极性不高，综合能力不强。随着政府购买服务制度的逐步推开，越来越多适合由社会组织提供的公共服务和解决的事项，要逐步由社会组织来承担和承接，但据调研估算，全区90%的社会组织不具备承接的资质和能力。同时，社会组织人员知识水平较低、管理制度不健全、自律意识和法律意识较弱，也是影响其健康发展的重要因素。三是加快社会组织蓬勃发展的环境还不够宽松。鼓励和支持社会组织发展的政策法规不健全、不落实的问题仍然突出。

（三）预防和化解社会矛盾的综合协调机制还不健全

1. 重大决策社会稳定风险防范机制还不健全。全区还没有建立比较完善的重大决策社会稳定风防范估机制，一些地方在事关发展全局、事关民生、事关地方环境保护、事关长远发展大计的重大项目启动、重大政策出台、重大活动开展之前，轻视群众意见，忽视决策程序，没有按照科学决策、民主决策、依法决策的要求，不充分征求利益相关各方意见，尤其不充分听取利益影响最大的重点群体的意见，盲目决策，引发了一些不应该发生的社会风险问题，给地方经济发展和社会稳定、给广大群众造成不必要的损失，应该引起高度警觉。

2. 畅通民意诉求渠道的综合协调机制还不健全。没有建立起各相关部门信息畅通、分工协作、协调互动的工作机制，对广大群众的诉求表达、心理干预、矛盾调处、权益保障还没有从根本上改变九龙治水、多头管理、铁路警察各管一段的局面，少数几个部门忙于应付疲于应付，有些本该能够及时得到解决的问题、能够尽快化解的矛盾、能够基本保障的权益，由于渠道不畅、接访人员不足，甚至有些部门推诿扯皮，反而拖出问题，造成更大隐患。

3. 调处化解矛盾纠纷的综合机制还不健全。近些年各地在实践中积极探索出一些如“三调联动”“邻里调解”“基层调解”等成功经验，但缺乏制度性总结和完善，有些工作需要一定经费而得不到持续支持，加之一些领域法律制度不够健全、一些群众调解人员权益无法保障等，导致调处化解矛盾纠纷的综合机制没有制度、经费和法律保障，联动调解的工作体系没有建立起来，充分动员社会力量、鼓励广大群众参与调处化解的社会风气还不浓厚。

4. 有效适应社会要求的信访工作机制还不健全。由于现行信访工作制度还不完善、信访基础条件较差、有效运用现代信息等技术的水平较低等因素影响，导致信访工作无法更好地适应不断上升的信访压力，一方面是大量合理诉求的信访问题不能得到及时有效解决，一方面是缠访、闹访乃至违法信访现象频频发生，屡禁不止。

（四）公共安全体系建设的压力越来越大

1. 食品药品安全风险的防范压力越来越大。近些年宁夏在食品药品安全监管制度创新、监管能力建设和监管体系完善方面取得重大进展，但随着食品药品生产的科技含量日益提高和现代化程度日益加深，一些不法生产经营者不惜以身试法，以及监管制度还存在漏洞和监管环节存在一定空白，尤其城乡结合部和广大农村监管力量的鞭长莫及，致使不可预知的风险隐患仍然很多，加之宁夏主要是一个食品药品输入省区，监管形势依然严峻。

2. 安全生产风险防范的压力越来越大。近年来安全生产形势不容乐观，企业内部管理和风险控制体系建设滞后，安全防范设备陈旧落后，不少生产企业人员素质较低、培训工作跟不上，违反生产安全规程的情况频繁出现，在煤炭、化工等生产领域仍然存在一些不可预知的安全隐患，隐患排查治理体系和安全预防控制体系还没有真正建立，遏制重特大安全事故的机制还不完善。

3. 应对各种自然灾害的能力还比较低。应对各种自然灾害的应急救援体系建设缓慢，硬件配套率较低，救援队伍系统培训工作力度小，整体规划不能适应新的要求，基础设施建设投资严重不足。

4. 影响社会治安综合治理的不可预知因素越来越多。随着人口流动性增强和复杂性提高，各种社会治理的潜在隐患增多，吸毒贩毒、传销和盗窃等犯罪活动更加隐秘，利用高科技手段的犯罪比率逐年攀升，利用网络进行商业和金融诈骗的案件频繁发生，给社会治安和广大群众正常生产生活带来很大影响。

（五）基层社会治理面临的问题不断增多

1. 基层社会治理的不确定因素不断增多。城乡社区尤其偏远农村，经济活动频率提高，人员往来的不稳定性增强，各种利益错综交织，一些有侵害倾向和违法犯罪人员选择城乡结合部和偏远农村隐藏，都为基层社会治理增加了不稳定因素。

2. 基层社会治理的综合能力比较薄弱。从基础设施到必需设备，从制度建设到法律意识，从人员配备到组织领导，基层社会治理的综合能力普遍较低。

二、几点政策建议

（一）切实改进社会治理方式

1. 建立健全社会治理体系。完善“党委领导，政府负责，社会协同，公众参与，法律保障”的社会治理体制，实现政府治理和社会自我调节、居民自治良性互动，实现共治、法治，平安、和谐目标。

2. 努力建立和完善社会治理的政策法规体系。十八大以来，从国家层面先后出台了《国务院机构改革和职能转变方案》（2013 年），民政部

《村民委员会选举规程》（2013年），国务院办公厅《关于政府向社会力量购买服务的指导意见》（2013年），中共中央办公厅、国务院办公厅《关于依法处理涉法涉诉信访问题的意见》（2014年），中央政法委《关于建立涉法涉诉信访事项导入法律程序工作机制的意见》《关于建立涉法涉诉信访执法错误纠正和瑕疵补正机制的指导意见》《关于健全涉法涉诉信访依法终结制度的实施意见》（2014年）等政策法规，自治区应结合实际，尽快制定适合区情的相应政策法规，推进政策法规体系的建立完善，坚持依法治理，为社会治理工作提供强有力的法治保障。

3. 进一步提高社会道德水平。坚决贯彻党的十八届四中全会《关于全面推进依法治国若干重大问题的决定》精神，坚持一手抓法治、一手抓德治，大力弘扬社会主义核心价值观，弘扬中华传统美德，培育社会公德、职业道德、家庭美德、个人品德，既重视发挥法律的规范作用，又重视发挥道德的教化作用，实现法律和道德相辅相成、法治和德治相得益彰。

4. 努力提高综合治理和源头治理工作水平。建立健全综合治理的各种工作机制，坚持源头治理，标本兼治，重在治本，加强网格化管理和社会化服务的基础设施建设，健全城乡社区基层综合服务管理平台，充分利用现代科学技术和数字城市、智慧城市以及信息化建设的资源优势，畅通民意诉求渠道，及时反映和协调人民群众各方面各层次利益诉求。

（二）不断激发社会组织活力

1. 加快政社分开步伐，推进社会组织明确权责、依法自治、发挥作用。限期实现行业协会商会与行政机关真正脱钩，重点培育和优先发展行业协会商会类、科技类、公益慈善类、城乡社区服务类社会组织，成立时直接依法申请登记。

2. 加快政府向社会组织购买服务步伐。自治区业已出台《政府向社会力量购买服务暂行办法》，其中包括公共服务、社会管理服务、行业管理与协调、技术服务、政府履职所需辅助性事项等6类56款243项，选取民生关注度高、适合由社会力量承担的养老、教育、就业、医疗卫生、文化体育、社区服务、住房保障、残疾人服务等公共服务项目开展试点。要在实施该办法的基础上，不断总结经验，逐年扩大购买服务的范围，逐步使适合由社会力量提供的各种公共服务和解决的事项，都交由社会力量承担。

（三）不断创新有效预防和化解社会矛盾的体制机制

1. 健全重大决策社会稳定风险评估机制。健全依法决策机制，把公众参与、专家论证、风险评估、合法性审查、集体讨论决定确定为重大行政决策法定程序，确保决策制度科学、程序正当、过程公开、责任明确。建立行政机关内部重大决策合法性审查机制和重大决策社会稳定风险评估机制，坚持问计于民、问政于民，坚持科学决策、民主决策、依法决策，确保今后凡是重大项目启动、重大政策出台、重大活动开展等重大决策项目，都要合法合规。

2. 建立畅通有序的诉求表达、心理干预、矛盾调处、权益保障机制。结合政府机构改革和职能调整，整合、优化各种相关资源，建立统筹安排、分工协作、重点明确、提高效率的综合工作机制，确保群众反映问题有渠道、有人管，矛盾化解有手段、有效率，权益保障有措施、有监督。

3. 建立完善矛盾纠纷调处化解的综合协调机制。完善人民调解、行政调解、司法调解联动工作体系，充分发挥基层群众参与社会治理的积极性，让更多的群众代表参与矛盾纠纷的调处化解，建立健全设施设备、经费、人员保障等方面的具体制度。四要切实改革信访工作制度。实行网上受理信访制度，健全及时就地解决群众合理诉求机制。把涉法涉诉信访纳入法治轨道解决，建立涉法涉诉信访依法终结制度。

（四）着力健全公共安全体系

1. 继续完善统一权威的食品药品安全监管体系。健全监管机构，强化监管职能，健全最严格的覆盖全过程的监管制度、食品原产地可追溯制度和质量标识制度，保障食品药品安全。

2. 深化安全生产管理体制改革。重点要加强隐患排查治理体系和安全预防控制体系建设，坚持制度建设和现代科技手段运用相结合，切实遏制重特大安全事故。

3. 健全防灾减灾救灾体制。从政策法规体系建设到具体制度完善，从基础设施建设到各种设备配备，从人员保障到强化培训，全面提高应对各种自然灾害的应急管理能力和水平。

4. 继续创新立体化社会治安防控体系。强化基层社会治理能力，整合、优化和协调各种治理资源，加强社会治安综合治理，打防结合，依法严密防范和惩治各类违法犯罪活动。

（五）强化社会治理的宣传研究工作

1. 加大宣传教育力度。建立全方位、立体式、不间断的宣传教育网络体系，通过多种渠道、多种方式、多种阵地加强宣传教育，动员全社会理解和支持社会治理工作，积极参与社会治理。

2. 加强调查研究。充分调动社会治理相关部门、党政研究部门、高校和其他研究机构，深入研究社会治理，分析存在问题，探索创新思路，为自治区推进社会治理提供决策参考。

3. 加强规划调整工作。加强顶层设计，及时调整、完善和补充相关规划，强化规划指导。

宁夏生态移民社会保障问题研究

宁夏调查总队课题组

实施生态移民工程是解决宁夏中南部地区贫困问题、统筹区域协调发展、促进民族团结和建设“四个宁夏”的重大战略举措。生态移民不仅是经济问题，还涉及政治、文化、教育、宗教、民族等问题，是一项复杂的系统工程。工程实施以来，移民群众的生产生活条件得到了有效改善，增收致富渠道不断拓宽，但由于移民由原居地迁入新居地，耕地的收入功能和保障功能弱化，移民的医疗养老等社会保障问题日益突出。

为开展该项研究，课题组深入银川、石嘴山、吴忠、永宁、平罗和青铜峡6个市县移民安置区，对120户移民家庭开展了问卷调查。其中，生态移民80户，劳务移民40户；2011年移民14户，2012年移民78户，2013年移民24户，2014年移民4户。现根据课题组问卷调研结果进行一些分析。

一、生态移民就业现状与收入特点

就业乃民生之本，能否实现稳定就业直接影响移民的收入、生活和社

课题主持人 胡宁生，国家统计局宁夏调查总队总队长，经济师。

课题组成员 王旭明，国家统计局宁夏调查总队副巡视员，高级统计师；姬博文，国家统计局宁夏调查总队调研员，高级统计师；乔亚庆，国家统计局宁夏调查总队副处长，会计师；徐志慧，国家统计局宁夏调查总队调研员，高级统计师；于晶，国家统计局宁夏调查总队副主任科员，高级统计师；赵婷，国家统计局宁夏调查总队科员，统计师。

会保障，同时也关乎社会稳定。

（一）八成劳动力实现就业

调查显示，在120户移民家庭中，有劳动力301人，户均2.51人。16—45岁的劳动力163人，占劳动力总数的54.2%；46—50岁的劳动力48人，占16%；50岁以上的劳动力90人，占29.9%。目前实现就业的劳动力为241人，占劳动力总人数的80.1%，就业率达到八成。

（二）劳动力就业集中于建筑业和种植业

调查显示，120户移民家庭中就业的241个劳动力中，从事种植业53人，占22%；养殖业8人，占3.3%；商业住宿餐饮业20人，占8.3%；交通运输业15人，占6.2%；建筑业80人，占33.2%；煤炭开采加工制造业26人，占10.8%；其他行业31人，占12.9%。建筑业和种植业成为移民就业的两大行业，超过五成。

（三）超过六成的移民认为就业难

当问及“就业的难易程度”时，有76名被访者认为难，占63.3%；有23名被访者认为与移民前差不多，占19.2%；仅有21名被访者认为容易，占17.5%。调查显示，在120户移民家庭就业劳动力中，就业3个月以上119人，占49.4%；就业3个月33人，占13.7%；就业2个月36人，占14.9%；就业1个月53人，占就业人数的22%，也就是说超过五成的人因为就业难，一年中就业在3个月以下，就业的稳定性较差，另外还有接近两成劳动力因年龄偏大没有就业，而这些劳动力在移民前还能从事种、养业。

（四）四大诱因造成移民就业难

当问及影响移民就业的主要原因时，被访者提及率较高的依次为：就业机会少，占51.7%；没有技术，占50.8%；文化程度低，占44.2%；年龄偏大占33.3%。移民后，移民没有或只有很少的耕地，发展种植业和养殖业受到限制，打工成为谋生的主要手段。调查显示，78.3%的移民家庭自己找工作，15%的通过政府帮助解决工作，6.7%的通过亲朋好友介绍工作。受教育水平一定程度上影响就业，移民中劳动力的受教育程度普遍较低，120户移民问卷调查显示，301个劳动力中具有高中以上文化程度的47人，仅占15.6%；初中文化程度81人，占26.9%；而小学以下文化程度173人，占57.5%。由于移民受教育程度低，普遍缺乏技术，难以满足用工企业对高素质劳动力的需求。即便是能找到工作，大多数集中在劳动强度大、技术含量低的行业。

增收是民生之源。稳定的收入来源是移民生产生活的基础和根本，也是养老的保障。移民后，移民基本失去了耕地托底养老保障，要在耕地外获取更多收入来养老，由于收入来源的单一性和不稳定性，养老面临较大压力。在问及移民家庭收入变化时，120户移民家庭中有47.5%的反映收入增加了，21.7%的反映收入和以前差不多，30.8%的表示有所减少。调查结果显示，2013年尽管移民人均务工收入与移民前相比提高了42.7%，但全年人均纯收入却下降了14.3%。

二、社会保障状况

社保是民生之基。社会保障是实施生态移民最大的托底工程，是移民区社会的稳定器。

（一）社会保障体系初步建立

调查数据显示，在调查的120户移民中，参加居民基本医疗保险548人，占全部常住人口89.8%，平均每人缴纳医疗保险费58.8元；参加居民社会养老保险219人，占全部常住人口35.9%，人均缴费148元/年，已领取养老保险37人，平均每人每月领取215元；享受低保41人，占全部常住人口的6.7%，年领取低保金1431元。

（二）投保水平整体较低

调查数据显示，在120户移民家庭中，没有参加居民基本医疗保险的常住人口仍有近10.2%，而参加了居民基本医疗保险的人口中，90%以上缴交的是最低标准50元（2014年宁夏城乡居民基本医疗保险个人缴费部分三档分别是50元、200元、400元）。参加居民养老保险的，90.9%的人缴交的也是最低标准100元，投保水平整体较低。出现这种现象的原因主要有以下几方面：一是生态移民从山区搬迁到川区后，生产生活环境得到了很大改善，但生活成本随之提高，生存压力徒增，打工挣钱、维持生计成为移民搬迁后面临的首要问题。二是移民搬迁后，“4050”人员由于年龄偏大，文化程度偏低，劳动技能单一，就业压力更大。移民户“吃老本”的现象时有发生，只得选择最低缴费水平。

（三）社会提供保障水平整体较低

尽管宁夏城乡居民基本医疗保险、居民社会养老保险基本实现全覆盖，财政补助标准也不断提高，但整体水平较低，难以满足需求。一是养老金发放标准较低，难以满足生活所需。调查数据显示，受访的120户移民家庭中，37人已经领取养老保险金，每人月均领取215元，其中89.2%的人领取的养老金低于155元每月，高达73%的人认为领取养老保险金不能满足生活需求。二是医疗保障水平有待提高。特别是住院报销比例偏低，满意度较低。调查数据显示，2013年至2014年7月，受访120户移民中，56户移民家庭有人曾经住院，住院总花费110.4万元，其中医保报销28.7万元，报销比例仅为26%，不足三成。移民对目前实施的城乡居民基本医疗保险报销比例满意的仅占39.2%，认为一般或不满意的高达到60.8%。

三、当前移民社会保障方面存在的主要问题

宁夏生态移民工程的实施，极大改善了移民的生产生活条件，移民的就业结构也发生较大变化。但在调研中发现，生态移民的收入来源还不稳定，生活成本明显增加，社会保障标准低，托底能力有限，这些问题影响了生态移民工程的顺利进行。在被调查移民户中，在问到“移民家庭当前最大困难”时，排在前六位的依次是：收入低生活开支大，占64.2%；就业没门路占59.2%，务工不稳定占56.7%，就业能力不强占39.2%，发展产业缺资金及技术占38.3%，看病难看病贵占34.2%。在问到“您对当前生产生活最不满意的主要方面有哪些”时，排在前六位的依次是：收入情况、住房情况、生活费用、子女教育、社会治安和管理、社会保障，回答率分别为：55.8%、55%、46.7%、18.3%、17.5%和16.7%。

（一）收入不稳定且难度加大

调查表明，移民收入水平不足宁夏全区农民人均纯收入的六成。由于移民搬迁时间较短，后续产业尚未发展起来，一些设施农业在短期内没有经济效益，移民群众收入仍然以外出务工和国家政策性补助为主，绝大多

数移民群众收入增长缓慢。42.7%的被访者认为就业问题是移民后最担心的问题。2014年以来，由于受宏观经济和房地产市场持续低迷影响，企业和建筑业开工不足，提供的就业岗位减少，移民就业困难，务工形势由往年的“工作找人”转为“人找工作”。问卷调查显示，特别是缺乏技能的移民工作更难找，移民外出务工回流情况有所加剧，务工工资水平增长受限，影响收入增长。年长和无技能的移民就业更为困难。在调查的16—45岁、46—50岁、50岁以上年龄段劳动力中，就业3个月及以上的劳动力分别为112人、26人和13人，占比分别为68.7%、54.2%和14.4%，随着年龄的增长就业率呈现逐渐下降的趋势。调查的50岁以上的劳动力占劳动力总数的三成，但能够稳定就业的却不足1/5，造成50岁以上的移民常常无事可干。

（二）生活成本明显增加

移民迁出后，由于本身经济基础比较薄弱，迁入地的生活成本远远高于原居地，生产性投资和生活性支出对大部分移民而言负担较重。调查显示，67.5%的被访者认为移民后收入门路少生活压力大。在被访的120户家庭中，当问到“您家目前的收入是否可以满足生活消费需要”时，仅有7.5%的家庭认为可以满足，37.5%认为基本满足，高达55%认为无法满足。67.5%的被访者认为移民后生活消费成本增加。在走访调研过程中，移民普遍反映，以前在老家有土地，可以种粮食、种菜、养牛养羊、喂鸡，就算没有收入，吃饭至少没有问题，生活还有保证，少穿点、少用点就行。但是移民后柴米油盐酱醋茶样样都需要花钱，如果没有收入来源或者收入减少，生活都成问题。

（三）资金缺乏，影响后续产业发展

生态移民中迁入地建设资金的筹集采取的是国家财政出一部分，地方各级政府补贴一部分，农户自己筹资一部分的办法。按照统一要求，除了各级政府补贴之外，还需要移民群众自筹15000元住房建设费用，这对于经济条件拮据的移民群众来讲是一个不小的负担。一些家庭较贫困的农户，因家中无积蓄，又无法向亲人筹集资金，只能靠借高利贷交上房款，高额的贷款使贫困移民的境遇艰难，由于在制定生态移民规划的时候并没有对他们区别对待，从而使他们面临更大的生存压力，也给他们今后发展生产造成了困难。移民到新的居住地后，从事新的生产需要一笔启动资金，但是由于目前政策规定移民专项资金不能安排生产经营性项目，所以移民搬迁至新村时普遍面临着生产启动资金困难的问题。由于生态移民迁入地区农业生产投入（种子、肥料等）费用要远高于原居住地的旱作农业，加上投入初期产出率低、见效慢，移民群众无力发展生产，造成新的贫困。当前大多数银行的贷款条件中首先要求担保、抵押，条件不符合的不能贷款，这间接影响了移民贷款创业的热情。一些移民想通过贷款发展种植、养殖业或经商办企业，但由于移民短期内流动性较大，偿还能力弱，用于抵押融资的资产有限，难以找到担保人，导致部分移民虽有发展生产的愿望，但苦于缺乏资金支持，发展受阻。

（四）社会保障亟待加强

生态移民社会保障工作是生态移民工程的一道安全网，关乎扶贫开发和生态建设能否顺利实施。目前，生态移民社会保障存在一些不尽如人意的地方。一是社保政策宣传不到位。尽管社保政策事关移民的切身利益，但移民对当前医疗保险、养老保险缴费相关政策了解得并不多。调查数据显示，移民对目前实施的城乡居民基本医疗保险个人缴费、报销比例等情况很了解的仅占6.7%，比较了解的占30.8%，不太了解的占到了62.5%；对城乡居民社会养老保险个人缴费、政府补贴标准等情况很了解的也只有6.7%，比较了解的占25.8%，不太了解的更是达到67.5%。移民普遍反映，由于宣传不到位，他们对医保相关政策情况了解较少，有些农民不知道哪些费用可以报销，那些费用需要自理，有的不知道在不同的医院住院，报销比例不同，知道具体报销比例的就更少了。对于个人缴费标准，很多人不清楚分多少档次，每个档多少费用，个人缴费多少与将来自己受益多少的关系，基本上都是全村缴一个标准。二是移民对社会保障工作参与度不高。调查数据显示，34.25%的人认为真正困难的移民能申请上低保，22.5%的人认为不能申请上，还有43.3%的人不知道能否申请上；34.2%的人认为移民后吃低保的人和移民前有变化，22.5%的人认为没变化，43.3%的人不知道。说明移民对低保的申请、受理和最终享受低保的程序及享受低保的标准没有明确的认知，对这件事情的参与度较低，只知道自己家有没有享受低保，至于为什么享受低保并不清楚。三是移民家庭生活负担加大，对低保需求强烈。调查数据显示，生态移民户想申请低保的高达 78.3%，其中，认为是移民后生活所需的占 35.1%；大病住院报销需要的占 46.8%，生活实在困难急需政府帮助的占 38.3%。

四、政策建议及措施

在调查的 120 户移民中，当问到“您认为急需要政府帮助解决的问题有哪些”时，排在前六位的是：信贷支持服务、就业能力和技术培训、政策扶持及产业引导、组织劳务输出、提高社会保障水平和提供市场信息，回答率分别为 49.2%、48.3%、46.7%、42.5%、34.2%和 19.2%。

（一）加强技能培训，确保移民稳定就业。

1. 加强就业指导，优化就业服务环境。一是有关部门要及时掌握各类企业用工基本情况及用工需求，建立企业用工岗位资源库，为开展移民培训就业做好岗位储备工作。二是充分发挥移民劳务工作站的桥梁作用，及时为移民提供免费的各类用工信息、就业咨询、职业指导等服务。三是鼓励和扶持生态移民新村成立劳务中介组织和发展壮大劳务经纪人队伍，提高移民务工的组织化程度和市场化运作水平，降低移民就业风险。

2. 强化培训，提升移民整体素质。要大力开展移民职业技能培训和创业培训工作。根据移民实际情况，制订科学培训计划、培训内容。根据移民安置地的自然资源、产业发展特点以及劳动力的年龄层次、文化结构和就业需求有针对性地进行培训。大力加强知识化、技能化、职业化移民培育力度，特别要重视 50 岁以上劳动力的培训力度，让移民切实掌握生产经营技术，积极投入设施农业生产经营中。

（二）广开增收渠道，确保移民收入增加

要把增加移民收入作为重中之重，落实基础设施到村、产业扶持项目到户、培训转移到人、帮扶责任到单位的“四到”扶贫措施，真正把移民群众的积极性调动起来，宜农则农，宜养则养，宜工则工，宜商则商，让移民群众有活干、有收入。在问到“您认为政府扶持哪些产业最适合增加移民收入”时，回答前五位的是：养牛、养羊、组织外出务工、企业就近

安排就业、种大棚，回答率分别为：46.7%、45.8%、45%、35.5%和34.2%。

(三) 加大资金扶持，破除发展瓶颈

1. 增加财政扶持资金。特别是要加大对生态移民的生产性投入，为移民收入倍增提供有力支持。针对生态移民地区产业发展现状和相对薄弱的产业基础，政府要加大惠农惠民政策扶持力度，制定相应的补贴性惠农政策，促进养殖业、种植业发展，提高移民的生产积极性。

2. 拓宽资金来源渠道。设立新生代移民创业基金，鼓励青年移民走出农家创办实体，政府财政给予创办资金和贴息贷款支持。充分利用好村级发展互助资金、千村信贷模式及妇女小额担保贴息贷款项目，用足用活各类融资类型，带动移民地区产业发展和增收致富。

3. 放宽贷款条件，提高贷款效率。加大金融支持力度，针对生态移民贷款难的问题，在不违背政策的前提下，适当放宽贷款条件，切实有效地把小额担保贷款优惠政策落实到有创业意愿的移民创业者身上，为移民创业提供条件，为改善移民居住条件，在移民自建房时为他们提供必要的信贷支持。

(四) 强化社会保障工作，解除生态移民后顾之忧

1. 不断完善社保体系，提升社会保障水平。一是要不断完善医疗保障体系，加大基层医疗服务机构的资金投入，提高基层医疗技术和水平，提升医疗保障能力。以提高乡镇卫生院和村卫生室医疗服务能力为重点，以乡镇卫生院和村卫生室医疗服务能力建设为突破口，加大投入，进一步加强对乡、村的软硬件的建设力度，建议通过正常的退出机制和聘任机制，招聘以高校毕业生为主的村医队伍，提高基层医疗水平，使农民能就近放心就医。建议引入市场机制，调动社会各界力量投入医疗保险事业，既能减轻政府负担，同时也能提高医疗标准。健全报销机制，加快异地就医结算步伐，实现全区联网的直报机制。二是加大财政补助力度，切实提高养老金标准，确保农村老龄人口能够老有所养。有条件的可借鉴永宁县“56789”暖心工程和平罗县红翔村让60岁以上的老人全部享受低保待遇，彻底解除老年移民的后顾之忧。

2. 加大政策宣传力度，提高移民参保意识。通过各种方式宣传社保政策，要结合移民特点，采取送政策下乡入户，社保政策赶大集，参保缴费先进和后进结对子，社保工作人员和移民“面对面”进行宣传交流，引导移民积极参保，主动缴纳基本医疗和养老保险费，切实提高生态移民参保缴费意识，确保生态移民社会保障制度全覆盖。同时加强对移民参保后续知识宣传指导，特别是加强对基本医疗保险、养老保险的意义、优势、短期长期受益程度以及具体内容、如何投保、如何报销的宣传和解读，确保参保者能真正得到实惠。

3. 提高移民区低保覆盖率，解决移民短期困难。农村最低生活保障立足于“最低”，只“保障生活”，低保是实行动态管理下的“有进有退，及时进出”，是随着家庭收入的变化而变化，并非是低保终身制。刚迁出的移民，大多数家庭本来经济条件差，缴过移民建设资金后，生活保障能力非常低，而到新住地，面对就业的不稳定性和生活消费成本加大的现实，移民生活自立能力下降，急需政府帮扶走出贫困。建议迁入地提高低保覆盖面，让更多困难移民通过享受低保摆脱困难。

（五）强化心理疏导，确保移民区社会稳定。

要加强基层组织建设，选好带头人，建好活动阵地，做好教育、引导、服务群众的工作，解决生产、生活各个方面的实际困难，及时化解矛盾纠纷，确保移民村社会和谐稳定。采取多种措施，做好移民的心理疏导，可以通过在移民点设置移民宣传栏，宣传展示移民工作的成功经验和成果，组织观摩成熟移民区生产生活情况，邀请老移民区移民致富能手现身说法，帮助移民增强生活信心。

宁夏社会保险缴费基数及费率浮动机制研究报告

宁夏回族自治区人力资源和社会保障厅、宁夏社会学会联合课题组

为了贯彻落实《中共宁夏回族自治区委员会关于深化改革推动经济社会发展若干问题的决定》（宁党发〔2013〕66 号）提出的“探索建立与经济社会发展相适应的社会保险缴费基数、费率浮动机制和待遇正常调整机制”的具体要求，自治区人力资源和社会保障厅与宁夏社会学会自 2014 年 4 月至 9 月，联合开展了“建立与经济社会发展相适应的社会保险缴费基数及费率浮动机制”专项课题调研工作，结合宁夏实际，提出了建立与经济社会发展相适应的社会保险缴费基数、费率浮动的思路和对策建议，同时也对企业职工社会保险的一些相关问题做了探讨。

一、宁夏企业职工社会保险事业发展现状

“十二五”以来，宁夏人力资源和社会保障部门全面贯彻落实《社会保险法》，把社会保险事业作为一项基本的民生工作，加快推进覆盖城乡居民的社会保险体系建设，为广大城乡居民提供了持续稳定的基本社会保障。

近年来，宁夏以非有公制经济组织从业人员、灵活就业人员、农民工

课题组组长 冯志强，宁夏回族自治区人力资源和社会保障厅党组书记、厅长。

副组长 马军生，宁夏回族自治区人力资源和社会保障厅党组副书记、副厅长；陈通明，宁夏社会学会会长，研究员。

成　员 张耀武、贾绍波、王晓光、冯乐安、鲁军、胡瑞群、闫文昌、张平、李向春、李学军。

特别是青年务工农民、被征地农民为重点，加大政策宣传力度，全力推动参保扩面工作，参保人数逐年增加（见表1）。

表1 2006—2013年全区社会保险参保人数变动情况

单位：万人

	2006年	2007年	2008年	2009年	2010年	2011年	2012年	2013年	2014年9月
合计	225.87	245.21	275.46	325.63	485.38	1036.17	1064.77	1099.95	1121.67
职工养老	72.34	77.02	82.56	92.8	107.79	121.41	130.23	143.76	146.25
职工医疗	73.14	78.3	83.25	87.01	94.09	100.22	106.61	108.6	112.7
失业保险	38.11	40.13	46.99	47.98	55.7	60.32	64	70	71.63
工伤保险	24.18	30.53	37.52	42.44	48.88	58.34	63.88	72.73	77.4
生育保险	18.1	19.23	25.14	30.7	39.82	59.33	66.42	68.44	70.99
居民养老				24.7	139.1	178	178.4	179.5	180.22
居民医疗						458.55	455.23	456.92	462.48

数据来源：自治区人力资源和社会保障厅。

截至2014年9月，全区企业职工养老、医疗、失业、工伤、生育保险参保人数分别达到146.25万人、112.7万人、71.63万人、77.4万人、70.99万人，城乡居民基本养老、医疗保险参保人数分别达到180.22万人、462.48万人。

宁夏各项社会保险基金运行情况总体平稳。2013年，各项社会保险基金收支规模达到343亿元（其中，基金收入184.97亿元，基金支出158.02亿元），基金收大于支26.95亿元，累计结余260.78亿元。从基金结构看，企业职工基本养老保险和城镇职工医疗保险累计结余占到总数的78.5%（见表2），凸显了其在社会保险中的重要地位。

表 2　2013 年全区各项社会保险基金收支情况

单位：亿元

险　种	基金收入	基金支出	当年结余	累计结余	累计结余占比（%）
合计	184.97	158.02	26.95	260.78	100.0
职工养老保险	107.57	99.76	7.81	166.29	63.8
职工医疗保险	37.7	29.3	8.4	38.3	14.7
失业保险	6.56	1.53	5.03	22.8	8.7
工伤保险	2.85	2.76	0.09	4.1	1.6
生育保险	1.87	1.44	0.43	2.12	0.8
居民养老保险	8.02	4.23	3.79	12.47	4.8
居民医疗保险	20.4	19	1.4	14.7	5.6

数据来源：自治区人力资源和社会保障厅。

2014 年 1—9 月，各项社会保险基金收支规模达到 233.74 亿元（其中，基金收入 107.79 亿元，基金支出 125.95 亿元），基金收不抵支 18.16 亿元，累计结余 240.12 亿元。其中企业职工基本养老保险和城镇职工医疗保险累计结余占到总数的 74.21%（见表 3）。

表 3　2014 年 1—9 月全区各项社会保险基金收支情况

单位：亿元

险　种	基金收入	基金支出	当年结余	累计结余	累计结余占比（%）
合计	107.79	125.95	−18.16	240.12	100
职工养老保险	57.92	80.22	−22.3	143.99	59.97
职工医疗保险	22.68	20.33	2.35	34.2	14.24
失业保险	4.98	1.25	3.73	26	10.83
工伤保险	2.23	2.37	−0.14	8.41	3.50
生育保险	1.39	1.3	0.09	2.21	0.92
居民养老保险	4.65	3.57	1.08	13.56	5.65
居民医疗保险	13.94	16.91	−2.97	11.75	4.89

数据来源：自治区人力资源和社会保障厅。

二、当前社会保险事业发展存在的主要问题

第一，部分企业和灵活就业人员参保率仍然较低。部分企业特别是一

些民营企业，在对待职工参加社会保险和维护职工权益的问题上，试图以低价劳动成本谋求发展，不愿意为职工参保缴费，甚至故意规避社保缴费，或者由于利润率低而无力缴纳社会保险费。还有相当一部分灵活就业人员、农民工以及其他外来流动人口由于主客观的原因未参加社会保险。

第二，社会保险缴费基数增长较快，个人和企业缴费负担较重。近年来，由于城镇在岗职工平均工资（即社平工资）逐年增长的幅度较大，直接导致以社平工资为计算依据的各项社会保险最低缴费基数不断提高。根据人社部门和自治区统计局发布的数据综合分析，2012 年度宁夏小微企业、个体工商户和灵活就业人员平均工资仅为 25734 元，相当于当年社平工资的 52%，但这部分人员 2013 年缴费却要按 2012 年社平工资 48961 元的 50%核定缴费，其全年最低缴费占到低收入者年收入的 30%，生活负担加重。

按照现行缴费基数和费率，全部参加 5 项社会保险的企业，缴费水平约占企业工资总额的 43%左右，其中，单位缴费部分占到 32%，个人缴费部分占到 11%。2013 年尽管将养老、失业保险缴费基数下限由上年社平工资的 60%下调至 50%，但企业和个人缴费负担仍然较重。在企业调研中发现，无论企业性质如何不同，规模大小怎样不等，绝大多数企业认为缴费负担过重；企业职工和灵活就业人员普遍认为现行社会保险缴费基数和费率偏高，随着最低缴费基数的逐年提高，无力续保等待退休的人员逐步增加，影响社保参保群体的扩大和参保率的提高。2014 年按照 2013 年社平工资 52185 元的 40%核定企业职工和灵活就业人员最低缴费基数，社会保险缴费负担有所减轻。

第三，欠缴社会保险费企业和中断参保缴费人数占比较高，社会保险费的征缴率下降。“十一五”以来，由于一些企业经营困难，效益不佳，流动资金紧张，面对较高的缴费基数和费率，全区企业欠缴社会保险费数量逐年增大。一些效益较差的企业，缴纳社保费后，几无利润可言。过高的缴费标准影响企业、职工和灵活就业人员参保缴费的积极性，出现大量企业不履行社会保险义务、欠缴社会保险费以及参保人员尤其是灵活就业人员中断缴费的现象，并呈逐年增加趋势。截至 2014 年 9 月底，全区累计欠缴养老保险费 20.8 亿元，比 2013 年年底增长 89%，占基金累计结余的 6.6%；累计中断缴费 17.63 万人，比 2013 年年底增长 26%。自 2006 年至 2014 年，在企业职工基本养老保险参保人员增加的同时，中断缴费的人员也在增加。中断缴费的人员占到参保人员总数的 12.1%。

第四，企业职工基本养老保险基金当期收不抵支。2013 年，全区有 18 个市县职工养老保险金当期收不抵支，当年基金收不抵支 8.86 亿元。已动用历年积累来解决养老金发放问题，其中有吴忠市、灵武市、平罗县、同心县、隆德县、海原县等 6 个市县靠自治区下拨调剂基金 2.78 亿元确保发放。2014 年，需自治区下拨调剂基金的市县增加到 9 个，截至 2014 年 9 月底已下拨调剂基金 17 亿元。

第五，部分企业少报、瞒报工资收入。由于现行制度不够完善，面对较高的社会保险缴费基数和费率核定政策，一些企业特别是部分民营企业为了少缴社保费，规避社会保险义务，不为试用期职工和农村务工人员参保，瞒报工资收入，把应该纳入缴费基数的奖金、岗位津贴等不纳入基数；不管企业经营情况和实际工资发放水平，均按社会保险最低缴费基数缴纳。企业上报的缴费基数既不是统计部门的统计数，也不是职工的实际工资收入。企业通过瞒报工资收入少缴社会保险费的现象，在中小微企业中比较常见。

三、适时调整社会保险缴费基数和费率及关于社会保险事业的对策建议

建立经济发展与社会保险缴费联动机制，依据宁夏经济社会发展实际，适时适当调整社会保险缴费基数及费率，对减轻企业和个人缴费负担、稳定就业、维护职工合法权益、促进经济发展、提高社会保险参保率、维护社保基金平稳运行、可持续发展具有积极的作用和重大意义。

（一）建立与经济社会发展相适应的社会保险缴费基数和费率浮动机制的思路

1. 合理确定政府、企业和个人的责任。目前主要的问题是责任分担不清，甚至失衡。学术界普遍认为企业是社会保险缴费负担最重的一方，企

业职工养老保险20%的企业缴费率显著高于福利最大化条件下最优缴费率15%的水平，这不仅会对企业的经营及市场竞争产生不利影响，也不利于养老保险制度的长期稳定和可持续发展。有研究者指出，中国五项社会保险法定缴费之和相当于工资水平的40%，有的地区甚至达到50%，在181个国家中排名第一。清华大学白重恩教授的研究结果也指出，中国社会保险缴费率约为“金砖四国”其他三国平均水平的2倍，是北欧五国的3倍，G7国家的2.8倍，是东亚邻国和邻近地区（中国香港和中国台湾）的4.6倍。居高不下的缴费率不仅影响当期消费，也严重影响了企业的竞争力，导致企业特别是小微企业、西部企业负担更重一些。有的研究成果通过模型测算分析，认为小微企业能够承受社会保险负担最高限度为26.9%，适宜的缴费限度为18.8%。事实上这一结论尚未考虑企业的所得税和营业税等，如果再加上这些因素，企业社会保险缴费负担还应当有所降低。

社会保险制度也是政府为社会提供的、最基本的公共服务和公共产品之一。对社会保险的投入实际上是政府实施的一个社会资源和财富再分配过程。目前从政府财政的角度看，中央政府承担了投入的主要责任，而地方政府除了承担管理责任并付出管理运行成本外，并无直接的投入。从社会政策“托底”的功能来看，需要地方政府与中央政府共同分担为社会保险制度托底的责任，在地方财政对民生的投入中，对社会保险的投入应当是一个逐年加大的过程，这是自治区政府在财政安排中应当运筹谋划的一个重要方面。

2. 外省区核定社保缴费基数和费率标准的经验启示。从全国各省、市、区执行国家社会保险政策的情况看，国家统一的缴费基数核定标准和费率是基本政策和依据。但在执行中，社保缴费基数的核定标准在全国是不统一的，各省有各省的标准。北京市将在岗职工平均工资和非在岗职工平均工资按中位数计算出“北京市职工平均工资”，职工养老保险缴费以单位上年度月平均工资为基数，单位和职工缴费在全市上年度职工平均工资的40%—300%之间核定，灵活就业人员按职工平均工资40%、60%、100%核定。2013年，东中部地区大部分省份核定的社会保险月人均缴费基数都低于宁夏。如河北为2931元，江苏为2450元，浙江为2564元，广东为

2386元，海南为2350元，河南2363为元，湖北为2433元，而宁夏为3175元。从养老失业保险缴费费率看，全国大部分省区执行国家统一的缴费比例，但也有部分省份则降低了缴费费率，如广东省、浙江省企业职工基本养老保险单位平均缴费费率约为14%，低于全国规定标准6个百分点，山东省、陕西省将小微企业失业保险单位缴费比例由2%降为1%，个人缴费比例由1%降为0.5%。宁夏可以借鉴这些经验，建立与经济社会发展相适应的社会保险缴费基数和费率浮动机制。

3. 社会保险制度改革应当坚持“公正”“以人为本”的原则，政策制定应当以维护中低收入阶层的权益为出发点。我国现行社会保障制度主要面临着公平性和可持续性两方面的挑战。“全覆盖、保基本、多层次、可持续”是我国社会保险制度设计的基本原则，从社会保险制度基本内容来看，它主要也是发挥为中低收入阶层提供保障的功能。往往是就业者的收入越高，社会保险制度对其保障功能会随着其收入的增加而弱化；反之，就业者的收入越低，社会保险制度对其就愈加重要和不可缺少。这一点在养老保险制度中，表现得尤为突出。把城镇普通劳动者最大限度地吸纳到社会保险制度中，做到“应保尽保”，是社会保险制度的本质要求和目标，也是社会保险制度改革和制定政策的出发点。

4. 城镇化率的提高需要社会保险事业的大发展。根据美国地理学家诺瑟姆提出的观点，如果一个国家或地区的城镇化率大于或等于30%，小于70%，那么这个国家或地区就处于城镇化的加速阶段。截至2012年，宁夏的城镇化率已超过50%，城镇人口首次超过农村人口，今后一个时期，宁夏的城镇化率将会进一步提高。已在城镇就业的农民工和集聚到城镇就业的新的农村转移劳动力，都需要参加五项社会保险。社会保险事业只有加快发展才能适应城镇就业人口不断增加的趋势。2014年7月，国务院正式印发了《关于进一步推进户籍制度改革的意见》，提出到2020年，将有1亿农业转移人口和其他常住人口在城镇落户。按此测算，宁夏在今后6年应有约50万人口落户城镇，把这部分人口中的就业者吸纳到社会保险制度中来，是社会保险工作的重要职责，是城镇化可持续发展不可缺少的支撑条件。

5. 适当延长退休年龄和缴费年限是社会保险制度发展的必然趋势。我国现行退休制度是1950年代新中国建立初期制定的。半个多世纪后，国人的健康水平和人均寿命已大幅提升，适当延长退休年龄以应对老龄化社会的养老困境是必要的、可行的举措，但是相当一部分劳动者认为延长退休年龄会使自己的利益受损而持强烈的反对态度，所以未来在实施延长退休年龄的政策时很可能会遇到不小的阻力。延长缴费年限也是老龄化社会的必然选择。人均寿命越长，意味着需要社会保险付出的保障费用就越多，人们就越需要为未来做更充足的资源储备。延长缴费年限，无论是对基金的可持续，还是对提高替代率水平，增加退休者收入都是有益的。把这两点作为一种可操作的政策，还需要一个过程和程序，但在制定社会保险政策时应当把这两个趋势作为参考坐标。比如降低收费标准造成的基金减少可以在未来通过延长缴费年限来弥补。

（二）关于社会保险事业的制度和机制方面若干对策建议

建立社会保险缴费与经济发展水平相适宜的浮动基数和费率，是解决当前企业和个人社会保险缴费负担重、影响参保积极性的一项重要举措，是完善更加公平可持续的社会保障制度、履行政府职责的重要手段。

1. 缴费基数和费率要与经济发展水平相适宜，实行差别化的浮动费率，切实减轻缴费负担。一是调整企业职工基本养老保险缴费基数上下限。适当调整现行的企业职工养老保险缴费基数上下限，即将企业职工和灵活就业人员养老保险缴费基数下限调整为上年度社平工资的40%为宜。同时，鼓励高收入者多缴费，在以3倍的社平工资作为最高缴费基数的基础上，再适当提高最高缴费基数上限。拓展失业保险促进就业、预防失业功能。在经济发展形势向好、效益上升年度恢复企业现行的参保缴费政策。

二是对小微企业参加企业职工养老保险实行差别化浮动基数。允许小微企业参照灵活就业人员基本养老保险20%的费率来参保缴费，其中，小微企业和职工个人按照60%和40%的比例分担。待小微企业发展壮大后成为中等规模以上企业后再按照正常的企业缴费费率参保缴费。

三是阶段性地降低全区养老、失业、工伤、生育保险费率。在经济发展增速放缓、企业效益下滑年度，启动社会保险缴费费率动态管理机制。

当某一行业或某类型企业效益大幅下滑时，对养老、失业、工伤、生育保险缴费费率进行阶段性的下浮，下浮期限最长不超过 24 个月。当经济形势向好，企业效益回升到一定水平时，社会保险基数和费率即可恢复到下调前水平。

职工养老保险：将企业承担的20%的费率，下调 4—8 个百分点，职工个人缴费费率不动。

失业保险：统一将失业保险费率由原来的 3%下调到 1.5%。其中，用人单位由原来的 2%下调至 1%，职工个人由原来的 1%下调至 0.5%。

工伤保险：自治区根据工伤保险基金收支累计结余情况进行下调浮动，最低费率可下调至各地行业基准费率的 50%，在行业基准费率下调的同时，相应下调各行业单位的浮动费率（上年度发生工伤事故高，进行了费率上浮的企业除外）。

生育保险：加快生育保险自治区统筹，推进对生育保险支出实行定额单病种付费制度，合理控费，体现公平，均衡报销额。根据生育保险基金累计结余情况进行费率下调。基金累计结余可支付月数在 2 年以上的，费率可适时下调，最低至原费率标准的 50%。

2. 完善社平工资统计办法，使社平工资回归其真实合理性。近年来，宁夏社平工资增长幅度远高于城镇居民人均可支配收入和人均 GDP 增速，致使企业和个人社保缴费负担不断加重。造成社平工资偏高的主要原因是统计范围设置不合理。因此，应完善社平工资统计办法，调整统计范围，把非私营单位和私营单位全部纳入城镇职工平均工资统计范围。即除统计国有单位、城镇集体单位、联营经济、股份制经济、外商投资经济、港澳台投资经济的职工工资外，还应包括私营有限责任公司、私营股份有限公司、私营合伙企业和私营独资企业和个体就业人员、自由职业者等灵活就业人员工资。当然，这种统计方法将会降低社平工资标准，但却能真实反映各类就业群体人员实际的工资水平，使按社平工资核定的社会保险缴费基数与企业和个人的承受能力相一致，将有利于社会保险费的征缴，提高社会保险费征缴的公信力。

3. 加大政府补助投入，提高社会保险基金保障能力。宁夏应不断完善社会保险政策，积极应对人口老龄化加剧发展带来的社会压力和挑战，逐年加大政府补助投入，以弥补在执行社保制度中各种社保缴费的欠账，提高社会保险的保障水平。一是调高养老保险待遇水平造成的资金缺口应由财政给予一定比例的补助；二是自治区出台的各类扶持企业和灵活就业人员参加社保的补助政策和减免政策所需资金，由自治区财政给予相应补助；三是建立财政补助社会保险基金的长效机制，每年按地方财政收入的一定比例补助社会保险基金，体现政府提供公共产品、进行再分配的责任。

4. 完善社会保险制度，增加制度的公平性和可持续性。宁夏在执行国家社会政策的过程中，也存在一些制度设计不合理、不完善的问题，应从制度层面进行改革，以增加制度的公平性和可持续性。一是养老保险待遇在计算上做出调整，应体现多缴长缴多得的原则，养老保险缴费年限越长、缴费数额越高，养老保险待遇调整时增加的数额就应越大。二是创造条件，使城镇职工医疗保险和城乡居民医疗保险在具备条件时并轨，建立统一的全民医疗保险制度，这是医疗保险制度发展的趋势。三是对灵活就业人员丧抚费，应按参保年限给予相应额度的补偿。

5. 完善社会保险管理机制，加快实现各类社会保险的自治区级统筹。完善落实各项社会保险关系跨地区跨险种转移接续办法，使不同身份、不同地域的就业人员能够顺利转移接续社会保险关系和转换社会保险险种，享受相应的社会保险待遇。目前，宁夏城镇职工“五险”中，养老保险、工伤保险、失业保险三个险种已实现了自治区统筹，但职工医疗保险和生育保险仍属于市级统筹。应加快推进医疗保险和生育保险自治区级统筹。实现自治区统一管理，健全社会保险社会化管理服务体系，将各类离退休人员统一纳入社区管理服务，解决自治区境内异地居住、异地参保人员就地就近享受医疗保险和生育保险的便利。同时对于职工医疗保险基金的支出要严格执行政策规定，深化医疗体制改革，控制过度医疗，抑制医疗费用的不合理增长。

6. 加强社会保险经办机构建设，加大监督执法和宣传力度。加强基层社会保险经办机构能力建设，整合经办资源，健全管理体制。面对全宁夏1000多万人次的城乡社会保险规模，现有的经办力量显然已经力不从心。

因此建议通过科学核定编制增加人员、政府购买服务等多种方式，加强基层经办服务能力建设，全面提升管理能力和服务水平。特别是要建立专门的社会保险培训宣传机构，形成对社会保险经办人员进行专业培训、对广大公民进行社会保险宣传的队伍和制度。经办机构的经费支出应视为制度运行的行政成本，应由地方财政列支。

严格按照《社会保险法》对各类企业参保的强制性要求，加强劳动监察执法力度，对劳动合同签订、各项社会保险费缴纳进行定期专项执法检查，依法征缴、依法清欠，确保社会保险费按时足额缴纳。特别是在降低社保缴费最低基数的情况下，必须加大社保缴费基数的核查工作。同时要加大对企业临时务工人员、农民工社会保险费缴纳的监督核查工作，确保社会保险制度真正实现就业人员的全覆盖。对于恶意违法，拒不执行《社会保险法》的，应当严肃查处惩戒，使其为违法付出高昂的成本。

任何制度的实施，让广大人民群众深刻认识都会有一个过程，社会保险政策的实施更是如此。参加养老保险制度的受益是在缴费数十年后，遥远的预期受益使参保人员极易产生漠视感，尤其是年轻人。所以必须要进一步加大宣传力度，充分利用各种媒体手段，多渠道多方式地宣传《社会保险法》和现行社保缴费政策，使参保者明明白白缴费，清清楚楚享受待遇。一是要增加宣传经费。二是加大社保政策的透明度。三是应简化社保待遇享受标准计算办法，使广大参保者增加心理预期，增强安全感，提高对社会保险制度的认同程度，近而提高参保的积极性和缴费档次选择的自主性，让广大老百姓真正享受到社会保险带来的实惠。

宁夏农村劳动力培训资源整合研究

刘汶鑫　余登波　雷学军　孙志娟

从2000年开始，我国农业、劳动人事、扶贫、妇联等各有关部门先后启动了针对农村劳动力的培训工作，对提高农村劳动力技能，推进农村劳动力稳定转移就业发挥了积极作用。但目前从上而下存在培训资源分散、培训效果不理想等问题比较突出，有效整合农民工培训资源，对加快农村劳动力转移具有十分重要意义。

一、宁夏农村劳动力培训现状

近年来，宁夏参与农村劳动力培训的部门初步统计有10余个，各部门培训各有侧重，但培训资金、师资、设备等相关培训资源围绕部门条块分布但互有交叉。

（一）人社部门技能培训规模庞大效益突出

人社部门农村劳动力培训分为2类，一是技能培训，二是创业培训。前者始于2003年国务院办公厅转发农业部、劳动保障部等五部委《2003—2010年全国农村劳动力培训规划》，后者是2001年由劳动保障部与国际劳工组织共同实施引入的试点项目。据初步统计，宁夏2008—2012年累计投

作者简介　刘汶鑫，宁夏回族自治区发改委就业处处长；余登波，宁夏回族自治区发改委就业处副研究员；雷学军，宁夏回族自治区发改委就业处副调研员；孙志娟，宁夏回族自治区发改委就业处主任科员。

入中央及地方资金近3亿元，共对近31万农村劳动力进行了职业技能培训、约5万人进行了各类创业培训，其中，23万人参加了职业技能鉴定，近20万人考取了职业资格证书。2009年，宁夏启动实施世界银行贷款“农民工培训与就业”项目，争取世行贷款1000万美元、赠款40万美元、自治区配套420万元，重点解决山区职业培训条件落后、设备短缺、实训能力弱等问题。目前，宁夏人力资源和社会保障部门认定了51家具有资质的区级培训机构开展培训工作，这些举措有力推动了农村劳动力的稳定就业和收入增加。

（二）农业部门实用技术培训支撑农业发展

农牧部门实施的培训项目主要有农村劳动力培训阳光工程和新型农民培训工程2类。其中，“阳光工程”是2004年由农业部、财政部、教育部、劳动保障部等六部门共同启动实施的，其中2004—2009年主要针对农村转移劳动力培训，2010年以后全面调整为务农的职业农民培训。2012年按照《自治区2012年新型农民培训工作实施意见》精神，把过去由农牧、扶贫、妇联等培训资源整合在一起，由农牧厅统一制定培训方案，通过新型农民培训工程提高农民的种养业技术水平，加快农业实用技术的推广应用。

（三）扶贫部门“雨露计划”培训为贫困地区培养了一批劳务带头人

扶贫部门开展的农村劳动力培训被称为“雨露计划”，这是2004年由国务院扶贫开发领导小组办公室决定实施的培训工程，这项计划注重培训青年农民、专业技能人才，在实践过程中培训了一批劳务带头人，为贫困地区农民脱贫致富，加快贫穷地区剩余劳动力转移发挥了积极作用。

(四) 科技部门“星光计划”的开展有效支撑了特色优势农业的发展

科技部门开展的培训被称为“星光计划”，该项计划是利用国家科技计划项目培训经费和自治区科技特派员专项经费等资源开展的农民科技知识培训，这类培训在实践中主要通过三个渠道开展，一是结合科技项目的示范推广开展的培训，培育了一批具有较强带动作用的科技示范户、农民技术能手，促进了产业的提质增效。二是结合生态移民新村建设和科技特派员创业开展的培训。三是结合宁夏“三农”呼叫中心和星火科技12396信息服务开展培训。

（五）移民教育培训需求不断增加

根据《建立“十二五”中南部地区生态移民教育培训台账制度》的要求，生态移民教育培训工作由县（区）移民办公室进行审核监管，移民职业技能培训纳入到人力资源和社会保障部门的工作中同步实施（即人社部门的生态移民就业援助工程），对稳定移民、促进就业起到了积极作用。

（六）妇联“巾帼科技致富”培训取得一定成效

1999年，由全国妇联倡导，农业部、科技部、中国科协、国家林业局、国务院扶贫办共同推出以提高农村妇女文化科技素质为重点的“巾帼科技致富工程”启动实施。2006年，宁夏妇联在全区集中开展了这项工作，通过邀请农牧、林业、妇女手工制品协会等方面的专家和高校教师，举办农业种植、养殖女能手、农村专业合作妇女带头人、农产品女经纪人、妇女手工制品等各类专题培训班，这些培训对提升农村妇女科技文化素质，激发妇女创业热潮起到了积极作用。

（七）工会“四送”及“工字号”培训提高了农村劳动力就业技能

2008年，国务院办公室转发人力资源社会保障部等部门《关于促进以创业带动就业工作的指导意见》，全国总工会要求各地工会组织抓好这项工作的落实。同年9月，宁夏“工字号”创业带动就业工程启动，培训主要对象是农村剩余劳动力、城市开发失地农民、移民工程引发的农村剩余劳动力等，这项工作的开展使一批农村劳动力提高了就业技能和创业本领，起到了创业带动就业的倍增效应。

（八）团组织培训促进了青年农民转移就业步伐

2004年起，按照团中央有关文件精神和自治区党委、政府有关的要求，宁夏共青团有针对性地开展了农村青年劳动力转移培训就业工作。通过几年的实践探索，形成了有计划、分步骤的培训方式，建立了培训基地和培训孵化基地，促进了青年农民培训和就业工作的开展。

（九）职业教育在农村劳动力培训中发挥了重要的支撑作用

在实际培训中，教育部门没有专项的农村劳动力培训任务和培训经费，但职业学校往往是其他部门开展培训工作重要平台和基地，更是开展农民工培训的主要师资来源。宁夏很多正规职业学校往往即招收学历教育学生，又同时挂牌承担人社、农牧、扶贫、妇联等有关部门的职业技能培训任务，充分利用了师资、场地、设备等资源，在农村劳动力培训工作中发挥了非常重要的作用。

二、宁夏农村劳动力培训成效

开展农村劳动力培训不仅使农村劳动力开阔了视野，增长了见识，促进了思想的解放，更重要的是提高了农村劳动力的劳动技能，奠定了促进收入增长的基础和潜力，建立了促进农民收入增长的长效机制。具体来说，宁夏农村劳动力培训工作的成效体现在以下几个方面。

（一）培训使从事非农产业的人数明显增长

据初步统计，受过培训的劳动力就业成本低，就业成功率高，就业比较效益明显。在就业的劳动力中，受过培训的劳动力家庭从事农林牧渔业劳动力占 52%，从事非农产业的劳动力占 48%，而未受过培训的劳动力家庭，从事农林牧渔业劳动力占 63%，从事非农产业的劳动力占仅 37%。

（二）培训使农民收入明显增加

从农村住户抽样调查数据分析，在农村就业劳动力中，2011 年有 28.2%的农村劳动力曾经受过各类专业培训。在这些曾受过培训的劳动力的家庭中，平均每户全年纯收入达到 23975 元，比未受过培训的家庭多 1729 元，高 7.8%，比全区平均水平多 864 元，高 3.7%。2005 年以来，宁夏农村受过各类专业培训的农村劳动力占已就业农村劳动力的比重由 25.4%提高到 28.2%，提高了 2.8 个百分点，而平均每个农村劳动力创造的纯收入由 2005 年的 4094 元增加到 2011 年的 8508 元，增加了 4414 元，增长了 1.1 倍（见图 1）。

（三）培训有力地促进了农村劳动力外出就业

农村劳动力外出就业，接受过专业培训的劳动力和文化程度较高的劳动力比较容易就业，相应地也能获得较高收入。外出就业的农村劳动力中，有 76%的从事非农产业，从事非农产业获取的收入明显高于农林牧渔业。从农村住户抽样调查数据分析，在外出就业的农村劳动力中，有 35.8%的农村劳动力曾经受过各类专业培训，比全区 28.2%的平均水平高出了 7.6 个百分点。曾受过培训的外出就业劳动力平均每人获得劳务收入达 15940 元，比未受过培训的劳动力多 3835 元，高 31.7%。

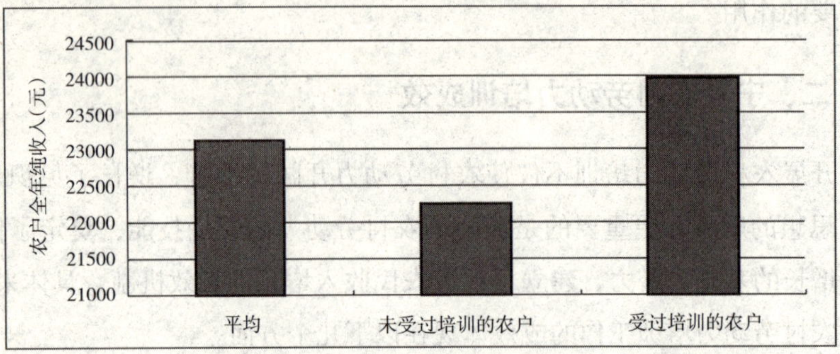

图 1　2011 年宁夏农村劳动力就业培训与收入增长关系

表 2　宁夏部分部门培训情况一览表

单位：人数(万人)、资金(万元)

年度			人社	教育	移民局	农业	科技	扶贫	妇联	团委	工会
2004	人数	培训		0.09		4	2			0.08	0.64
		取证		0.05							0.086
	资金	中央		11.2		400	5.1				73
		地方		0.00			40.2				26
2005	人数	培训		0.15		5	2.8	0.0352		0.085	0.72
		取证		0.044				0.0345		0.0004	0.09
	资金	中央		13		1000	23.35	34			77
		地方		0			40.2	8			25
2006	人数	培训		0.14		5	1.95	0.5	2.3	0.11	0.82
		取证		0.039				0.475		0.0005	0.11
	资金	中央		12.3		1000	24.6	500			75
		地方		0			50	300	25		32
2007	人数	培训		0.16		5	2.49	0.5	2.5	0.226	0.94
		取证		0.068				0.475		0.02	0.14
	资金	中央		15.66		1680	8.7	500			86
		地方		0			53.56	300	30		45
2008	人数	培训	9.4524	0.22		5	2.57	0.5	1.7	0.2931	1.25
		取证	4.0949	0.093				0.475		0.0203	0.39
	资金	中央	5858.968	20.3		1680	16.5	500			120
		地方	0	0			45.75	300	61		140

续表

年度			人社	教育	移民局	农业	科技	扶贫	妇联	团委	工会
2009	人数	培训	9.9968	0.17		5	2.31	0.5	2.78	0.4541	1.95
		取证	4.8588	0.11				0.475		0.0492	0.83
	资金	中央	6205.3	38.7		1680	13.2	500		44	310
		地方	0	0			68.59	300	100		150
2010	人数	培训	9.6046	0.32		4	2.46	0.5	1.76	0.479	1.84
		取证	4.7605	0.14				0.475		0.037	0.59
	资金	中央	5983.25	44		1642	16.5	400		44	290
		地方	0	0			70.5	400	80		160
2011	人数	培训	9.24	0.37	0.272	5	2.16	0.5	0.16	0.54	1.97
		取证	4.2141	0.18	0.22			0.475		0.053	0.58
	资金	中央	5835.514	51	137	2000	16.65	400		44	310
		地方	0	0	0		74.46	400	11.25		200
2012	人数	培训	9	0.3	0.27	5	2	0.5	0.15	0.5	1.9
		取证	4	0.15	0.2			0.4		0.05	0.5
	资金	中央	5800	50	120	2000	16	400		44	300
		地方	0	0	0		70	400	11		200
各部门分别累计		培训	47.2938	1.92	0.542	43	20.74	3.5352	11.35	2.7672	12.03
		取证	21.9283	0.874	0.42	0	0	3.2845	0	0.2304	3.316
		中央	29683.032	256.16	257	13082	140.6	3234	0	176	1641
		地方	0.00	0.00	0.00	0.00	513.26	2408.00	318.25	0.00	978.00
所有部门总计		培训人数	143.1782								
		取证	30.0532								
		资金	52687.302								

三、宁夏农村劳动力培训存在的主要问题

当前，管理体制条块分割所形成的农村劳动力多头培训格局，调动了各相关部门参与农村劳动力培训的主动性和积极性，但多头培训也存在诸多弊端，表现在以下三个方面。

（一）缺乏统一规划，培训资源分散

首先，未开展宁夏全区范围内农村劳动力培训的相关调查研究，没有编制宁夏全区农村劳动力培训的统一规划，导致对全区需要培训的农村劳

动力数量、年龄、性别结构、文化程度等“底数”不清。既没有对当前全区产业结构及其用工情况进行系统的分析，更没有对未来一个时期内一、二、三产业结构变化趋势及其用工情况的研究和预测。其次，从目前实践情况来看，如何实施统筹没有抓住关键环节和工作重点，政府统筹未完全落实。第三，由于管理上的条块分割，各部门培训没有实现统筹安排，影响了师资、教材、设备、场地等稀缺要素的安排。第四，据统计，宁夏仅区级部门认定的培训机构就达250余个，各种培训机构参差不齐，师资力量准入松散，培训质量亟待提高。

（二）运行机制僵化，培训效果欠佳

第一，从宁夏各部门多年以来对农村劳动力的培训内容来看，主要以砖瓦工、电焊、厨师、挖掘机操作、家政、保安等课程为主，培训内容趋同。一方面此类技术人员出现过剩，求职出现困难；另一方面，近年来宁夏区内外市场需要的技术工人严重短缺，如制造业的操作工、车工、机电产品装配工、制衣工以及一些新兴行业技术的专业培训几乎没有，企业招工难，培训内容与市场衔接不够。第二，除了一些正规职业技术院校外，宁夏有一定数量的培训部门缺乏相应培训设备，培训方式传统，手段单一，加上没有实践基地，形式比较单调，培训效果不理想。第三，宁夏除部分职业技术院校承办的有具体授课要求的培训任务较为正规外，有一定数量的培训对讲师资格、课时长短、实操实训等内容没有严格要求。培训不规范、质量不高，达不到提高农民就业技能的要求。第四，目前宁夏农村劳动力培训未全部建立培训与就业的联动机制和考核机制，培训结束后如职业推荐、劳动合同、养老保险等后续服务缺位，无法有效验证培训内容与市场需求的契合度。第五，目前政府部门多头培训的格局弱化了企业的培训责任，很多企业尤其是中小型企业仅将农村劳动力视为廉价劳动力，未将其视为企业发展的重要人力资源，当然，这与农村劳动力流动频繁、较难真正融入企业也有关。

（三）农民培训热情不高，组织难度大

首先，宁夏部分县区及乡镇对开展农村劳动力技能培训的重要意义认识不到位，定位不准确，政府调控处于“空挡”状态。有的县乡（镇）在开展培训项目时，“完任务”思想严重，纯粹为了完成培训指标而培训，缺乏全局观念和为农民服务意识，这种认识阻碍了培训工作的顺利推进。其次，农民的学习意识淡薄，近年来农村大部分的青壮年劳动力在外出务工，常年在家从事农业生产的大都是年龄较大的劳动力，而让外出务工的农民再临时回乡参加技能培训的可能性不大，中老年农村劳动力文化层次较低，对学习存在着畏难心理。第三，政府培训项目标准不统一，课时长短与补贴标准差距较大，导致一些农村劳动力对政府培训不信任，政府培训的认知度受到影响。

四、整合宁夏农村劳动力培训资源的措施建议

2013 年 2 月，宁夏于出台了《自治区人民政府办公厅关于转发自治区农民培训工作实施意见等文件的通知》（宁政办发〔2013〕22 号）。提出了整合宁夏农民培训资源的有关措施，将原来农牧、人社、财政、林业、扶贫、移民、团委、妇联等多部门农民培训工作整合为两大类：一类是针对从事农业生产农民的实用技术培训，另一类是针对农村转移劳动力的职业技能培训。这两类培训分别由宁夏回族自治区农民培训工作领导小组办公室成员单位宁夏农牧厅和宁夏人力资源和社会保障厅牵头实施。这是宁夏整合农民培训资源的大胆尝试，但由于无实施细则，操作性不强，除培训资金由财政部门归拢，培训计划分别由农牧部门和人社部门整合下达外，各部门仍然各自开展工作，并未完全解决资源分散、统筹协调不足、培训效果不明显等问题。

为此，本论文提出如下整合思路：根据今后一个时期农村劳动力转移流动的趋势，以促进农民就业和提高农民收入为目标，以提高农民就业技能和素质为着力点，充分研究宁夏产业发展对劳动力需要的变化，制订科学合理的农民培训中期规划和年度计划，以系统论和人力资本理论为指导，整合全区各部门培训资源，促进培训系统各要素结构的最佳组合，从制度层面消除目前培训系统紊乱、资源分散、机制不畅、各行其是的弊端，达到整体功能大于各部分功能之和的效果，显著提高农村劳动力整体素质和技能水平，有效推进农村劳动力转移就业。探索建立宜于经济发展转型的

教育培训机制，形成人的发展与经济发展呈现良性互动，实现人力资源优势向人力资本优势转化，为宁夏产业发展转型和城镇化可持续发展奠定人力资本的坚实基础。

根据这一思路，我们提出了以下整合框架（见图2）。

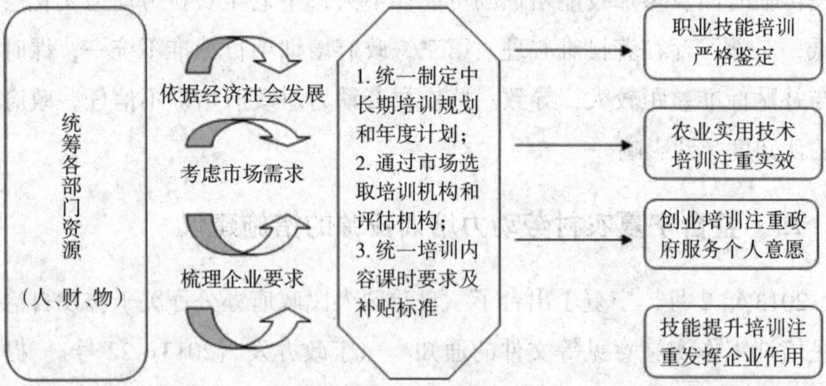

图2　农村劳动力培训资源整合运行框架设计图

首先，在层级权限上，建议自治区层面整合培训资源，县区级负责实施培训。这是因为：一是宁夏面积小，所辖县区少，适宜培训的农村劳动力总量不大，完全可以在自治区级实现整合，统筹管理，符合管理学基本原理；二是县级层面不能全面了解全区劳动力供求状况，更无法从宏观层面把握全区劳动力市场需求结构的变化趋势，不具备整合的条件和能力，因而自治区层面整合比较合理。其次，建议宁夏全区农民培训工作由宁夏人力资源和社会保障厅统一管理，取消其他部门农民工培训的职能，人社厅根据宁夏自治区经济社会发展的重要任务和部署，确定每年培训的重点对象。农牧厅配合人社厅参与农民实用技术培训工作，其他部门依据各自优势参与农村劳动力培训工作。第三，在自治区层面整合，由自治区统一编制宁夏农村劳动力培训规划和年度计划，统一资金管理，根据全区劳动力市场需求和各县区劳动力资源供给状况、特点等，因地制宜地下达培训计划，由各县区具体负责实施，完成培训计划后，由自治区通过招标的方式，选取中介机构统一验收。第四，在培训方式上，继续深化政府主导、市场运作的方式，政府下达培训计划，根据培训专业提出具体的培训要求，通过市场公开招标的方式，选取具备该专业培训资质、条件的培训机构担任培训任务。第五，在整合后，建议根据培训计划、培训内容、培训目标等要求，由自治区人社厅负责，通过招标方式，选择具备资质的中介结构，对各县区培训统一验收评估，避免发生培训效果无人问津，资源浪费的现象。第六，在资金支付上，建议在验收评估合格后，由财政统一拨付，培训期间可支付一定比例的培训资金保证培训工作正常运行，培训任务完成并经中介机构评估通过后再由财政统一支付剩余的培训资金，确保培训效果的增强和资金使用效益的提高。

对宁夏农村劳动力培训资源进行整合是项系统工程，可以通过以下步骤逐步完成整合。

首先，编制宁夏农村劳动力培训五年规划和年度计划，明确规划期内重点培训行业、培训人员、培训方式等内容，为全面有序高效开展农村劳动力培训工作奠定基础。

其次，摸清宁夏农村劳动力培训机构基本情况。根据党的十八届三中全会提出的事业单位改革精神，推进宁夏全区各部门所属涉农培训机构市场化改革，切断培训机构与厅局脐带联系，清除培训市场的垄断障碍。同时根据培训机构软硬件条件尤其是培训效果，将合格的培训机构全部纳入自治区涉农培训机构体系，依据自治区产业发展对劳动力需求和市场需求情况，通过市场选择、政府扶持等手段，优化培训资源配置，认定一批劳动力转移培训基地，壮大具有市场竞争力的培训机构，进行重点建设和扶持，提高其师资、设备、场地等软硬件条件，充分发挥它们的示范带动效应和培训主力军作用。逐步淘汰不合格的培训机构，从而形成严格规范、多层次、多专业的培训机构布局和体系。

再次，建立科学、合理、可行的培训和验收标准体系，包括科学设置课程、培训内容和考核标准。此外，要区分实用技术培训和职业技能培训，可依托现有职业技能科目规范，统一同类培训的补助标准，并逐步建立培训资金与价格变化的联动机制，制定不同行业、不同产业培训资金补贴标准。在此基础上，制定合理、严格的评估验收标准和严格的考核监督制度。

最后，继续加大宣传力度，切实提高农民参与培训的积极性。目前，农村劳动力面临着农耕文化与城市文化、外来文化的冲击矛盾等各种困惑和迷茫，这些使农民在就业过程中承受着较大的压力。因此，各级政府应继续采取积极主动的态度，加大宣传力度，鼓励和支持农民积极参加学习培训，切实提高自身的整体文化水平和现代职业技能，以适应城市化、市场化、工业化进程需要。

宁夏就业形势和就业状况研究

冯乐安

就业是民生之本，安国之策，关乎整个社会的稳定和发展。十八大报告指出，要推动实现更高质量的就业，实施就业优先战略和更加积极的就业政策。西部大开发以来，在国家资金和各项政策的有力支持下，宁夏经济发展稳定增长，就业总量不断增加，社会建设成效显著。以宁夏就业形势和就业状况为研究议题，不仅有助于全面认识宁夏就业的基本现状和主要特点，也有助于更好地推动和提升宁夏就业水平。

本文立足于翔实的数据资料，不仅有宏观的统计数据分析，还有微观的职工问卷调查。通过资料分析，概括了现阶段宁夏就业形势的基本现状和变化趋势，反映了广大职工的就业状况，以此来分析影响宁夏就业的结构性障碍和体制性困境，并提出相应的理论解释和对策建议。

一、宁夏就业形势现状

从就业总量来看，近五年来，全区就业人数不断增长，2008 年为303.9万人，2012 年为 344.5 万人（见表 1 ）。全区劳动力资源占总人口的七成左右，就业人口的比例约为劳动力资源的 70%。五年来劳动力人口数量增幅显著，从 2008 年的 432.3 万人增加到 2012 年的 487.9 万人。就业人员占劳动力人口的比例连续稳定在 72%左右（见表 2）。

作者简介 冯乐安，宁夏社会科学院法学社会学研究所助理研究员。

表 1　近五年全区城乡就业人数统计表[①]

年　份	城　镇	乡　村	合　计
2008 年	85.2	218.7	303.9
2009 年	110.1	218.4	328.5
2010 年	107.9	218.0	325.9
2011 年	131.0	208.6	339.6
2012 年	134.2	210.3	344.5

统计表明，五年间全区就业率虽然呈现持续增长的态势，但是增长水平比较缓慢，年均增长率只有 2%。2008—2012 这五年间，全区 GDP 的年均增长率达到 10.6%[②]，连续四年高于全国平均水平。相比于全区 GDP 的快速增长，就业水平的增长并不明显，就业水平的低增长率与 GDP 的高增长率形成鲜明对比。

表 2　近五年全区劳动力资源与就业人员统计表

年　份	劳动力资源		就业人员	
	人数(万人)	占总人口(%)	人数(万人)	占劳动力资源(%)
2008 年	432.3	70.0	303.9	70.3
2009 年	437.9	70.0	328.5	75.2
2010 年	473.6	74.9	325.9	68.8
2011 年	478.5	74.8	339.6	71.0
2012 年	487.9	75.4	344.5	70.6

分产业来看，截至 2012 年底，全区城乡共有就业人员 344.5 万。其中，第一产业就业人员 167.1 万，第二产业就业人员 56.9 万，第三产业就业人员 120.5 万（见表 3）。劳动者的分布结构是：第一产业人数最多，占到就业人员总数的 50%左右；第三产业次之，从业人员占到就业人员总数的 34%；第二产业最少，从业人员只有就业人员总数的 16%。

① 除特别说明外，就业形势数据来源于《2008—2012 年宁夏人力资源和社会保障统计摘要》。截至 2014 年 11 月底，有关部门未发布 2013 年就业统计数据，因此该部分数据只更新到 2012 年底。

② 数据来源：宁夏回族自治区人民政府办公室，http://www.nx.gov.cn/zwxx/zw/zwdt/47119.htm.

表 3 近五年全区分产业就业人数统计表

年 份	人数(万人)			合计(万人)
	第一产业	第二产业	第三产业	
2008 年	136.4	76.2	91.4	304.0
2009 年	130.8	84.7	113	328.5
2010 年	128.3	86.2	111.5	326.0
2011 年	166.2	55.4	118.1	339.6
2012 年	167.1	56.9	120.5	344.5

分所有制来看，五年间全区城镇就业结构不断优化，私营、个体企业从业人员数量显著上升。从 2008 年的 28.1 万人增长到 2012 年的 66.8 万人，年均增长率高达 27%（见图 1）。国有集体单位规模一直处于一个稳定的水平，就业规模保持在 55 万人左右。充分说明，当前促进就业的重要突破口在于大力发展个体私营经济。

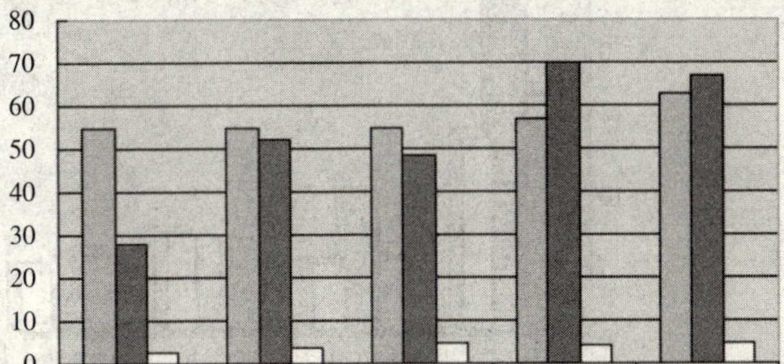

	2008 年	2009 年	2010 年	2011 年	2012 年
国营集体	54.7	54.6	54.7	56.6	62.8
私营集体	28.1	52	48.6	70.2	66.8
其他	2.4	3.6	4.7	4.2	4.6

图 1 近五年全区不同所有制从业人数分布图

分城市来看，银川市的就业规模和就业总量最大，其个体私营经济的从业人数高达 38.7 万人，其余四地市的总和只有 28 万人（见表 4）。可以看出，银川市个体私营经济从业人员的规模要大于其他四地市的总量，充分显示出银川市对于稳定提高全区就业水平具有举足轻重的作用。进一步分析显示，银川市和石嘴山市的私营个体经济发展较为充分，从业人员数量较多。相比而言，吴忠、固原、中卫的个体私营经济发展相对滞后，就业总量较为薄弱。

特别需要指出的是，吴忠、固原、中卫三市的私营经济发展规模普遍偏小，从业人员数量甚至低于个体经济劳动者数量（见图2）。与个体经济相比，私营经济吸纳劳动力就业的规模更大、效果更好，上述三市私营经济从业人员数量整体较小，严重制约了这些地区的就业水平。

表4　2012年五市城镇就业人数统计表

地区	国有集体	私营个体	其他	合计(万人)
银川市	18.0	38.7	17.4	74.1
石嘴山市	5.6	9.4	4.1	19.1
吴忠市	6.3	9.0	2.1	17.4
固原市	5.6	5.4	0.2	11.2
中卫市	4.4	4.2	1.8	10.4
合计(万人)	39.9	66.7	25.6	132.2

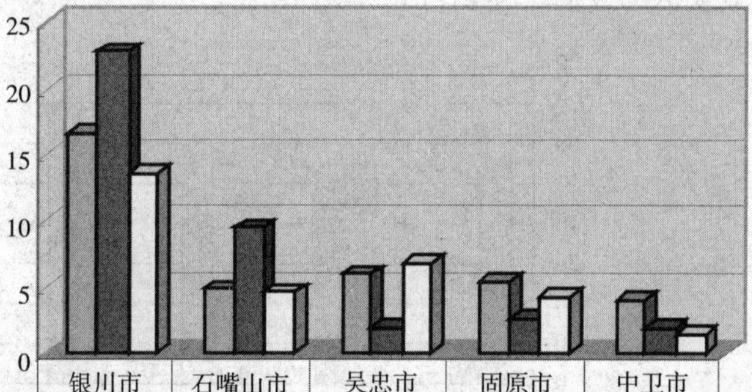

	银川市	石嘴山市	吴忠市	固原市	中卫市
国有集体劳动者	16.7	4.9	6.0	5.4	4.0
私企业劳动者	22.7	9.5	2.1	2.7	2.1
个体劳动者	13.7	4.6	6.8	4.4	4.4

图2　2011年五市不同所有制从业人数分布图①

通过对近五年宁夏全区就业人员数量、产业结构、地区差异等相关统计数据的分析，发现当前宁夏在就业方面存在的主要问题如下：从就业总量来看，就业人员占劳动力人口的比例没有显著提升，相比于全区GDP的快速增长，就业水平的增长并不明显；分产业来看，当前自治区的产业结构呈现出“一三二”的类型，有待优化调整；分所有制来看，全区个体私

① 2012年自治区统计局未发布相关统计数据，数据截止到2011年底。

营经济的发展规模还十分有限；分城市来看，吴忠、固原、中卫的个体私营经济发展相对滞后，就业总量较为薄弱，严重制约了这些地区的就业水平。另外，在课题前期集中调研的过程中，我们也注意到大学生毕业人数逐年上升、国有企业用人机制封闭、经济增速下滑等因素也困扰着宁夏的就业水平。

二、宁夏职工就业状况

为了认识全区职工的就业状况，反映广大职工的就业质量，课题组在全区展开了问卷调查。此次调查覆盖了全区五市，走访了 15 家企业，共发放问卷 380 份，回收有效问卷 324 份（见表 5）。调查面向各类企业的一线职工，具有较好的代表性。

表 5　被调查职工基本情况

	性别		年龄					户口		文化程度				
	男	女	20岁以下	21–30岁	31–40岁	41–50岁	51岁以上	城镇	农村	小学	初中	高中或中专	大专或高职	本科以上
人数	175	148	8	127	157	23	8	197	126	7	90	98	83	46
百分比	54.2	45.8	2.5	39.3	48.6	7.1	2.5	61	39	2.2	27.8	30.2	25.6	14.2

对于“工作是否好找”的问题，53.5%的职工回答“难找”；只有27.6%的职工回答“好找”；19.1%的职工回答“不清楚”。可以看出，找工作不容易已基本形成共识。而关于“找工作主要靠什么”的问题，55.3%的职工回答“靠技术”，25%的职工回答“靠社会关系”，17.5%的职工回答“靠学历”。说明现阶段，职工开始普遍重视自身技术的学习和提高，社会关系所占的比重并没有预期的高。

在“理想就业方式”的调查中，排在第一位的依然是“政府、事业单位”和“国有、集体企业”，占到职工总数的 51.3%，说明较为稳定的政府、事业单位和国有、集体企业依然具有很大的吸引力。排在第二位的是“自主创业”，占到职工总数 37.3%，这显示出市场经济的影响已经深入广大职工的思想，自主创业已经成为最为理想的就业方式。只有 7.3%的职工认为在“私营企业”工作是较为理想的就业方式，这也从侧面印证了现阶段私营企业用工的不规范和待遇偏低的现状和不足。

表 6　职工实际月收入与理想月收入对比表

实际月收入			理想月收入		
	人数	百分比		人数	百分比
1000 元以下	2	0.6	1000 元以下	0	0
1000–2000 元	63	19.5	2000 元以下	3	0.9
2000–3000 元	194	60.1	2000—3000 元	36	11.2
3000–5000 元	59	18.3	3000—5000 元	171	53.1
5000 元以上	5	1.5	5000 元以上	112	34.8

从收入情况来看，2000—3000 元月收入的职工最多，占到总体的 60.1%；其次为 1000—2000 元月收入的职工，占到总体的 19.5%；这说明 80%的职工月收入在 3000 元以下，反映了宁夏职工收入的基本现状。对于“理想月收入”的调查显示，53.1%的职工希望能有 3000—5000 元的月收入，34.8%的职工希望能有 5000 元以上的月收入，二者合计占到职工总数的 87.9%（见表 6）。这表现出一个矛盾的现象，一方面是 80%的职工月收入在 3000 元以下的现实；另一方面是 87.9%的职工希望能有 3000 元以上月收入的理想。充分说明，当前宁夏职工的工资收入还比较低，与广大职工的收入预期还有不小的差距。

从社会保险的参与情况来看，73.8%的职工参加了城镇职工基本养老保险，12.5%的职工参加了城乡居民基本养老保险，应该注意的是，8.7%的职工没有参加任何形式的养老保险；69.7%的职工参加了城镇职工基本医疗保险，22.1%的职工参加了城乡居民基本医疗保险，还有 3.7%的职工没有参加任何形式的医疗保险。社会保险是职工最基本的生活保障方式之一，没有参加任何形式保险的群体一般而言都是较为弱势的群体，应该加强对这部分人的扶持，以帮助这些人进入社会保障体系。

从企业管理方式来看，37.3%的职工认为所在企业的管理方式是“直接命令型”，所占比例最高；36.7%的职工认为所在企业的管理方式是“温和协商型”，也有 3.2%的职工认为所在企业的管理方式是“简单粗暴型”，还有 22.8%的职工认为以上情形在企业中都存在。管理方式的粗放和缺乏人文性，直接影响着职工和领导关系，这一点应该引起企业管理者的注意。

从职工与领导的关系来看，65.1%的职工认为自己和领导的关系“一般”，30.2%的职工认为自己和领导的关系“较好”，还有4.6%的职工认为自己和领导的关系“不好”或“时好时坏”。对比而言，同事关系的情形就要好很多。其中，68.3%的职工认为自己和同事的关系“较好”，只有29.2%的职工认为自己和同事的关系“一般”；认为和同事关系“不好”或“时好时坏”的职工，仅占职工群体的2.5%（见表7）。因此，在人际关系方面，职工之间的关键词是“较好”，而职工和领导之间的关键词是“一般”。显然，企业的管理方式还有较大的改进空间。

表7　职工与企业领导及同事关系对比表

职工与领导关系			职工之间关系		
	人数	百分比		人数	百分比
较好	97	30.2	较好	220	68.3
一般	209	65.1	一般	94	29.2
不好	3	0.9	不好	1	0.3
时好时坏	12	3.7	时好时坏	7	2.2

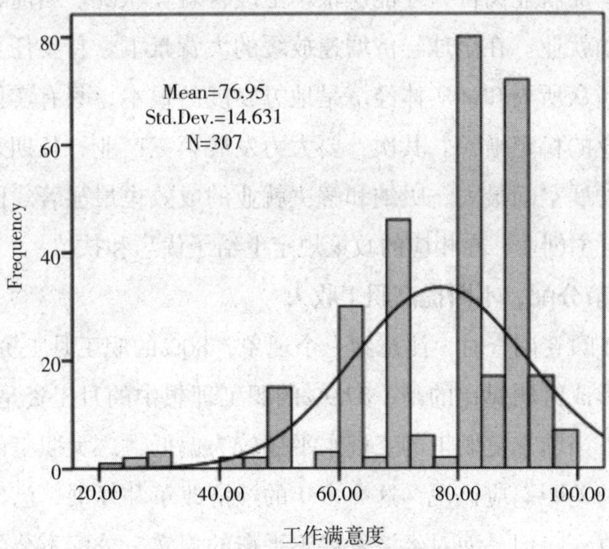

图3　被调查者工作满意度分布图

职工的工作满意度是评价就业状况的重要指标之一。调查显示，职工工作满意度的平均值为76.9分（满分为100分）（见图3），这个值还是比课题组的调查预期要高。说明尽管职工对于工资收入、管理方式等还有很多意见，但是职工的工作满意度整体较高。本文认为，这并不是因为企业有效地提升了职工的工作满意度，而是因为较大的就业压力使很多职工觉得有工作就已经不错了，因此提升了职工的工作满意度。

三、改善宁夏就业形势与就业状况的对策建议

（一）拓宽渠道，努力增加就业岗位

从课题组的调研情况来看，现阶段宁夏就业岗位的设置与产业结构紧密关联，传统意义上的“职工”主要分布在二、三产业，而宁夏二、三产业的发展又具有自身的特点。其中，第二产业发展“重型化”，即职工主要分布在制造、化工、冶炼等行业，工作环境差，技术含量低；第三产业发展“滞后化”，即职工主要分布在餐饮、商贸、物流等行业，技能要求低，服务意识弱。

如果说就业是民生之本，那么岗位就是就业之源。只有不断拓宽就业渠道，努力增加就业岗位，才能从根本上改善就业状况。当前，应该依靠产业升级拉动就业。在全球经济增速放缓的大背景下，首要任务是优化第二产业结构。众所周知，实体经济是地方发展的根本，只有实体经济才能保证全区就业的稳定增长。其次，要大力发展第三产业，长期来看，宁夏第三产业的发展空间最大，吸纳和解决就业的成效也最显著。同时，还要支持和鼓励自主创业，在相应的政策规定上给予优惠和扶持。

（二）调节分配，不断提高职工收入

课题组在问卷调查时，注意到一个现象，80%的职工月工资在3000元以下。与此形成鲜明对比的是，87.9%的职工理想中的月工资是3000元以上。这表明，当前宁夏职工的工资水平还较为偏低，广大职工的收入和预期还有不小的差距。应该说，这么多年的经济改革和发展，已经极大地改善了职工的收入。但是面对经济发展不平衡的现实，分配不公的现象日趋严重。

一方面是企业内部的分配不公问题，例如一线职工的工作时间最长，劳动强度最大，而收入却是最低的，与管理人员的差距较大；另一方面是

企业之间的分配不公问题，例如电力、石油系统的职工月收入往往是制造业、化工厂职工的2倍甚至3倍以上，这主要是因为垄断经营导致的分配不公，并不是说前者的劳动价值就必然强于后者。当前，应该逐步调整收入分配方式，最为迫切的是提升低收入群体的工资水平。

（三）因地制宜，从地区实际出发推进就业工作发展

研究发现，银川市对于稳定和提高全区就业水平具有决定性的影响作用。因此，发展好、解决好银川市的就业工作，全区就业的主要矛盾就会有所缓解。在其他地市中，石嘴山是工业城市，产业结构相对多元，是拉动银北地区就业率的重要增长极。与此相比，吴忠、固原、中卫三地市的经济发展较为薄弱，而这些地区又大多是生态脆弱地区，水资源匮乏，不适宜大规模工业开发。因此，应该结合地区实际，因地制宜，在上述地区大力发展劳动密集型、低污染、低能耗的绿色产业，例如旅游开发、农产品加工、手工艺品、劳务输出等。

数据分析显示，宁夏个体私营经济从业者的年均增长率高达27%，是促进宁夏就业的重要突破口。然而，目前全区个体私营经济的发展规模还十分有限。当前，应该进一步发挥市场调节机制，鼓励创业，加快对小微企业的扶持力度，促进个体私营经济的充分发展，进一步拓宽就业空间。

（四）改革体制，化解就业结构性矛盾

近年来，全区求职者的结构发生较大变化，大中专毕业生为主体的新成长劳动力和农村劳动力成为就业的主体。但本地提供的工作岗位、工资待遇等与大中专毕业生期望存在差距，同时劳动者技能素质不适应岗位需求，导致“有事无人干，有人无事干”的结构性矛盾依然突出。不仅如此，电力、石油、银行等高利润行业和部门，就业岗位的非市场化情况较为严重，甚至存在严重的垄断现象，许多职位只录用本单位职工子弟。这不仅不利于这些国有企业的长足发展，扭曲甚至损害了群众对这些企业甚至是主管政府部门的正确认识，影响较为恶劣，应该引起社会各界的广泛关注。

建议加强农村外出务工人员的基本技能培训，建议高校根据市场对人力资源的需求，推进课程改革，使得教学和人力资源需求相契合。另外，建议深入推进国有企业的用人机制改革，这不仅仅是解决一部分人的就业岗位的问题，而是要通过改革释放出积极的就业信号，使得普通群众意识到，通过自身努力也会有获得良好就业岗位的机会。从长远来看，要努力实现就业机会的均等化，破除人为设置的制度性障碍，通过社会各界的共同努力，共建一个让每个劳动者都活出尊严的和谐社会。

（五）优化管理，不断改善就业质量

当前，对就业问题的讨论主要集中在就业率方面，不管是就业形势的研究，还是就业状况的讨论，都紧密围绕就业率展开。然而，就业率只能反映就业的量，但并不能很好地反映就业的质。所谓就业质量，涉及就业环境、劳动报酬、社会保护和劳动关系等多个方面。

从课题组在十几家企业的调研来看，宁夏职工的就业质量还处在较低的状况。这不仅表现在工作的“硬环境”方面，例如粉尘、噪音污染，劳动强度大，劳动时间长；而且表现在工作的“软环境”方面，例如直接命令，甚至简单粗暴的管理方式，职工与企业领导的隔阂等等。因此，现阶段要不断改进企业管理方式，这不仅仅是工作场所的环境治理和优化，还包括企业文化的建设和发展，努力营造以人为本的工作氛围，真正增强职工的归属感和自尊心，进而全面改善就业质量。

总之，就业工作是一项复杂的系统工程。本文从统计分析入手，对宁夏就业形式和就业状况行了深入分析，归纳了阻碍就业发展的相关问题，展现了影响就业状况的主要因素，提出了相应的理论解释和对策建议。可以说，要想切实提升就业水平，改善就业状况，不应只做短期打算，而是应该从长计议，深入挖掘背后的体制原因。只有这样，才能采取对策，进而改进制度设计，促进就业工作的良性发展。

宁夏官方微博综合绩效测评与比较分析

梁春阳

政府部门和各级官员通过微博开展有关信息公开、网络问政、网上办公等一系列体现“以人为本”“网上群众路线”的活动并形成工作机制，是网络社会政治文明与法治建设不可或缺的重要内容。在现代社会中，一个地区官方微博综合绩效的大小，作用发挥得如何，是考量其政府舆情引导、行政管理、社会服务水平所不容忽视的方面。

一、官方微博综合绩效测评体系的创建原则与思路

从网络社会的发展规律入手，结合我国现阶段的网络政治、网络社会实际，官方微博综合绩效测评体系的创建应遵循以下五个基本原则：(1)客观性原则：一是指标项目的确立符合中国国情，体现中国特色；二是对所确定的每个指标的内涵与外延都应有明确界定，保证数据选取的准确性和客观性。(2)系统性原则：处理好宏观与微观、部分与整体、具体指标与系统化体系之间的关系，使诸类指标项目的确立和整合，形成既相对独立又相互关联的科学体系。(3)代表性原则：在系统化的前提下，做好点面结合工作，严格论证、筛选各项微观指标，使其真正具备典型性和代表性。(4)可操作性原则：从国家和地方政府及权威科研机构的统计资料、研究报告中获取准确的数据，在不至于对整体系统性构成实质性影响的前提下，尽量

作者简介　梁春阳，中共宁夏回族自治区委员会党校科研处研究馆员。

选取可获取性强且数据来源具有连续性的指标项目，舍去难以获取准确数据的指标项目。(5)可比较性原则：符合全国的实际，尽量突出共性，以利于全国各地区间应对与化解网络舆情及网络舆情危机能力的比较研究。

官方微博综合绩效测评体系的创建思路大体为：(1)将"官方微博综合绩效指数"分为五个子系统，对于每个子系统按其在应对网络舆情实践中作用，赋予不同的加权值。(2)在五个子系统中，选定若干项具体指标来准确、客观、全面地反映其子系统的实际状况；同样，对于每个子系统中的具体指标，依其在应对网络舆情实践中作用，赋予不同的加权值。(3)按照具体指标指数→子系统指数→综合测评指数的顺序，用层累制的方式，测算出最终的"官方微博综合绩效指数"。

二、宁夏具有较大影响力的官方微博比率指数测评

在此，我们将"具有较大影响力的官方微博"定位于进入国家行政学院电子政务研究中心确立的"党政机构微博客样本库"和"党政干部微博客样本库"中的官方微博①。现阶段宁夏具有较大影响力的官方微博比率及其指数值与全国平均值、全国官博综合绩效排名前三位的省域之指数值、少数民族地区平均值的比较情况，详见表1。

表1　不同地区具有较大影响力的官方微博比率指数
（以全国平均值为100）

项目 地区	具有较大影响力的党政机构微博比率指数			具有较大影响力的党政官员微博比率指数			具有较大影响力的官方微博比率指数
	原始值	指数值	权重	原始值	指数值	权重	
全国平均	3.23	100	0.60	3.23	100	0.40	100
宁　夏	0.30	9.29		0.50	15.48		11.77
内蒙古	0.90	27.86		1.60	49.54		36.53
广　西	2.20	68.11		1.40	43.34		58.20

① "党政机构微博客样本库"和"党政干部微博客样本库"系由国家行政学院电子政务研究中心对新浪网、腾讯网、人民网、新华网四家微博客网站认证的党政机构、党政干部微博客进行综合评分后，排名前1000名的微博客。——引自国家行政学院电子政务研究中心《2013年中国政务微博客评估报告》.http://www.egovernment.gov.cn/ 2014.4.8。

续表

项目 地区	具有较大影响力的党政机构微博比率指数			具有较大影响力的党政官员微博比率指数			具有较大影响力的官方微博比率指数
	原始值	指数值	权重	原始值	指数值	权重	
贵　州	0.60	18.58		1.70	52.63		32.20
云　南	2.00	61.92		5.20	160.99		101.55
西　藏	0.10	3.10		0.10	3.10		3.10
甘　肃	1.00	30.96		4.20	130.23		70.59
青　海	0.10	3.10		0.40	12.38		6.81
新　疆	0.90	27.86		4.50	139.32		72.44
浙　江	14.10	436.53		15.60	482.97		455.11
广　东	10.00	309.60		4.30	133.13		239.01
江　苏	10.70	331.27		4.70	145.51		166.97
少数民族地区平均	0.90	27.86		2.18	67.42		43.68

注 1：最终的指数值为前面各单项指数值予以加权处理后的数据。下同。

注 2：少数民族地区为内蒙古、广西、贵州、云南、西藏、甘肃、青海、宁夏、新疆等 9 个省、自治区。下同。

资料来源：国家行政学院电子政务研究中心. 2013 年中国政务微博客评估报告. 2014 (3)：18—19.http://www.egovernment.gov.cn/ 2014.4.8.

三、宁夏党政机构微博传播效能指数测评

党政机构微博传播效能指数由“党政机构微博客互动力”“党政机构微博客影响力”“党政机构微博客传播力”等 3 项指标构成。现阶段宁夏党政机构微博传播效能指数值与全国平均值、全国官博综合绩效排名前三位的省域之指数值、少数民族地区平均值的比较情况，详见表 2。

表 2　不同地区党政机构微博传播效能指数

（以全国平均值为 100）

项目 地区	党政机构微博客互动力指数			党政机构微博客影响力指数			党政机构微博客传播力指数			党政机构微博传播效能指数
	原始值	指数值	权重	原始值	指数值	权重	原始值	指数值	权重	
全国平均	91.31	100	0.20	50.05	100	0.40	53.48	100	0.40	100
宁　夏	60.83	66.62		31.95	63.84		32.58	60.92		63.23

续表

项目 地区	党政机构微博客互动力指数			党政机构微博客影响力指数			党政机构微博客传播力指数			党政机构微博传播效能指数
	原始值	指数值	权重	原始值	指数值	权重	原始值	指数值	权重	
内蒙古	19.24	21.07		9.60	19.18		11.31	21.15		20.35
广　西	62.76	68.73		30.86	61.66		35.35	66.10		64.85
贵　州	19.24	21.07		9.60	19.18		11.31	21.15		20.35
云　南	146.37	160.30		79.23	158.30		85.50	158.87		159.33
西　藏	19.24	21.07		9.60	19.18		11.31	21.15		20.35
甘　肃	56.97	52.39		31.55	63.04		33.97	63.52		63.10
青　海	19.24	21.07		9.60	19.18		11.31	21.15		20.35
新　疆	57.18	62.62		31.00	51.94		35.67	66.70		59.98
浙　江	426.45	467.04		224.05	447.65		239.54	447.91		451.63
广　东	408.27	447.13		221.98	443.92		210.94	394.43		424.61
江　苏	268.44	293.99		192.31	384.24		174.21	325.75		342.79
少数民族地区平均	51.23	56.11		11.57	23.11		29.81	55.75		42.77

注 1：各省、市、自治区的单项得分为“党政机构微博客综合排名前 100 位”微博客的单项得分之和。如：宁夏的“问政银川”（排名第 18，其微博互动力得分为 32.45）、“微博银川”（排名第 79，其微博互动力得分为 28.38）为“党政机构微博客综合排名前 100 位”的微博客，宁夏的“党政系统官方微博互动力指数”原始值则为：32.45 + 28.38=60.83。

注 2：因《2013 年中国政务微博客评估报告》中所列各省、市、自治区党政系统官方微博评估结果为“党政机构微博客综合排名前 100 位”微博客的各项得分，而内蒙古、贵州、西藏、青海等 8 省区中没有全国排名前 100 位的党政机构微博客，故将这 8 省区的单项得分定位于“前 100 位中最低得分的 2/3”。如上表中“党政系统官方微博互动力指数”原始值最低为 28.86，内蒙古、贵州、西藏、青海等八省区的原始值则为 28.86÷3×2 = 19.24。

资料来源：国家行政学院电子政务研究中心. 2013 年中国政务微博客评估报告. 2014（3）：33—40.http://www.egovernment.gov.cn/2014.4.8.

四、宁夏效益较显著的官方微博综合指数测评

效益较显著的官方微博综合指数由“党政机构微博综合效益前 100 名得分指数”和“党政官员微博综合效益前 100 名得分指数”两项指标构成。现阶段宁夏效益较显著的官方微博综合指数与全国平均值、全国官博综合绩效排名前三位的省域之指数值、少数民族地区平均值的比较情况，

详见表 3。

表 3 不同地区效益较显著的官方微博综合指数

（以全国平均值为 100）

项目 地区	党政机构微博综合效益前 100 名得分指数			党政官员微博综合效益前 100 名得分指数			效益较显著的官方微博综合指数
	原始值	指数值	权重	原始值	指数值	权重	
全国平均	204.85	100	0.60	215.49	100	0.40	100
宁　夏	138.24	67.48		133.02	61.73		65.18
内蒙古	45.02	21.98		66.88	31.04		25.60
广　西	141.87	69.26		205.32	95.28		78.67
贵　州	45.02	21.98		67.87	31.50		25.79
云　南	342.88	167.88		342.24	160.68		164.70
西　藏	45.02	21.98		44.52	20.66		21.45
甘　肃	134.15	60.69		135.52	60.89		64.45
青　海	45.02	21.98		44.52	20.66		21.45
新　疆	136.52	66.64		409.75	190.13		116.04
浙　江	941.79	459.75		1365.54	633.69		529.33
广　东	896.01	437.40		334.89	155.41		324.60
江　苏	621.30	303.30		265.98	123.43		231.35
少数民族地区平均	119.30	58.24		180.70	83.86		68.49

注 1：各省、市、自治区的单项得分为“党政机构微博客、党政干部微博客综合排名前 100 位”的单项得分之和。

注 2：因《2013 年中国政务微博客评估报告》中所列各省、市、自治区党政系统官方微博评估结果为“党政干部微博客综合排名前 100 位”微博客的各项得分，而内蒙古、贵州、西藏、青海等八省区中没有全国排名前 100 位的党政机构微博客，西藏、青海等八省区中没有全国排名前 100 位的党政干部微博客，故将上述省区的单项得分定位于“前 100 位中最低得分的 2/3”。

资料来源：国家行政学院电子政务研究中心. 2013 年中国政务微博客评估报告. 2014（3）：33–46.http://www.egovernment.gov.cn/2014.4.8.

五、宁夏党政系统优秀微博比率指数测评

党政系统优秀微博比率指数由“党政系统优秀机构微博比率”和“党政系统优秀官员微博比率”两项指标构成。宁夏现阶段的党政系统优秀微博比率指数值与全国平均值、全国官博综合绩效排名前三位的省域之指数

值、少数民族地区平均值的比较情况，详见表4。

表4 不同地区党政系统优秀微博比率指数

（以全国平均值为100）

地区＼项目	党政系统优秀机构微博比率指数			党政系统优秀官员微博比率指数			党政系统优秀微博比率指数
	原始值	指数值	权重	原始值	指数值	权重	
全国平均	3.23	100	0.60	3.23	100	0.40	100
宁　夏	2.00	61.92		2.00	61.92		61.92
内蒙古	0.00	0.00		1.00	30.96		12.38
广　西	2.00	61.92		3.00	92.88		74.30
贵　州	0.00	0.00		1.00	30.96		12.38
云　南	5.00	154.80		5.00	154.80		154.80
西　藏	0.00	0.00		0.00	0.00		0.00
甘　肃	2.00	61.92		2.00	61.92		61.92
青　海	0.00	0.00		0.00	0.00		0.00
新　疆	2.00	61.92		6.00	185.76		111.46
浙　江	15.00	464.40		20.00	619.20		526.31
广　东	14.00	433.44		5.00	154.80		321.98
江　苏	9.00	278.64		4.00	123.84		216.72
少数民族地区平均	1.44	44.72		1.11	34.40		40.59

资料来源：国家行政学院电子政务研究中心. 2013年中国政务微博客评估报告. 2014（3）：53—54.http://www.egovernment.gov.cn/2014.4.8.

六、宁夏公安系统优秀微博比率指数测评

公安系统优秀微博比率指数由“公安系统优秀机构微博比率”和“公安系统优秀官员微博比率”两项指标构成。宁夏现阶段的公安系统优秀官方微博比率指数值与全国平均值、全国官博综合绩效排名前三位的省域之指数值、少数民族地区平均值的比较情况，详见表5。

表 5 不同地区公安系统优秀微博比率指数

（以全国平均值为 100）

项目 地区	公安系统优秀机构微博比率指数			公安系统优秀官员微博比率指数			公安系统优秀微博比率指数
	原始值	指数值	权重	原始值	指数值	权重	
全国平均	3.23	100	0.60	3.23	100	0.40	100
宁　夏	0.28	8.67		0.27	8.36		8.55
内蒙古	0.00	0.00		0.54	16.72		6.69
广　西	5.00	154.80		0.81	25.08		102.91
贵　州	0.28	8.67		0.54	16.72		11.89
云　南	2.22	68.73		7.82	242.11		138.08
西　藏	0.00	0.00		0.00	0.00		0.00
甘　肃	0.83	25.70		7.01	217.03		102.23
青　海	0.00	0.00		0.81	25.08		10.03
新　疆	0.83	25.70		1.89	58.51		38.82
浙　江	5.56	172.14		3.77	116.12		149.97
广　东	10.00	309.60		6.74	208.67		269.23
江　苏	18.33	567.49		6.74	208.67		423.96
少数民族地区平均	1.05	32.47		2.19	67.73		46.57

资料来源：国家行政学院电子政务研究中心. 2013 年中国政务微博客评估报告. 2014（3）：81–82.http://www.egovernment.gov.cn/ 2014.4.8.

七、宁夏官方微博综合绩效指数测评

官方微博综合绩效指数是由“官方微博影响力指数”“党政机构微博传播效能指数”“效益较显著的官方微博综合指数”“党政系统优秀微博比率指数”及“公安系统优秀微博比率指数”等五个子系统的指数值，通过一定的加权处理聚合构成。现阶段宁夏官方微博综合绩效指数与全国平均值、全国官博综合绩效排名前三位的省域之指数值、少数民族地区平均值间的比较情况，详见表 6。

表 6　不同地区官方微博综合绩效指数

（以全国平均值为 100）

项目 地区	具有较大影响力的官方微博比率指数		党政机构微博传播效能指数		效益较显著的官方微博综合指数		党政系统优秀微博比率指数		公安系统优秀微博比率指数		官方微博综合绩效指数		
	指数值	权重	指数值	权重	指数值	权重	指数值	权重	指数值	权重	指数	地区	排名
全国平均	100	0.15	100	0.25	100	0.25	100	0.20	100	0.15	100	浙江	1
宁夏	11.77		63.23		65.18		61.92		8.55		47.54	广东	2
内蒙古	36.53		20.35		25.60		12.38		6.69		20.45	江苏	3
广西	58.20		64.85		78.67		74.30		102.91		75.16	云南	7
贵州	32.20		20.35		25.79		12.38		11.89		20.63	新疆	13
云南	101.55		159.33		164.70		154.80		138.08		147.91	广西	14
西藏	3.10		20.35		21.45		0.00		0.00		10.92	甘肃	16
甘肃	70.59		63.10		64.45		61.92		102.23		70.20	宁夏	21
青海	6.81		20.35		21.45		0.00		10.03		12.98	贵州	25
新疆	72.44		59.98		116.04		111.46		38.82		82.99	内蒙古	26
浙江	455.11		451.63		529.33		526.31		149.97		441.26	青海	30
广东	239.01		424.61		324.60		321.98		269.23		327.94	西藏	31
江苏	166.97		342.79		231.35		216.72		423.96		290.52	广东	2
少数民族地区平均	43.68		42.77		68.49		40.59		46.57		49.47		

资料来源："官方微博影响力综合指数"系根据表 1 至表 5 数据予以加权处理后计算而得。

八、宁夏官方微博综合绩效比较分析

从宁夏的"官方微博综合绩效指数"在全国的排位来看，目前排在 31 个省域中的第 21 位，处于"中间偏后"的位次。在少数民族地区中排名第五，处于"中间"位次。宁夏与全国平均水平、最高水平及少数民族地区各省域间的官方微博综合绩效的具体比较，详见以下三个方面。

（一）与全国平均水平间的比较

从"官方微博综合绩效指数"来看，宁夏目前的水平相当于全国平均水平的 47.54%。考虑到"全国平均水平"被几个"高水平"省域拉高的实际情况，可以认为，宁夏目前的官方微博影响力处于全国中游水平。

从“官方微博综合绩效指数”的五个子系统来看，宁夏与全国平均水平间差距相对较小的是“效益较显著的官方微博综合指数”和“党政机构微博传播效能指数”。差距最大的则是“公安系统优秀微博比率指数”——仅为全国平均指数值的8.55%，其次是“具有较大影响力的官方微博比率指数”——仅为全国平均指数值的11.77%。反映出宁夏目前的公安系统优秀微博数量、具有较大影响力的党政系统微博数量太少，是制约官方微博影响力综合水平的主要因素。

从“官方微博综合绩效指数”的11个具体指标来看（详见图1），宁夏与全国平均水平间差距相对较小的是“党政机构微博综合效益前100名得分指数”和“党政机构微博客互动力指数”，其指数值接近全国平均水平的70%。差距最大的则是“公安系统优秀机构微博比率指数”和“公安系统优秀官员微博比率指数”，其指数值不及全国平均水平的9%。

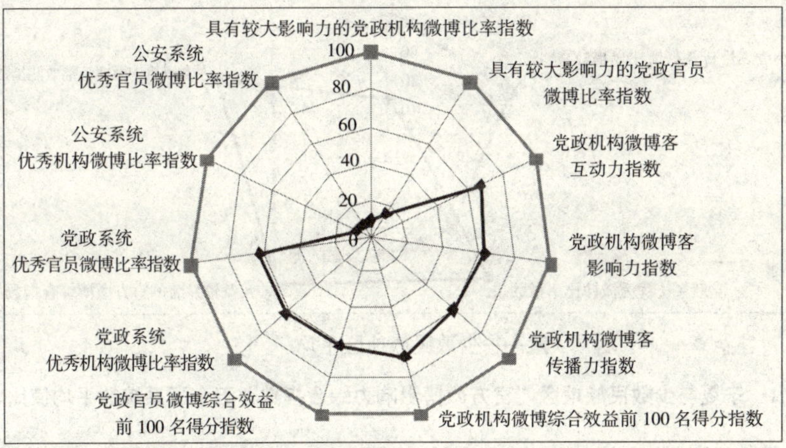

注：◆——宁夏　■——全国平均

图1　宁夏与全国“官方微博综合绩效指数”的11个具体指标比较

（二）与最高水平间的比较

浙江省是我国目前“官方微博综合绩效指数”水平最高的省份。宁夏与之相比较可谓差距甚大。从综合水平看，浙江省的“官方微博综合绩效指数”是宁夏的9.28倍；从五个子系统的水平看，浙江省的“具有较大影响力的官方微博比率指数”“党政机构微博传播效能指数”“效益较显著的官方微博综合指数”“党政系统优秀微博比率指数”“公安系统优秀微博比率指数”分别是宁夏的36.66、7.14、8.12、8.50、17.54倍，差距不仅甚大，而且是全方位的。

（三）与少数民族地区各省域间的比较

宁夏的“官方微博综合绩效指数”与少数民族地区平均水平相比，相差不大。但从五个子系统的水平看，则既有明显“长处”，亦有明显“短板”（详见图2）。长处在于，宁夏的“党政机构微博传播效能指数”“党政系统优秀微博比率指数”分别为少数民族地区平均水平的1.48、1.53倍；“短板”在于，少数民族地区的“具有较大影响力的官方微博比率指数”“公安系统优秀微博比率指数”的平均值，分别是宁夏的3.71、5.33倍。

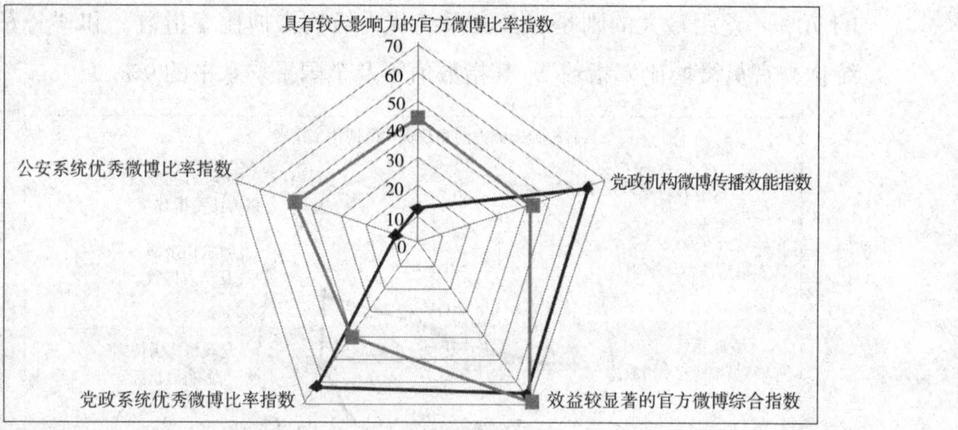

注：◆——宁夏　■——少数民族地区平均

图1　宁夏与少数民族地区“官方微博影响力综合指数”五个子系统的平均值比较

具体到少数民族地区内的比较，宁夏与云南省的差距最为明显。云南省的“官方微博综合绩效指数”位居全国第7位，其指数值为宁夏的3.11倍。此外，云南省“官方微博综合绩效指数”五个子系统的指数值均高于全国平均水平，分别是宁夏的8.63、2.51、2.53、2.50、16.15倍，宁夏与云南的差距全面而显著。

此外，宁夏与新疆在“具有较大影响力的官方微博比率指数”“效益较显著的官方微博综合指数”“党政系统优秀微博比率指数”等方面的差距亦较为明显。

当然，与西藏、青海、贵州、内蒙古等省区相比较，宁夏的“官方微博综合绩效指数”及其各子系统的指数水平，则有着明显的相对优势。

结 语

(1)宁夏目前的官方微博综合绩效位于全国及少数民族地区的中游水平，其中“党政机构微博传播效能指数”“党政系统优秀微博比率指数”高出少数民族地区平均水平，尤其是“问政银川”“微博银川”等优秀官博在全国具有一定的影响力，在宁夏官方微博中具有“典范”意义。(2)宁夏目前的“公安系统优秀微博比率指数”“具有较大影响力的官方微博比率指数”与全国平均水平间的差距甚为突出，与少数民族地区平均水平间的差距亦比较明显。(3)宁夏要进一步提高官方微博的综合绩效，一方面应需借鉴浙江、云南等地“领导部门及领导干部高度重视并积极参与”的经验，推进政务微博工作迈上新台阶；另一方面应有效推广普及“问政银川”“微博银川”等本地优秀官博的做法，以收到“以点带面”的成效；此外，还应以公安、检察、法院系统为重点，尽快完善政法领域官方微博运行的体制机制，力争其影响力和社会效益在短期内得以明显提升。

宁夏科技创新的几个突出问题研究

俞学虹　吴灵捷　牛彦文　郜　贤

科技创新是提高社会生产力和综合国力的战略支撑，是推动经济社会发展的重要动力和决定因素。当前，宁夏正处在全面建设小康社会的关键时期和加快转变经济发展方式的攻坚时期，已经到了必须依靠科技进步和创新驱动才能推动科学发展、跨越发展的历史阶段。面对新形势新要求，宁夏科技创新能力不强，科技体制机制与经济社会发展的要求不相适应的矛盾和问题依然存在。如何解决好这些矛盾和问题是摆在我们面前的重要课题。

一、宁夏科技创新的突出问题

（一）科技与经济结合不够紧密，企业技术创新主体地位还没有确立，关键技术自给率低

科技创新的主体是企业，但目前宁夏企业技术创新主体的地位还没有确立，主要表现在如下方面。

1. 企业技术创新主体意识不强。偏重于生产和销售，承担技术开发风险的能力较弱，偏好短平快的成熟技术，对研发新产品和开发新技术不够

作者简介　俞学虹，宁夏回族自治区党委政策研究室副主任；吴灵捷，宁夏回族自治区党委政策研究室社会发展处处长；牛彦文，宁夏回族自治区党委政策研究室社会发展处调研员；郜贤，宁夏回族自治区党委政策研究室社会发展处副处长。

重视。

2. 企业的研发投入严重不足，投入主体地位尚未确立。自治区科技创新大会以后，自治区有关部门认真贯彻自治区党委人民政府《关于加快推进科技创新的若干意见》（宁党发2013〔37〕号文件）精神，进一步加大了科技投入力度，2013年用于R&D经费投入比上年增长了30%，但由于我区R&D经费投入占GDP的比重较低，R&D/GDP的比重仍然远低于全国平均水平。

3. 企业自主创新能力不强。目前宁夏许多企业没有专门的研发机构和研发团队，许多技术主要还是依靠引进和模仿。宁夏拥有有效发明专利322件，万人口发明专利拥有量为0.51件，与全国平均水平相差1.87件，90%以上的企业特别是中小企业没有申请过专利。

（二）科技资源配置分散，成果转化效率不高

多年来，科技宏观管理职能被分配在自治区科技厅、发改委、经信委、农牧厅等多个部门，科研经费也由各个行政部门分散安排，多个部门都在平行行使资源分配和管理。由于科技管理分工不清，各类科技计划名目繁多、定位趋同，有限的科技资源分散重叠配置、效率不高。由于缺乏顶层设计与统一的组织协调机构，各部门之间长期不能有效沟通与协调，各自为政，各部门为了展现各自的政绩，对知名研究机构、企业及科研人员"抢着给钱"，导致科技经费过分集中在少数机构和少数人手里，而科技创新的效果无人问津，科技产出率低。2013年全区科技创新大会以后，自治区专门成立了科技创新协调工作领导小组，办公室设在自治区科技厅，一年多来已经取得了一些进展，但在整合科技资金使用上仍然是举步维艰。

（三）促进科技创新的政策体系不健全，创新环境尚需不断优化

促进科技创新的政策体系不健全，集中体现在以下五个方面。

1. 体系不完备。近些年虽然初步搭建了宁夏科技创新的政策法规框架，但空白很多，科技成果的市场化转化、中小型科技企业认定、引进高层次人才的长效机制、科技创新风险投资和地方创业投资引导基金等很多方面没有相应的政策法规。如自治区《实施〈中华人民共和国科学技术进步法〉办法》第八条规定"鼓励社会力量设立科学技术奖项"，但只是原则性的话，并没有具体政策。

2. 规定不系统。各项政策法规之间的有效协调和互补性不强，科技政策与产业政策、投融资政策、人事制度等衔接不足，与人才引进的职称评定等制度在一些具体内容和环节上无法衔接，甚至一些政策互相抵触。

3. 措施不具体。现行好多政策法规，原则性的多、针对性的少，粗线条的多、具体化的少，空泛模糊的多、明白清晰的少，导致好多政策难以操作，实际效果不好。为了解决好这个问题，自治区在出台《关于加快推进科技创新若干意见》的同时出台了后补助细则、投入机制、人才等五个配套政策，进一步细化措施，但由于没有制订实施方案，缺乏相应的考核机制。

4. 政策不落实。企业和基层科研机构普遍反映，有相关一部分政策本身很好但执行不好。除了有些地方和部门客观条件较差难以执行外，更多的是认识不到位、领导不重视、机制不健全、制度不落实，主动性不够、执行力不强，导致政策效果大打折扣。尤其是对企业科技创新“后补助”政策的落实，力度不够，执行不到位。

5. 政策宣传不到位。创新型国家和创新型宁夏建设已经进行了好多年，自治区科技创新大会召开后，也组织了宣讲团深入到市、县（区）、企业和科研院所进行了宣传，但由于缺乏长效宣传机制，相当一部分基层干部、广大群众、企业对科技创新的新政策、新措施知道得并不多，甚至一些地方和部门的领导认为把企业作为技术创新主体是今年中央提出的新概念，相当一部分企业根本不知道对企业还有“后补助”的支持政策。

（四）有利创新的财税金融长效机制尚未建立，促进科技创新的投入不足，稳定增长的长效投入机制还没有建立

自治区财政科技投入主要面临资金总量偏少、分散投资严重、地区投入不平衡、投入重点不突出等问题。目前还缺乏对财政科技投入的刚性约束政策，没有用政策法规形式明确规定各级财政科技投入的比例。宁夏科技投入强度一直不到全国平均水平的一半，与东部地区的差距则更大。一些优惠政策限制条件多，适应性和灵活性不够。这些政策看似很好，但限制条件比较多，享受优惠的门槛比较高。一些优惠政策时效性太强，持续性不够。大部分金融机构过分强调甚至畏惧科技创新风险，对科技创新尤其是企业技术创新活动的支持力度普遍较弱，对支持科技创新的金融产品开发严重不足。

（五）急需紧缺人才总量不足，导致创新能力不强

从总体上看，我区社会事业重点领域急需紧缺人才总量不足，不能满足经济发展、社会事业发展及单位发展的需要。就教育系统而言，全区16所（含1所成人高等教育）高校、36所中等职业学校和337所普通中学分别拥有专任教师5235人、1410人、27484人；副高及以上职称的分别占教师总数的不足40%、25%和21%，数量相对偏低。特别是中等职业院校比较突出，各个层级的领军人才匮乏，高层次人才没有形成规模。就文化系统而言，全区文化事业从业人员中高级职称人员仅占总数的2.17%；中级职称专业技术人员占总数的5.69%。基层文化人才队伍不能满足公共文化服务体系运转的需要，基层文化机构专业人才匮乏，农村实用文化人才稀缺的现象比较普遍。就卫生系统而言，全区卫生技术人员中正高职称人员仅占2.8%、副高职称人员占9.0%，这与广大群众的卫生服务需求增长极不匹配。就科技系统而言，全区从事科技活动的人员中仅有一名工程院院士，科研领军人才也只有60多人，自治区级学术带头人300多人，骨干领军人才缺乏、创新型服务人才数量偏少制约着科技管理工作质量和效率的提升，影响着科技服务能力的进一步提高。客观上讲，由于对创新人才的理解大多局限于技术创新层面上，对人才的知识结构、个性品质的全面关注不够，对创新人才的合理培训、使用也缺乏足够的重视，对创新人才成长环境和氛围的营造重视不够，一定程度上制约了人才创新能力的培养和释放。

二、宁夏科技创新的思路及对策

针对以上突出问题，我们必须大胆创新，大胆探索，走出一条适合宁夏经济社会发展实际的科技创新之路，实现建成创新型宁夏的目标。

（一）强化企业技术创新主体地位，促进科技和经济结合

加快确立企业为主体的技术创新体系，建立健全企业技术创新体制机制。到2020年，基本形成企业作为技术创新主体、产学研用合作为支撑条件、各类要素资源聚焦支持的产业技术创新体系，企业充分发挥技术创新的主导作用，技术创新资源、投入、人才、成果充分向企业集聚。激励企业成为技术开发投入的主体。坚持培育发展新兴产业与提升优化传统产业相结合，依托行业骨干企业，不断加大企业研发投入，增强产业核心竞争力。到2020年，企业研发费用占主营业务收入比重进一步提高，龙头企业研发投入强度接近国际先进水平；重点产业技术创新水平达到全国先进水平，部分重点行业达到或接近国际先进水平，形成一批具有重大影响的技术创新成果。培育发展100家以上在细分领域具有较强创新能力的“专精特新”创新型中小企业。

1. 要发挥各种所有制企业的创新主体作用。发挥中央企业的行业龙头作用，充实本区与央企战略合作内容，积极争取国家重大技术创新和战略性新兴产业发展任务在宁夏实施；增强地方国有企业创新动力，国有创新型骨干企业研发投入强度达到3.5%左右，每年安排国有资本收益不低于20%用于研发投入，落实和完善国有企业研发投入视同利润的考核措施；大力鼓励和支持民营企业加快提升技术创新能力。

2. 要大力推进技术创新型示范企业建设工作。引导企业争创自治区级和国家级技术创新型示范企业。开展技术创新型示范企业的评价和认定工作，促进社会资源要素向技术创新型示范企业转移，各类科技计划对技术创新型示范企业予以优先立项和支持。到2015年国家级“技术创新型示范企业”达到5家、自治区级“技术创新型示范企业”达到50家。

3. 要支持企业建设高水平研发机构。把在规模以上企业建立健全企业技术中心和在小微企业联合院校建立创新研发中心等技术开发机构，作为推进企业技术创新的首要任务；设立技术创新能力建设专项，构建支撑企业开展关键技术研发的创新平台。鼓励企业采取科研机构、高等院校联合开发、委托研究、共建技术开发基地等形式，增强技术创新能力；鼓励企业“走出去”，在区外、国外设立研发机构，提升企业研发水平。鼓励市县推动企业建设研发机构，区市联动，配套资金，加大对设立企业技术中心的支持。在新材料、新能源、先进装备制造、生物制药等领域打造一批具有国内领先、国际先进水平的企业研发机构，构建一批以技术中心为主体的产业集群创新高地，推进行业整体技术创新，加快工业转型升级。

4. 要支持区外企业在宁设立研发机构。鼓励跨国公司、中央企业和外地企业来宁夏设立高水平研发机构，支持其参与本区战略性新兴产业发展，推动其与本地企业、高等院校、科研机构的技术交流合作或共建研发机构，鼓励其在宁夏实施创新成果产业化，培育发展研发产业，自治区在机构设置、办公场地、人才招聘、合作对接等方面给予便利条件。

5. 要建设公共技术创新服务平台。加大公共技术创新服务平台建设力度，支持科技资源开放共享，积极争取建设重点实验室、工程技术（研究）中心等创新平台，建设面向新兴产业和支柱产业的国家级检验检测中心，增强技术服务和辐射能力；鼓励大企业技术中心拓展为行业服务的职能，并积极引导其向行业技术中心发展；完善支持科技型中小企业技术创新和技术转移服务平台建设。

6. 要打造科技资源共享平台。本着“资源共享，优势互补，互惠多赢”的原则，重点建设大型科学仪器设备、自然科技资源、科学数据、科技文献共享平台、成果转化公共服务平台、网络科技环境平台和标准化战略平台，为全社会科技创新活动提供有效服务。鼓励和支持企业按照市场化运作参与服务平台建设，对企业搭建的服务平台，政府可从相关科技专项资金中按照其购买研发设备总价的20%给予补助。

（二）加强产学研用结合，促进科技资源优化配置

自治区已经成立了科技创新工作领导小组，领导小组办公室设在自治区科技厅，这为统筹和优化配置科技资源奠定了基础。明确了工作职责，加强了对研究、审议全区科技创新发展战略规划及重大决策；统筹协调、优化配置科技资源；检查科技专项执行情况及效果；协调各部门及部门与地方之间科技重大事项；督查、考核各地各部门科技创新工作的指导和协调。领导小组办公室定期向自治区科技创新领导小组进行工作汇报。形成一级抓一级，层层抓落实的工作机制。

1. 要加强科技创新服务体系建设。建立完善自然科技资源、科学数据、科技信息网络、科技文献、大型科学仪器设备等共享平台。建立科技资源共享补贴机制，引导区内科研院所、高校向社会开放仪器设备、实验室。设立高新技术产业发展专项，支持银川高新区、石嘴山高新区等园区搭建公共创新和服务平台，大力培育发展高新技术企业。

2. 要加强高校创新能力建设。促进区内高校科研资源高效利用，加强学科群建设，促进学科交叉融合，提高多学科联合攻关能力。支和鼓励高校开展国内外交流与合作，最大限度地积聚国内外科研人员协同创新，促进高校科研活动与产业、区域经济紧密结合，支持高校开展校企联合，加快转化和推广科研成果。

3. 要推动科研院所改革发展。坚持精简、统一、高效原则，加快区属部门科研院所政企分开、政事分开，推进科研院所跨区域、跨行业调整整合。

4. 要加强对外科技合作与交流。要用足用活内陆开放型经济实验区政策，深化与国家大院大所、科技强省和国家高新区的科技合作，积极拓展与科技强国的科技合作与交流。建立对外科技合作专项，支持企业、科研院所、高校和中介机构与国内外相关单位开展科技合作。加快建设中阿科技合作与技术转移平台，建立对外科技合作研发基地、产业化示范基地、中介服务基地。

（三）切实加大科技创新投入力度，建立有利于科技发展的稳定增长机制

认真贯彻落实自治区党委人民政府《关于加快推进科技创新若干意见》精神，建立财政科技投入稳定增长长效机制。

1. 要大幅增加财政科技投入。不断整合自治区本级财政科技投入资金用于 R&D 投入，逐步提高科技攻关计划、自然科学基金、科技成果转化、重点技术创新、人才引进等专项资金规模。要建立公益性、基础性、社会性科技创新稳定支持机制。集中自治区财政资金开展小麦、水稻、枸杞、马铃薯、葡萄、滩羊、肉牛等特色优势产业品种改良及荒漠化治理、生态修复、地方病防治等科研攻关，应用推广一批新成果。要建立企业科技创新活动后补助机制。发挥财政资金撬动功能，激励企业大幅增加科技创新投入。同时要不断完善其他科技项目计划管理机制。进一步加大农业特色优势产业关键共性技术及医疗卫生、公共安全、环保等领域的技术创新，完善项目申报、评估、考核制度，提高投入效果。

2. *要推动金融支持科技创新*。建立金融科技定期融资对接机制，自治区有关部门要积极协调各类金融机构为企业提供金融支持，设立科技金融专项资金，对企业知识产权质押、科技担保、科技保险等融资项目进行贷款贴息。鼓励创业风险投资基金、私募股权投资基金投资我区科技型企业。推进企业股权挂牌交易，支持发行各类企业债券。鼓励和引导企业按照市场需求先行投入开展科技创新，推动企业成为创新主体。不断拓展金融服务科技创新的方式和途径。引导金融机构综合运用买方信贷、卖方信贷、融资租赁等方式，加大对科技型中小企业的信贷支持力度，切实解决科技型中小企业普遍存在的创新资金紧缺困难。商业银行要积极探索发展知识产权和股权质押贷款，充分利用和发挥企业的创新优势，通过创新成果与金融的紧密结合，帮助企业解决发展资金紧缺问题。充分发挥资本市场支持科技型中小企业创新创业的重要作用。积极探索设立地方创业投资引导基金等模式。各级地方政府及相关部门要做好对金融机构的引导、宣传工作，积极引导金融机构更多地了解科技创新、支持科技创新，建立良好的地银、银企关系。

3. *要建立和完善多元化、多层次、多渠道的科技投入体系*。要从以政府配置资源为主向建立多元化的创新投入体系转变，充分发挥政府投入的引导作用，鼓励和支持企业增加研发投入，发挥财政投入“四两拨千斤”作用。政府科技投入要突出重点，重点用于支持市场机制不能有效配置资源的基础研究、前沿技术研究、社会公益研究、共性关键技术研究开发等科技活动。

4. *要建立针对所有企业研发活动的税收优惠政策体系*。把主要针对高技术企业及其产品和服务实施的税收优惠，转变为对所有企业研发活动实施税收优惠。更多地关注对小微企业的科技研发活动的政策优惠。尽快建立科技型企业和企业研发活动的标准体系。建立适应全区实际的科技型企业的认定标准，通过法律形式进一步明确界定企业研发活动的范围和内容，建立与国际规范相一致的研发活动统计标准以及研发支出会计核算，建立企业研发强度计算的统一规范标准，并使之与税收政策紧密衔接，为税收部门提供比较科学的政策依据。

（四）加强科技创新人才队伍建设。

1. 要大力引进高端人才及创新团队。运用市场化机制，推动企业成为选才、引才、用才的主体。支持企业建设人才引进平台,集聚海内外高端人才和创新团队。统筹重大人才引进工程，建立企业急需紧缺人才需求目录，加快引进一批高端对口、急需紧缺人才和创新团队。引进的高层次人才，聘任专业技术职称不占单位职数限额，有关部门要落实科研项目、配备技术人员、提供良好平台以及良好居住条件等方面的优惠待遇。

2. 要加快科技创新人才培养。高度重视学科领军人才、拔尖人才和技术带头人培养，大力培养年轻人才、大胆选用拔尖人才，加强创新人才和高技能人才队伍建设。充分发挥科技项目培养科技人才主渠道作用，采取“项目+人才”方式，每年支持60名科技领军人才和企业高层次研发人才承担国家和自治区各类重点科技项目。提高自治区自然科学基金额度，每年支持200名以上优秀中青年科技人才主持基础和应用研究项目。加强产业工人技能培育、职业教育，依托各类高等院校、职业学校（院）、产业园区、大型企业，对工程实用人才、紧缺技能人才和农村实用人才进行中短期技术、学术、创新能力培训。引导区内高等院校、职业学校（院）调整专业设置，有针对性地设置区内产业急需紧缺学科。

3. 要加强企业家队伍建设。将其摆在与党政人才培养同等重要位置，纳入人才工作考核评价体系。鼓励大学生自主创新创业，对进入各孵化器、科技园区开展科技创新创业的大学生，参照有关政策给予补助。

4. 要完善科技人才激励制度。引导企业建立科技奖励制度，对做出突出贡献的科技人才给予奖励，激发企业技术人员创新热情。对企业、科研院所、高校自主引进且对宁夏经济社会发展产生显著影响的高层次人才，自治区及市县连续五年给予不低于年薪总额20%、最高不超过20万元的奖励，对企业招录的急需专业的大学生，对高于企业大学生平均收入的部分，由自治区及市县连续五年给予40%的补助。自治区财政、人力资源等部门制定具体办法。稳步推进企业薪酬制度改革，探索试行知识产权入股、技术入股、期权激励等分配方式，推动科技人员薪酬收入与市场接轨。完善创新人才认定办法，逐步取消科研机构、高等学校统一职称评定。打破退休年龄、工作年限等限制，加快制定创新人才流动办法，允许科研人员、高校教师、党政人员到企业兼薪兼职。提高自治区人才专项资金规模，其中50%以上用于创新团队建设、科技人才引进、奖励、培训和其他补贴。

宁夏科技扶贫工作开展情况专题研究

牛国元　俞鸿燕　赵功强　刘必隆

科技扶贫是我国行业扶贫的一种有效形式。从宁夏西海固地区扶贫开发的实践来看，要实现贫困人口最终摆脱贫困这一长期而艰巨的任务，必须以科技创新驱动扶贫开发。多年来，宁夏坚持把科技扶贫作为扶贫开发的重要手段，取得了显著成效，科技扶贫已成为宁夏反贫困实践中最具特色的部分。国家科技部充分肯定宁夏科技扶贫的经验，将宁夏确定为科技扶贫合作战略研究基地。

一、宁夏开展科技扶贫工作的主要做法

(一) 注重战略部署，科技扶贫成为地区扶贫开发战略的新内容

早在《宁夏双百扶贫攻坚计划（1994—2000年)》中，宁夏就明确提出了针对西海固地区的“科技承包，科技培训，科技扶贫项目推动，科技扶贫示范”科技扶贫战略。在《宁夏农村扶贫开发规划（2001—2010年)》中提出要将科学技术推广和运用上升为西海固地区扶贫计划制订、项目确定中一项必须开展的重要工作。在《宁夏回族自治区扶贫开发“十二五”规划》中再次提出要通过加快农业技术培训、科技信息服务、新品种新技术

作者简介　牛国元，宁夏科技发展战略和信息研究所研究员；俞鸿燕，宁夏科技发展战略和信息研究所研究员；赵功强，宁夏科技发展战略和信息研究所研究员；刘必隆，宁夏回族自治区政府政策研究室调研员。

推广应用、科技示范的科技扶贫等四轮驱动，努力提高科技对西海固地区扶贫开发的贡献率。2011 年，宁夏区党委、政府制定了针对西海固地区100 万贫困人口的“分类施策，分类扶贫”脱贫致富措施，其中对于不具备发展条件环境、不适宜居住的 35 万扶贫对象，实施异地搬迁扶贫；对65 万具有就地发展条件的贫困人口实施基础设施到村、产业项目扶持到户、培训和转移到人、帮扶责任落实到单位的“四到”扶贫措施，扶贫措施的每个环节都有明确的科技支撑内容。

（二）实施“四个全覆盖”工程，支撑生态移民取得实效成为科技扶贫的新任务

一是实现科技特派员创业服务全覆盖。在每个移民新村至少派 1 名科技特派员，围绕主导产业主要环节开展服务，形成了“科技特派员+基地+农户”“科技合作组织+企业+农户”等发展模式，提高了生态移民的产业组织化程度。二是实现技术培训全覆盖。结合生态移民新村发展实际，充分整合培训资源，编制培训计划，组织区、市、县科技人员和科技特派员等力量，实行“结对式”服务和“菜单式”培训，每年培训移民 6000 人以上。三是实现信息服务全覆盖。在生态移民新村建立信息服务点，利用现有“三农”呼叫中心、科技 110 和党员远程教育网络平台等，创新服务模式，为移民提供技术、管理、销售、政策等各方面服务，促进了信息化与移民新村产业发展的深度融合。四是实现新品种新技术推广应用全覆盖。选择一批基础条件较好、产业特色明显、集中连片、规模较大的生态移民新村创建科技示范村，从项目、资金、技术、人才等方面给予支持，有效发挥了科技示范村的引领带动作用。

（三）启动“百人团”工作计划，派驻脱贫致富指导员成为科技扶贫的新举措

针对如何贯彻落实好 2011 年中央扶贫开发工作会议精神，宁夏积极探索在各级党政机关和科研单位选派贫困村脱贫致富指导员，帮助贫困村抓好扶贫开发工作。2012 年从区内科研院所、高校、涉农事业单位及市县科技系统选拔百名科技人员，进驻西海固地区 100 个贫困村开展一对一帮扶工作。选派科技脱贫致富指导员进驻这些贫困村定点帮扶，以科技创新驱动扶贫开发，实现了科技服务与基层需求的紧密结合，促进了科技工作重心下移、进村入户，在解决贫困村缺乏致富带头人和领路人问题方面发挥了积极的作用。

（四）实施科技扶贫支撑专项，推动优势特色产业发展成为科技扶贫的新途径

围绕西海固地区特色支柱产业的发展，宁夏不断调整科技扶贫的内容和方式，先后围绕特色产业优新品种选育、高效栽培、病虫害防治、产品加工等组织实施了一批科技扶贫支撑项目，有效带动了贫困地区的经济发展。仅以西吉县为例，在西北干旱区现代马铃薯种薯产业发展关键技术研究、牧草产业开发关键技术研究与示范、西吉县西芹产业综合开发技术研究与示范等科技专项的有力支撑下，马铃薯、西芹、草畜等产业快速发展成为该县增加农民收入、推动县域经济发展的三大主导产业。2013 年该县农民从事三大主导产业的收入占到了总收入的 45.6%。

（五）建立互动协作关系，深入开展对口帮扶成为科技扶贫的新渠道

根据党中央、国务院的统一部署，自从 1996 年起，宁夏就与福建省形成了对口扶贫协作关系，建立了一年一度的对口扶贫协作联席会议，确定福建沿海 8 个经济较发达的县市区与宁夏西海固地区 8 个国家级贫困县结对帮扶。扶贫协作关系建立以来，针对西海固地区农村科学技术应用落后的情况，福建省动员省属科研部门利用科学技术开展扶贫活动。其中，福建农林大学菌草研究所在试种蘑菇获得成功后，将菌草技术列为闽宁扶贫协作的重点项目，先后派出 10 批近 200 名技术人员到西海固地区传授菌种植技术，发展菌草种植农户 1 万多户。一些贫困农户对食用菌由原来的不会种到会种，进而会利用种食用菌脱贫致富，走上了一条由传统型农业生存转变为依靠科技型农业致富的道路。

（六）搭建信息服务平台，加强贫困农村信息化建设成为科技扶贫的新形式

信息闭塞是制约西海固地区生产力水平提高的主要因素之一。为有效解决这一问题，2008 年宁夏启动了行政村信息重点工程，形成了覆盖全区融合三网的“三农”呼叫中心，西海固地区成为信息服务重点地区，同时还创办了农业科技“110”服务网络，以专家免费坐诊指导、网络查询、视频诊断等形式提供信息服务、技术培训。为进一步提升“农技110”信息服务模式的发展质量，宁夏依托国家科技支撑计划“西部民族地区电子农务平台关键技术研究及应用”项目的实施，开通了“12396”全区统一服务号码，建立了国家宁夏农业星火科技12396信息服务平台。截至2013年底，已在全区22个县建立完善了600多个农村科技信息服务示范点，开发完成十三大类45个数据库和42个信息服务网络版系统，发布供求信息25万多条，实现了宁夏特色农业产业生产管理的智能诊断。由信息科技特派员倪岩牵头创办的海原县惠农科技服务有限公司，以宁夏“农业科技服务110”为后盾，建立起了强大的专家服务小组，根据当地农业生产和农民生活的需要，发布土特产、养殖业、种植业、人才招聘、劳务输出、货运等多方面的信息。目前，该公司的惠农信息业务已扩展到广东、福建、湖南、河北、上海、北京等省（市），年受益群众数万人。

（七）重视创业式扶贫，开展科技特派员创业行动成为联结科技与农户的新桥梁

目前，宁夏在探索科技服务“三农”新机制方面，已形成了行政、社会、市场三线推进的科技特派员“宁夏模式”，先后受到国家有关部委的充分肯定及外省市的关注。“科特派”创业式扶贫实现了科技与“一家一户”小生产的有效结合，极大提升了贫困地区农业科技含量、组织化程度以及和市场的有效联动，在服务“三农”、培养造就新型农民方面发挥了特殊作用。2011年以来，宁夏向120个现代农业示范基地下派了287名科技特派员和30个科技特派员专家服务团开展技术服务。在已完成的以西海固地区贫困户为重点对象的30个生态移民新村中，安排科技特派员102名，通过“做给群众看，带着群众干”的方式，真正实现了农民增收、科技特派员受益的互利双赢目标。科技特派员吴文学牵头组建的西吉县吉农蔬菜合作社，运用科技手段打破了西芹的传统耕作模式，以“合作社+科技特派员+农户+市场”的运营机制，改变了春种秋收的传统市场销售方式，扩大了西吉蔬菜的销售市场，使西吉县西芹产业发展水平达到了一次新的飞跃，该县由此被誉为“中国西芹产业之乡”。

二、宁夏开展科技扶贫工作的主要启示

（一）科技扶贫是处理解决好温饱与稳定脱贫关系的有效途径

从宁夏六盘山区西海固地区长期的扶贫经验看，单纯靠传统的救济性、福利性扶贫解决贫困人口的生活保障问题，只能是一种短期帮扶解决温饱，这种扶贫方式解决温饱后返贫率高，再生性差，对于贫困人口来讲，只是一种被动地接受帮助和捐献，难以改善生产条件。即使有个别人能改变一般的生产条件，但也难以抵御自然灾害的侵袭，随时都有返贫的可能。因此，从六盘山区西海固地区扶贫开发的实践来看，要实现贫困人口最终摆脱贫困这一长期而艰巨的任务，必须真正树立科教兴农和科技扶贫的思想，提高贫困人口的自身素质，使之具备积极参与致富活动的能力和条件。

（二）科技扶贫是提高贫困人口组织化程度的重要途径

宁夏西海固地区的落后还在于贫困人口的相对分散，农民之间契约化、组织化还没有真正形成。而要推进六盘山贫困地区农民提高组织化程度，必须通过科技扶贫的实施，在农业生产与经营过程中注入科学技术，注入科学思维，利用科学技术的纽带，将农民组织起来，提高契约化程度和组织化水平，让贫困群众在市场经济中的整体地位得到提升。

（三）科技扶贫是提高贫困人口市场化水平的重要途径

宁夏西海固地区不仅经济基础差，而且更加突出的是市场化水平低，在很大程度上还徘徊在小农经济生产阶段，呈现出典型的自给自足型的生产经营模式，农民还没有成为市场主体的一分子，农产品还没有成为真正的市场产品。在国家扶贫开发战略的实施下，只有加大科学技术的投入，加强科技扶贫的实施力度，西海固地区才能缩短与市场的距离，推进经济发展的市场化水平。

（四）科技扶贫是贫困地区破解经济社会约束的重要途径

从宁夏西海固地区科技扶贫的实践来看，要实现农村生产力水平质的飞跃和可持续发展，尤其需要加速现代科学技术向农村经济的全面渗透。只有将科学技术广泛应用于农业生产的各个环节，才能降低劳动力成本，降低生产要素消耗，提高单位产量，提升产品质量，增加产品附加值，经

济性的约束才能得到根本破解。

三、宁夏进一步提高科技扶贫工作水平的方向

（一）要进一步选准科技扶贫的路径

一要注重科技扶贫与项目扶贫的结合。西海固地区的科技扶贫只有与国家、地方重大扶贫开发项目相结合才能发挥作用。因此，必须注重与新一轮西部大开发战略的实施相结合，与新农村建设、生态移民、定点挂钩扶贫、闵宁对口帮扶等扶贫措施相结合，与巩固退耕还林、农村综合开发、农业产业结构调整、农村综合治理等农村发展政策相结合，要将能够发挥当地资源优势、具有一定产业基础、符合当地主导产业发展方向，市场前景好、投入产出效益比较高的产业项目作为科技扶贫的对接点，才能实现农业、农村、农民和扶贫龙头企业的联动发展，带动贫困户稳定脱贫致富。

二要注重科技扶贫与产业扶贫的结合。要围绕如何尽快提高当地主导产业或特色产业的科技含量和产业层次来安排科技扶贫项目，因地制宜地选择重点和关键技术，把科技成果转化和科学技术推广优先运用于发展主导产业，有效引导群众发展有特色、有市场的种养业，促进优质、高效农业的发展。在传统农业地区，要充分挖掘其资源潜力，以科技带动农产品加工业和流通业的发展；在自然条件相对较差的地区，要探索依靠科技开发新兴资源或潜在资源的有效渠道。

三要注重科技扶贫与人力资源开发的结合。要将技术推广与农民培训有机结合起来，采取市场机制为农业生产者提供所需的服务，特别要引导企业等多元主体在农民技术应用中发挥作用，通过企业的利益诉求，使企业承担部分农业技术培训的职能；要加强对职业化农民的培养，弱化固有的农民身份，使更多具有较高知识水平、有一定资金积累的原有城市人口进入农村，成为新型职业农民；要对科技人员的服务收益、分成比例、与原单位关系等给予更加明确的规定和现实保障，以鼓励更多的科技人员积极投入到科技扶贫事业中来。

（二）要进一步完善科技扶贫的体制保障

一要完善科技扶贫的组织体制。要加快改变政府单一主导的组织形式，

积极引导企业、个人或其他组织参与科技扶贫，进一步改变以往科技人员与农民之间简单的服务与被服务的关系，加快形成协作互助的新型关系。要通过政策倾斜支持吸引更多的企业、非政府机构成为科技扶贫的主体，当前特别要注重鼓励科技特派员、农民专业技术协会、专家大院、农业高科技园区等多形式、多层次的科技扶贫组织形式的产生和发展。

二要完善科技扶贫的服务体制。要从创新农村科技服务体系入手，重组优化政府农技推广资源，尝试在科技扶贫项目、科技扶贫人员、贫困地区农民之间实行双向选择，形成科技人员与农民利益共享机制。允许科技人员以资金入股、技术参股，与产业大户、龙头企业结成经济利益共同体，实行风险共担，利益共享，形成农业科技推广的投放回报机制，打造新型科技服务网络，为多元化的社会利益主体找到共同利益支点。依靠这一共同支点把涉及农民增收的各个方面紧紧地捆绑在一起形成利益共同体，以期有效提升西海固地区农村基层科技自我管理和资源配置能力。

三要完善科技扶贫的管理体制。创新政府科技扶贫项目资金管理方式，完善科技扶贫项目的实施条件，对科技扶贫项目的扶贫效果进行更为严格的监督。设立科学评价指标体系，促进部门与机构间的相互沟通协调，实现评估有据，评价有理，提升监督管理的实效。基于西海固地区科技扶贫的成功与否取决于市场机制、农民需求和科技人员知识的共同作用，因而科技管理部门既要通过自身的创新带动整个农村经济体制的创新，同时又要与其他方面的改革和创新相配套，可借助建设内陆开放试验区的机遇进行积极探索并取得突破。

（三）要进一步加大科技扶贫的支持力度

一要进一步加大政府科技扶贫投入。要努力拓宽科技扶贫投入的融资渠道，按照“政府引导，项目支撑，社会参与，群众支持”的运行机制，多层次、多渠道筹集资金，切实加大科技扶贫经费的投入，将科技投入作为地方经济社会发展的战略性投资，纳入公共财政框架，列入同级财政预算，并逐年有较大幅度的增长。同时，要拓展扶贫援助渠道，加强合作交流，积极争取各种援助资源参与科技扶贫活动。

二要有效整合各类科技扶贫资金。要按照“渠道不乱，用途不变，统筹安排，集中使用，各负其责，各记其功”的原则，有效整合科技、农业综合开发、扶贫项目等资源，加大对科技扶贫的支持力度，通过股份制、股份合作制等多种形式，积极引导民间投资主体参与扶贫开发，逐步建立以政府投入为引导、民间投入为基础、金融机构贷款为支撑、社会融资为重要组成部分的多渠道投融资机制，促进扶贫开发利益共同体建设。

2015年宁夏社会蓝皮书

BLUE BOOK OF NINGXIA'S SOCIETY

调研篇

宁夏生态文明建设调研报告

王丛霞

宁夏生态文明建设是实现美丽中国和中华民族永续发展的重要保障。一方面，宁夏地处黄河中上游，是我国创造生态财富的重要基地，从生态安全的角度而言，肩负着促进中国社会经济可持续发展的历史重任。另一方面，宁夏整体处于工业化中期的前期阶段，这就意味着局部经济增长的迫切要求与我国生态安全的全局目标之间还存在着一定的矛盾，注定了宁夏推进生态文明建设的过程将比中部和东部地区更复杂且更具有挑战性。

一、宁夏生态文明建设的做法与成效

自党的十七大确立生态文明建设的战略任务后，宁夏把生态文明建设上升到施政纲领和发展理念。自治区党委十一届三次全体会议对环境保护做出新部署，会议确立“美丽宁夏”的奋斗目标、生态优先”的发展战略、“优美环境是宁夏最大优势”的重要理念。

（一）以加大生态环境建设力度来促进生态文明建设

总体来讲，西部大开发的十多年来，是宁夏生态面貌变化最快的一个阶段。宁夏坚持了“北部防沙治沙、中部生态经济、南部水土保持”的生态建设思路，依托国家重点林业工程，大力发展生态林业和民生林业，生态环境建设成效显著。其一，加快生态建设步伐。组织实施了退耕还林、

作者简介 王丛霞，中共宁夏回族自治区委员会党校哲学教研部主任，教授，博士。

天然林保护、三北防护林、防沙治沙等国家林业重点工程；有序推进了自治区确定的城乡环境大整治大绿化、引黄灌区高标准农田林网建设、绿化母亲河行动等重点工程，全面启动了生态移民迁出区生态修复工程。林木覆盖率由2000年的8.4%提高到2013年底的13.6%，城市建成区绿化覆盖率达到35%以上。其二，加强森林资源管护。全区1530.8万亩公益林纳入天保工程管护。组织实施了野生动植物保护及自然保护区建设工程，完成了贺兰山、六盘山、罗山、白芨滩、哈巴湖等一批国家级自然保护区工程建设。其三，加大湿地保护力度。出台了《宁夏湿地保护条例》，启动了全区28处湿地保护与恢复示范区、湿地保护小区和湿地公园建设。截至2013年底，全区湿地面积达到310万亩，人均湿地面积位居西北第一。宁夏成为全国为数不多湿地面积不减反增的省区之一。其四，防沙治沙走在全国前列。2008年国务院批准宁夏建设全国防沙治沙综合示范区，全区沙化面积由上世纪70年代的2475万亩减少到现在的1743万亩，成为全国第一个实现沙漠化逆转的省区，初步扭转了“沙逼人退”的态势，实现了“人沙共存，人沙和谐，沙为人用”的良好局面。

（二）以节能减排来推进生态文明建设

“十一五”期间，宁夏加大了环境污染治理投资力度，并将污染减排年度目标纳入五个市经济发展目标考核范围之内。同时，进一步优化能源消费结构，提高非化石能源消费比重，鼓励低碳产品消费。宁夏建立并实施了节能降耗预警机制，根据自治区出台的《2010年节能降耗预警调控方案》，2010年宁夏不再审批、核准、备案高耗能、高污染项目和产能过剩行业扩大产能项目，对没有通过环评、节能审查和土地预审的项目一律不得开工建设，新建、改（扩）建的“两高”项目不得试产、投产。2013年12月，自治区人民政府办公厅印发了《宁夏回族自治区环境保护行动计划（2014—2017）》；2014年1月，自治区人民政府印发了《宁夏回族自治区大气污染防治行动计划（2013—2017）》；2013年11月，自治区人民政府办公厅印发了《宁东能源化工基地环境保护行动计划》。这三项环保行动计划成为全区环保工作的重要抓手。各项措施实施后，宁夏环境质量连年好转，尤其是银川市城市空气质量2013年第三季度进入全国前十，位列西北前列。

（三）以改善人居环境来推动生态文明建设

宁夏五个地级市结合自身发展特点，围绕着生态环境建设、城市功能定位、人居环境改善来推进生态文明建设。银川市按照“东治沙，中理水，西护山，环城高速以内出精品”的总体思路，推进生态环境建设。2013年，银川市正式启动了以大气污染联防联控为主要内容的“蓝天工程”。银川市获得多项殊荣，尤其是2014年，银川以“生态之都，人居银川”获得了“2014亚洲都市景观奖”城市综合奖。石嘴山市加快转型发展步伐，加大了对星海湖、瀚泉海、天河湾、惠泽湖的建设和保护力度，城乡绿化、环境综合整治、采煤沉陷区治理效果明显，初步形成了山水园林的生态城市格局。吴忠市以黄河生态景观建设为主线，突出黄河主轴带动，率先打造黄河金岸，确立“生态立市”战略。固原市紧紧抓住西部大开发历史机遇，把生态建设作为一项基础工程优先发展，把解决山绿与民富作为根本任务，按照城市园林化、城郊森林化、道路林荫化、庭院花园化的城市绿化布局，坚持城乡绿化与城乡建设同步规划、同步实施，提出打造“绿色固原”奋斗目标。中卫市借黄河水利之便，注重生态环境建设，加大了沙漠化、盐渍化及城市“三废污染”的治理力度，加大生态林业建设力度，明确了“宜居休闲生态美”的发展定位。

（四）以完善政策法规来保障生态文明建设

为了加大依法管理林地的力度，2005年自治区出台了《宁夏回族自治区林地管理办法》。为了规范环境监督管理、自然生态保护、污染防治及环境规划等工作，2006年，自治区党委、政府发布了《关于落实科学发展观进一步加强环境保护的决定》。为了依法依规利用水源，自治区先后出台了《节约用水条例》《水工程管理条例》《水资源费征收使用管理办法》等地方性法规和规章。为了加强和普及环境教育，增强公民环境意识，2011年，出台了《宁夏回族自治区环境教育条例》，这标志着在我国内地开展了将近40年的环境教育有了第一部专门法规。为了促进生态文明建设，自治区政府办公厅印发了《“十二五”环境保护目标责任书考核办法》，首次将考核结果作为干部选拔任用和奖惩的重要依据。为了促进宁夏农村环保长效机制的建立和完善，2013年出台了《宁夏回族自治区农村环境保护规划

(2011—2020)》，这是全国首部省级农村环保十年规划。

二、宁夏生态文明建设面临的问题和挑战

若纵向比较，宁夏生态文明建设的确取得了一定成绩。若横向比较，宁夏生态文明建设水平的确有所提升。据《2014 年中国省市区生态文明水平报告》显示，宁夏的生态文明水平与 2009 年相比，从全国的最后一位上升至第 25 位。但是，不容否认的是，我们依然面临着严峻的问题和挑战。

（一）生态环境依然脆弱，水资源约束趋紧

宁夏 21 个市县区（除惠农区）生态系统脆弱性评价结果显示：仅贺兰县、永宁县、利通区三县区属不脆弱地区，其他 18 个县区均存在着不同程度的脆弱。从中央政策、西部大开发新十年战略部署以及宁夏生态环境建设的现状来讲，宁夏在生态环境建设方面面临的一个突出问题是既要巩固生态环境建设的成果，又要吸取经验教训扎实有序地推进生态建设。但是，林业建设作为生态环境建设的主战场来讲，近年来造林立地条件越来越差，脆弱的生态环境，致使生态修复和荒漠化防治任务十分艰巨，森林资源管护的难度日益加大。

与此同时，不管是林业发展，还是经济社会发展，对水资源的刚性需求和依赖程度却在增强，但宁夏水资源短缺与粗放利用现象并存，局部水生态系统失衡，部分水环境污染较重。若计入国家分配的 40 亿立方米黄河水，全区人均水资源可利用量 635 立方米，不足全国平均值的 1/3，远低于重度缺水区人均 1000 立方米的标准。全区五个地级市中有四个严重依赖黄河水资源，其中，银川市黄河供水量占总供水量的 91.5%，石嘴山市占 88.9%，吴忠市占 94.6%，中卫市占 93.9%，固原市占 8.6%。宁夏农业用水量占总用水量的 90%以上，灌溉水有效利用系数 0.44，低于全国平均水平。因干旱加剧，山区大部分中小河流常年断流，河流功能衰减，部分河段功能甚至消失。银川、石嘴山市长期开采地下水，形成区域性降落漏斗近 500 平方公里。水的问题已成为生态文明建设重大挑战。

（二）工业文明建设很不充分，节能减排受多重因素制约

尽管从长期和根本上看，低碳经济能够促进生态文明建设，但是，短

期来看，发展低碳经济意味着要对现有的经济发展模式进行转型，因此，不可避免地要对现有行业进行调整，对社会资源进行重新配置，这一转型过程必然会受到一些现实因素的制约。

其一，发展阶段的制约。宁夏正处于加快推进城市化、工业化和现代化的社会转型阶段，经济增长主要靠投资和消费能源拉动。随着人民生活水平不断提高，消费需求不断扩大，大规模的基础设施建设持续推进，必然消耗大量的电力、水泥、钢材、化工材料，这些生产资料大部分都属于高能耗的高碳行业。虽然可以在产业结构调整方面做一些工作，但受发展阶段制约，空间非常有限。其二，资源禀赋的制约。能源结构的调整受资源禀赋、资金、技术水平及收入水平的制约。宁夏能源禀赋以煤为主，全区一次能源消费结构中煤炭占88%左右，光伏发电、风能等可再生能源生产成本依然偏高。在未来相当长的一段时间内，宁夏以煤为主的能源供给和消费结构不会发生根本性的改变，减碳任务依然艰巨繁重。其三，技术瓶颈的制约。宁夏自主创新能力薄弱，科研资金投入不足，专业科技人员严重短缺的局面长期没有根本改观。全区研发经费投入占 GDP 的 0.77%，全国是 1.97%。这些都严重制约着产业升级换代的步伐。

（三）环境管理体制不顺，环境法制不够健全

生态环境保护职能分散交叉现象依然存在，环境保护统筹协调、统一监督的格局并未形成，有关部门协调配合的环保工作体制尚不完善，全社会共同参与环保工作尚未形成合力。基层环保部门人员严重不足，普遍存在“小马拉大车”现象。环保监管力量与日益繁重的环保任务越来越不适应，监管难以做到“全覆盖”。当前，环保责任不落实、公众环境权益保护力度不足、环境违法行为处罚偏轻等问题尤为突出。土壤污染防治、农村环保、危险化学品、环境经济政策等方面缺乏专门的法规规章。“守法成本高，违法成本低”的问题长期没有得到解决。

（四）生态文明建设的社会氛围尚未形成

干部群众的生态意识不够强，对生态文明的内涵、生态文明建设的意义、生态文明建设的途径认识不足。有些干部把生态文明建设简单地等同于生态建设。公众参与环境保护的积极性、主动性、创造性尚未激发出来；

公众的资源节约意识大多基于经济角度考虑，尚未从生态文明建设的高度去践行；公众的绿色消费意识尚不浓厚，且存在着不健康、不文明的生活方式；公众的环境监督意识、维权意识较弱。总而言之，环境保护仍然以政府主导、以行政手段为主线，尚未转化为企业和公众的自觉行动，环境保护齐抓共管、人人参与的格局并未形成。

三、推进宁夏生态文明建设的思路与举措

生态文明建设是一项系统工程，不仅意味着生态环境质量的改善和提升，更意味着全社会文明行为的普及和提高。宁夏应结合发展实际，科学规划，循序渐进，突出重点，多措并举，走出一条具有宁夏特色的生态文明发展之路。

（一）坚持规划引领，优化国土空间开发格局

按照《全国主体功能区规划》中关于宁夏主体功能区的划定范围，以及《宁夏回族自治区主体功能区规划》和《宁夏空间发展战略规划》，自治区国土空间划分为重点开发区域、限制开发区域和禁止开发区域三类主体功能区。国家划定的重点开发区是宁夏沿黄经济区，宁夏的划定范围具体包括5个地级市的城区、灵武市和青铜峡市。宁夏有4个限制开发的农业区和8个限制开发的生态区。禁止开发区域包括依法设立的各级自然保护区、风景名胜区、森林公园、地质公园、重要湿地等相关区域。

其一，重点开发区域应在优化结构、提高效益、降低消耗、保护环境的基础上着力推动信息化和工业化深度融合、工业化和城镇化良性互动。其二，限制开发的农业区应围绕保障农产品供给安全的重要区域、农民安居乐业的美好家园、社会主义新农村建设的示范区的定位，着力推动新型城镇化和农业现代化的相互协调发展。限制开发的生态区要在国土空间开发中限制进行大规模高强度的工业化、城镇化开发，以保持并提高区域生态产品的供给能力为重任。其三，禁止开发区域应根据法律法规规定和相关规划实施强制性保护，严格控制人为因素对自然生态和文化遗产天然性、完整性的干扰，严禁不符合主体功能定位的各类开发活动，引导人口逐步有序转移。

（二）遵循生态文明理念，持续推进生态建设和环境保护

加强生态环境保护和建设依然是生态文明建设的重中之重。必须树立尊重自然、顺应自然、保护自然的理念，坚持节约优先、保护优先、自然恢复为主的方针。理念和方针应体现在环境保护和生态建设的方方面面，避免出现过于注重“人力”而忽视了“自然力”、过于注重“治”而忽视了“防”的现象。

其一，深入实施重大生态修复工程，加快构建生态安全屏障。认真落实主体功能区规划，按照城镇休闲园林区、引黄灌区平原湿地区、中部干旱带荒漠化区、南部山区黄土丘陵沟壑区四种不同生态类型，科学确定不同区域生态修复的思路和重点，宜封则封，宜造则造，宜林则林，宜草则草，有针对性地开展生态修复。依托国家三北防护林五期、退耕还林、天然林保护等重点生态建设工程，加快实施自治区封牧禁育、退耕还林还草、防沙治沙、湿地保护、绿化美化“五大生态工程”，加快建设沿黄城市带绿色景观、贺兰山东麓葡萄产业、中部干旱带防风固沙和六盘山区水源涵养林“两屏两带”。其二，深化“优美环境，清洁城乡”行动，以治脏治乱治差、绿化亮化净化为重点，全面开展农村环境综合整治，营造天蓝地绿、水净气清、宜居宜业的生产生活环境。其三，坚持预防为主、综合治理，以解决损害群众健康突出环境问题为重点，强化水、大气、土壤等污染防治。坚定不移地推进生态环境保护和建设，促进全区整体生态环境进一步好转。

（三）加快转变经济发展方式，全面促进资源节约与节能减排

“十二五”时期和“十三五”期间，正是宁夏经济社会转型期和资源环境矛盾的集中期。生产方式的变革，意味着要忍得住盲目发展的冲动和调整产业结构的阵痛。

其一，坚定不移地推进资源节约、保护和利用。建立和完善集约节约用地制度，提高单位土地投资强度，扩大国有土地有偿使用范围，推进农村土地改革，规范集体经营性建设用地流转，逐步建立统一的城乡建设用地市场。实施最严格的耕地保护政策，推进土地资源节约集约利用，确保耕地质量和保有量不降低。加大矿产资源保护力度，提高综合开发利用水平。其二，推进节约型社会建设。控制好资源开采的节奏、进度、规模，进一步完善煤炭等资源有偿使用制度，促进资源有序开发，提高资源综合利用效率。与此同时，要全面推进节水型社会建设，积极发展节水产业，不断提高水资源利用效率。完善水资源使用权配置机制，积极推进工业、农业和居民用水价格改革，建立科学合理的成本水价机制，严格控制企业自备水井，发挥好价格在节能节水中的杠杆作用。其三，坚定不移地推进节能减排。大力推进电力市场改革，通过差别电价，引导企业转型升级、节能降耗；坚决淘汰落后产能，力争高耗能行业主导产品单位能耗达到国内先进水平。其四，大力发展循环经济，加速推进全区产业转型升级，坚持走清洁生产、低碳节能、绿色环保的路子。严格控制主要污染物排放量，支持宁东、石嘴山等循环经济示范基地建设。其五，推进城乡污水和垃圾无害化处理，深入开展城乡环境综合整治。

（四）注重体制机制建设，不断完善生态文明制度体系

制度建设既代表生态文明建设的软实力，又衡量生态文明建设的水平。只有用制度保障生态文明建设，才有可能做到生态优先。生态文明制度体系建设具有长期性、紧迫性、复杂性和系统性的特点，必须坚持相对独立性和融贯性相结合、普遍性和特殊性相结合、渐进性与不平衡性相结合的原则。

其一，改革完善生态环境保护体制机制。包括完善生态环境保护和建设的综合决策机制、监管机制、保障机制。其中，对于方向明确又立即可行的，要加快推进；对于认识还不深入，但又必须推进的，要加强调查研究，大胆探索；对涉及面广、基础又很薄弱，需要中央决策的，要加快研究提出改革思路。其二，建立完善促进节能减排和资源节约机制。包括实行资源有偿使用制度，完善污染物排放许可制，实行企事业单位污染物排放总量控制制度。其三，建立健全城乡人居环境质量监测和考核机制。包括逐步完善政绩考评制度和评价标准，建立生态环境损害责任终身追究制。其四，建立和完善生态补偿制度。包括明确界定宁夏环境资源的产权归属，探索区域间、流域间、资源输出区域与资源受惠区域间的横向补偿模式。其五，建立健全宁夏法制体系。包括加强和改进宁夏地方生态环境立法，健全生态环境执法体制机制，强化宁夏生态环境司法保障作用，构建多层次全方位的生态环境监督体系。

（五）加大宣传教育力度，逐步提高全社会的生态文明素养

民众是生态文明建设的主体，是生态建设和环境保护的直接参与者，更是保护、改善生态环境的直接受益者。生态文明水平的高低，本质上反映的是公民的生态道德文化水准。

其一，深入开展国情国策、区情区策教育，做好生态环境警示教育和舆论氛围营造。中宣部组织编写的《理性看　齐心办》一书图文并茂，通俗易懂。“用行动建设美丽中国”是此书的一个问题，阐释了环境恶化如何扭转，在社会各界引起了强烈反响。建议自治区将此书的受众范围拓展至工人、农民，促使全区群众人人加入到保护环境的行列中，成为美丽宁夏的建设者和捍卫者。其二，抓好生态文明知识的普及教育。广泛利用报纸、电视、网络、宣讲进行宣传教育，深入乡村、社区，有针对性地搞好生态文明教育工作。将生态文明教育融入百姓生活，在潜移默化中培养生态文明意识，提倡并促使民众在日常生活中注意节水、节电、节气、节油等，倡导低碳生活方式。其三，重视生态文明的社会实践教育。通过开展绿色社区、绿色校园的评选活动，增强人民群众的环保意识，树立正确的消费观念，反对过度消费，促使社会形成合理消费的社会风尚，营造爱护生态环境的良好风气，不断提高全社会的生态文明素养。

宁夏失地农民生活状况调查报告

吴灵捷　俞学虹　牛彦文　郜　贤

土地是农民的命根子，是农民生活最基本的保障，也是农村稳定的基础。改革开放以来，随着工业化和城市化进程的加快，大量的农村集体土地被征用，失地农民越来越多。由于缺乏可持续生计安排，失地农民面临“种地无田，上班无岗，社保无份，创业无钱”的困境，这种状况造成了他们的心理失衡和对城市化的抵触，由此引发大量群体性事件，研究并妥善解决失地农民问题对宁夏全面建成小康社会具有十分重要意义。

一、宁夏失地农民的现状

2002 年以来，宁夏城市建成区面积不断扩大，城市周边耕地被征用，产生了大量失地农民。截至目前，全区失地农民总数达 36.1 万人，占全区常住人口的 5.3%，占城区户籍人口的 12.9%，其中，银川市最多，达 13 万人，吴忠市 11.2 万人，中卫市 4.8 万人，固原市 3.6 万人，石嘴山市 3.5 万人。据自治区住房和城乡建设厅提供的全区城市建设总体规划数据显示：到 2030 年，五市和各县（市区）城市规划区总面积将达到 1630 平方公里，比 2011 年的城市建成区面积还要净增加 1127.8 平方公里，还将有约 169 万

作者简介　吴灵捷，宁夏回族自治区党委政策研究室社会发展处处长；俞学虹，宁夏回族自治区党委政策研究室副主任；牛彦文，宁夏回族自治区党委政策研究室社会发展处调研员；郜贤，宁夏回族自治区党委政策研究室社会发展处副处长。

亩耕地被征用，按照每征用2.3亩耕地产生一个失地农民计算，预计到2030年宁夏失地农民将新增80—90万人，失地农民总数将突破100万，占农村总人口近三分之一。可以说，失地农民问题在一个时期内将长期存在，将成为事关宁夏长远发展和长期稳定的全局性重大问题。

如何维护失地农民的合法权益，解除他们的后顾之忧，帮助他们安居乐业，是目前各级政府和社会各界普遍关注的热点问题。通过对银川、石嘴山、吴忠等五市的9个县（市、区）失地农民的征地补偿安置、就业和生活状况的实地调查，我们了解了失地农民的生活状况，获得了翔实的材料。在调查中我们委托自治区统计局社情民意调查中心采用计算机辅助电话（CATI）调查方式进行，以青铜峡、利通区、原州区等9个县（市、区）失地农民为调查对象，共完成有效调查样本1347个。主要对失地农民征地补偿安置情况、生活变化情况、生活出路和就业情况进行了调研。调查结果显示，有72.2%的失地农民全额拿到了征地补偿款，存在拖欠的占18.8%，截留的占9.0%。失地农民对现行征地补偿标准满意的占15.4%，较满意的占15.7%，不满意的占63.4%，说不清楚的占5.5%。各县（市、区）失地农民对现行征地补偿标准满意情况（见表1）。

表1　各县（市、区）失地农民对现行征地补偿标准满意情况

单位：%

县　区	满意	较满意	不满意
金凤区	8.0	13.5	75.0
贺兰县	8.3	10.0	75.8
大武口区	11.8	14.7	65.7
惠农区	25.4	21.3	44.2
平罗县	12.0	18.6	65.9
利通区	15.7	17.1	61.4
青铜峡市	16.4	14.7	67.8
原州区	22.5	13.3	54.2
沙坡头区	17.7	14.5	62.9

对于失地农民的住房安置情况，认为能够满足自己家庭居住需求的占53.5%，认为不能满足自己家庭居住需求的占46.5%。失地农民在住房过渡期间拿到租房补贴的占45.1%，没有得到租房补贴的占54.9%。在住房过渡

期间领到搬家费的占34.1%，没有领到搬家费的占65.9%。

失地后安置就业的占2.6%，自谋职业的占65.2%，无业的占32.2%。失地农民参加了就业培训的占26.2%，有就业培训而没有参加的占20.1%，没有组织就业培训的占53.7%。

调查显示，失地农民参加城乡居民养老保险的占65.4%，没有参加城乡居民养老保险的占34.6%。参加城乡居民养老保险的失地农民认为政府财政对养老保险有补贴的占43.8%，政府财政没有补贴的占36.5%，不了解的占19.7%。

从调查数据来看，无论是征地补偿款的到位情况、还是就业、住房和社会保障和老百姓的希望值相比，都存在明显的差距，必须引起各级党委政府的高度重视和密切关注。

目前，全国失地农民总数估计在4000万—5000万人左右，每年还要新增300多万人。据不完全统计，宁夏失地农民数量已经突破35万，而且还呈现增长趋势，根本原因在于城市化推进过程中土地需求量的不断增加。另外，各类工业园区建设也使得一些农民失去了赖以生存的土地资源。失地农民将伴随城市化和工业化的不断推进而呈现出继续增长的态势。

二、宁夏失地农民存在的主要问题

（一）补偿标准低，失地农民“等、靠、要”思想严重

《土地管理法》规定，征用耕地的补偿费按该耕地被征用前3年平均年产值（实际为统计的粮食平均产量价值）的6到10倍（最高不超过15倍）计算。2004年底，国土资源部《关于完善征地补偿安置制度的指导意见》对征地补偿标准做了修正：“土地补偿费和安置补助费合计按年产值30倍计算，尚不足以使被征地农民保持原有生活水平的，由当地人民政府统筹安排，从国有土地有偿使用收益中划出一定比例给予补贴。”由于农产品价格一直低位运行，用这种方式计算的土地补偿很难真实地反映出土地的真实产值。

2010年，宁夏制定了《自治区人民政府关于县（市、区）征地补偿标准的通知》（宁政发〔2010〕3号），文件中的征地补偿标准是按照2006

年物价水平来计算的，考虑物价上涨因素，这个标准在执行之初就已经明显偏低，目前在全国排在倒数第一。按照国土资源部文件，土地征用补偿标准每三年可以做适当调整。调查中我们了解到，除吴忠市做了适当调整外，其他各县（市、区）基本没有调整过。失地农民普遍的心态是：耕地是政府征用的，政府转手一卖就赚了大钱，我们只落个“零头”，我们生活没有着落政府就得管。一些失地农民“坐吃山空”，生活水平明显下降。调研发现，越早失去土地的，生活水平下降的幅度也越大，不满情绪和“等、靠、要”思想也越严重。

（二）就业能力弱，收入低

失地农民的就业主要集中在保安、保洁、环卫、绿化、建筑等行业，这些行业一般收入较低，很难长期维持生计。而其他行业就业难度又较大，主要是失地农民自身观念落后，受教育程度低，技能单一。此外，由于劳动力市场不统一，就业信息不充分，培训不到位，针对性不强，增加了失地农民尤其是4050人员就业的难度。

（三）刚性支出增加和收入来源不稳定，导致生活水平下降

土地被征用后，农民得到的补偿款表面上看数量相当可观，但支出也随之加大。农户搬进楼房，电费、水暖费、物业费、卫生费等刚性支出也随即增加，在收入不稳定的情况下，支出增加使他们的生活水平不可避免出现下降趋势，一些没有稳定生活来源者成为新的贫困人口。调查显示，在被调查的1347户失地农民中，认为失地后生活费用支出增加了的占51.5%，支出减少了的占14.6%，支出没有变化的占30.7%，说不清楚的占3.2%。认为失地后生活水平提高了的占32.7%，生活水平降低了的占30.4%，生活水平没有变化的占35.6%。认为失地后家庭收入增加了的占26.0%，家庭收入减少了的占37.6%，家庭收入没有变化的占35.6%。

（四）由于社会保障制度不完善导致生活预期不乐观

对农民而言，土地不仅是他们的职业保障，也承载着他们养老、医疗等保障。由于征地补偿标准偏低以及面向失地农民的社会保障体系不完善，导致失地农民在丧失拥有土地所带来的社会保障权利的同时，又无法享受到与城市居民同等的社会保障权利。个别地方采用三年过渡期政策，三年内失地农民既不能享受城市社会保障，又不能延续农村的保障政策，处于十分尴尬的境地。从总体上看，失地农民社会保障覆盖面窄，保障水平低。抽样调查显示，目前宁夏失地农民参加城乡居民养老保险的占65.4%，没有参加城乡居民养老保险的占34.6%。参加城乡居民养老保险的失地农民认为政府财政对养老保险有补贴的占43.8%，政府财政没有补贴的占36.5%，不了解的占19.7%。

（五）自身素质提高慢和生活习惯转变慢，导致社会融入难

失地农民虽然通过变更户籍完成了从农民到市民身份的转变，但他们离真正的市民还有很长一段距离。主要原因在于：一是部分失地农民乡土观念较强，怀旧心理重，总觉得自己原来生活的地方比较好。二是自身素质的影响。由于整体素质偏低，进城后就业机会少，很难获得相对稳定的职业和收入。三是生活方式转换难。失地农民进城后仍保留着农村的家庭生活方式，社会融入难。

三、解决失地农民问题的建议与对策

（一）进一步规范土地征用行为

城镇化进程占用耕地在所难免，但必须坚持以人为本和科学发展的政绩观，尽量减少大规模占用耕地，尽量多使用山荒地，严格执行用地规划，节约、集约用地，严禁随意大面积征用农村集体土地，尽量减少失地农民。确需征用的要充分尊重群众的意愿，坚决反对强征强用。合理调整城市规划区建设规模，避免因“造城运动”给社会发展带来负面效应。

（二）提高征地补偿标准

按照公平补偿原则，以土地的市场价值为依据，确定征地补偿，切实保护农民利益。要充分考虑农村经济发展和农民收入增长的实际，严格执行中央和自治区有关规定，按照“就高不就低”的原则，适当调整现行征地补偿标准。改变以货币补偿为主的单一补偿方式，采取“货币+就业安置+社会保险+土地股份”的补偿办法，积极探索多渠道、多样化的征地补偿方式，不断拓宽补偿渠道。

（三）引导和促进多渠道就业。

切实转变失地农民的就业观念，消除“等、靠、要”思想，提高自谋职业、竞争就业的自觉性。强化培训力度，创新培训方式，免费教授失地农民各种非农业技能，使其能顺利进入二、三产业就业。对有一定经营头脑和经济实力的人员进行创业培训，鼓励他们办厂、开店，进城创业。

（四）完善社会保障体系

制定出台专门针对失地农民养老保障的政策措施，根据不同年龄段实行差异性保障。对征地时男60岁、女55岁年龄段以上的人员，参照当地城镇退休职工平均工资标准，直接实行养老保障和医疗保障；征地时年满16周岁以上的人员全部参加养老保险；对征地时未达到劳动年龄段人员，可按征地补偿规定一次性发给征地安置补偿费并享受教育优惠政策；失地农民符合最低生活保障条件的，纳入最低生活保障。

（五）完善土地征用制度

明晰土地产权制度，尽快完成农村土地承包经营权确权登记，完善农村集体土地产权制度，进一步规范政府行为，谨慎使用征地权。完善征地程序，增加征地透明度，保证失地农民的土地使用权、处置权。建立征地工作监理制度，实行征地、用地、监理三者权力的分离，坚持做到公正、透明、廉洁和规范。要为失地农民提供多种方式的法律援助，确保失地农民在其合法权益遭到侵害时具有保护自己的能力，使农民的土地权利切实得到法律保护。

宁夏巩固退耕还林成果工程实施情况调研报告

郭秉晨　牛国元　祝宪明

党中央、国务院在实施西部大开发战略中，将退耕还林工程和巩固退耕还林成果项目作为生态建设的一项重要内容。宁夏区党委、政府将巩固退耕还林成果项目确定为自治区的重点项目之一，通过实施退耕还林、退牧还草等重大生态工程项目，生态环境得到了初步改善，生态效益取得了明显提升，生态建设进入了“整体遏制，局部好转”的新阶段。

一、“民心工程”“德政工程”惠及民生，宁夏实施巩固退耕还林成果项目呈现鲜明特色

退耕还林和巩固退耕还林成果是一项工程的两个不同的阶段，第一个阶段是2000—2008年期间国家重点实施退耕还林工程。第二阶段是巩固退耕还林成果工程，时间为2008—2015年。从2007年开始国家给予退耕农户粮款和生活费补助政策陆续到期，部分退耕农户生计面临困难，为解决退耕农户在国家粮款和生活费补助到期后吃饭、烧柴和增收等长远生计问题，防止退耕还林出现反弹，中央考虑实施巩固退耕还林成果工程。2007

作者简介　郭秉晨，宁夏回族自治区发改委副主任、宁夏回族自治区西部开发办公室主任；牛国元，宁夏科技发展战略和信息研究所研究员；祝宪明，宁夏回族自治区西部开发办公室副调研员。

年8月，国务院下发了《关于完善退耕还林政策的通知》，确定继续对退耕农户直接补助，建立巩固退耕还林成果专项资金的政策，至此为期八年的巩固退耕还林成果工程正式启动实施。第三阶段是新一轮退耕还林工程，时间为2014—2020年。2014年8月2日，国家五部委下发《关于印发新一轮退耕还林还草总体方案的通知》，在前期实施巩固退耕还林成果建设的基础上，在部分地区又启动了新一轮退耕还林工程。

从2000年到2015年，国家从实施退耕还林工程、到实施巩固退耕还林成果工程前后持续16年，工程投资总额将达5119亿元，相当于两个南水北调工程的投资，是建国以来投资规模最大的重大生态工程。该工程在宁夏实施所呈现的鲜明特点是：

一是项目涉及范围广。自2000年实施退耕还林工程以来，到2013年全区共完成退耕还林1305.5万亩，其中退耕地造林471万亩、荒山造林766.5万亩、封山育林68万亩。项目覆盖了除青铜峡市以外的21个县（市、区）以及自治区农垦系统，其中退耕地造林涉及20个县、市（区）及自治区农垦局的152个乡镇的1461个行政村。

二是参与实施相关部门多。全区有近100个区、市、县（区、市）相关部门都有具体工作任务。

三是投资额度大。宁夏实施巩固退耕还林成果项目总投资达86.86亿元，其中中央专项资金26.23亿元，中央专项累计兑现宁夏退耕还林补助资金48.31亿元。

四是政策兑现稳定。继续实行退耕还林资金和粮食补贴制度，农户每亩退耕地每年补助粮款70元、补助生活费20元，还生态林的补助8年，还经济林的补助5年，还草的补助2年。每亩退耕地和宜林荒山荒地补助种苗造林补助费由原来的50元提高到现行的灌木林120元和乔木林300元。退耕还林工程的政策补助直接发放给农户，退耕农民既是政策性投入的受益主体，又是工程的实施主体，工程建设成效与千家万户的切身利益直接挂钩，政府部门把项目的实施权交给广大群众，集中精力抓好工程的检查、监督、指导和服务，工程建设质量和效益有了更可靠的保障。这种特殊的政策机制，既提高了资金使用效率，也充分调动了农民群众的积极性。

五是受益群众多。32.32万退耕农户，153.02万退耕农民受益，退耕农民人均直接收益4641元。全区人均退耕还林面积0.78亩，是全国人均退耕还林面积0.15亩的5.2倍，人均退耕还林面积全国第一。

六是任务完成出色。截至2013年底，宁夏巩固退耕还林成果工程有序推进，取得较好的预期效果。巩固退耕还林成果工程国家计划安排宁夏补助资金59.95亿元，其中补助农户33.72亿元，项目专项资金26.23亿元。目前国家累计拨付宁夏项目建设中央专项资金31.29亿元，其中，项目建设资金20.19亿元，兑现农户补助11.1亿元。宁夏累计实施基本口粮田建设117.12万亩；县内生态移民完成18.86万人（仅巩固退耕还林成果项目）；农村能源建设完成户用沼气池9240座，节柴灶4.91万台，太阳灶5.24万台，太阳能热水器4.45万台，秸秆固化成型燃料炉8669台，在7个县建设农村能源技术服务点；后续产业发展完成设施农业11.35万亩，建设标准化棚圈120.65万平米，建设林果业基地29.64万亩，完成农民创业就业技能培训36.96万人次；完成补植补造169.52万亩。

七是社会反响大。30.96万生态移民迁出后，相继有包括300万亩耕地在内的1272万亩移民迁出区的原有土地收归国家或集体所有用于恢复生态，实现了脱贫致富与生态建设的“双赢”。生态移民迁出区生态修复为全国同类地区巩固退耕还林成果蹚出了新路，国家发改委称赞宁夏生态移民迁出区生态修复工作“对全国同类地区具有重要参考价值”。

二、在产业发展中兼顾生态效益，促进了生态效益、经济效益和社会效益的有机统一

（一）宁夏通过综合实施巩固退耕还林成果项目与天然林保护工程、“三北”造林工程、自然保护区建设工程、天然草原禁牧封育、小流域治理等重大生态建设项目，取得了明显的生态效益

突出表现在：植被覆盖度有了明显提高，主要水系土壤水土流失现象明显缓解，1139万亩退耕还林成果得到有效巩固，森林覆盖率由2000年度8.4%提高到了13.6%，全区封育禁牧区林草覆盖度由2003年的30%左

右增加到2012年的50%以上，500多万亩沙化土地得到治理，草原沙化面积较禁牧前减少了14.5%，中度、重度沙化面积减少了33.5%。荒山及坡耕地得到了有效治理，水土流失面积减少，全区水土流失初步治理程度接近40%，沙化土地面积减少2584平方公里，每年减少入黄河泥沙4000万吨。项目的实施在减轻洪涝、泥沙淤积等灾害和实现区域均衡供水方面也发挥了积极作用。由于林地土壤含有大量腐殖质，具有较高透水性能和蓄水性能，能有效减少地表径流量和径流速度，从而大幅减少了水土流失及河流输沙量。通过分析巩固退耕还林项目实施以来，清水河水系、苦水河水系、红柳沟水系、葫芦河水系、泾河水系等主要水系的变化情况发现，几条主要水系年均输沙量均呈明显下降趋势，其中泾河水系、葫芦河流域年降水量总体呈增长趋势，红柳沟流域地表水资源量明显增加，苦水河流域发生洪涝灾害的风险明显减小。同时，实施巩固退耕还林工程还增加了植被的生物量、碳含量和氧释放量，对改善区域生态环境，减少扬沙、扬尘天气，延缓气候变暖产生了积极影响。

巩固退耕还林成果项目与天然林保护工程、自然保护区建设工程、天然草原禁牧封育等生态建设项目对宁夏生态环境改善所产生的重大影响，可从典型县植被的变化中得到有力佐证，如，地处毛乌素沙地南缘的盐池县植被覆盖度由退耕前的5.95%提升到2012年的35%。遥感监测结果表明，从2000年到2012年，盐池县植被覆盖情况明显好转。该县植被高覆盖度从2000年的1429.64平方公里增加到2012年的2132.25平方公里，增加了702.61平方公里；中高覆盖度从2000年的1022.92平方公里增加到2012年的1643.82平方公里，增加了620.90平方公里；极低覆盖度从2000年的512平方公里减少到2012年的381.42平方公里，减少了130.58平方公里。

（二）宁夏实施巩固退耕还林成果项目所产生的经济社会效益突出表现在单位面积粮食增产、群众收入增加、生产效率明显提高

1. 基本口粮田单位面积产量增加。近百万亩基本口粮田的实施，有力改善了退耕还林区农业生产条件，提高了农业综合生产能力，亩均粮食产量提高15%—25%，有力保障了退耕还林农户基本口粮问题。

2. 退耕农户增收明显。退耕还林后，农民收入呈现多元化，既包括农业收入、家庭经营收入和投资收益，又有补贴收入、扶贫收入、外出打工收入等。据对海原县原盐池乡的调查，2012 年退耕农民人均纯收入 6980.32 元，较 2000 年增加 4083.44 元，增长 140.9%。退耕农民纯收入呈现两大特点：第一，工资性收入大幅增加，2012 年，退耕农民人均工资性收入 4567.7 元，较 2000 年增加 3562.74 元，增长 354.42%。其中人均外出务工收入由 2000 年的 1480.78 元增加到 2012 年的 4081.04 元，增长 175.74%。第二，非生产性收入迅猛增长。国家对退耕农民实行退耕还林补贴，并逐步出台了粮食直接补贴、良种补贴、购置和更新大型农机具补贴等一系列惠农政策，退耕农民收入中转移性收入明显增加。2012 年，退耕农民获得的财产性和转移性等非生产性纯收入 830.17 元，比 2000 年增加 631.04 元，增长 317.08%。

3. 农民就业结构发生了重大变化。退耕还林使退耕农户不仅有了可靠的粮食和资金补助，而且为劳动力由近距离、短期限向远距离、长期限方向就业提供了可能。据调查，隆德县 90%以上的受访农户认为退耕还林后农活量减少，闲暇时间增多，创造了更多外出务工条件，使农村劳动力有了出外务工的机会。据对隆德、西吉两县的抽样调查，退耕还林前平均每个劳动力外出务工时间为 3 个月/年，而退耕还林后，平均每个劳动力外出务工时间增加到 8 个月/年。

4. 农业产业结构明显优化。退耕还林工程有效改善了项目区生产和生活条件，尤其对第一产业的影响最大，农民可以把节省出来的时间用于发展优势特色农业、设施农业和旱作节水高效农业，改变了传统的广种薄收种植习惯，有效调整了不合理的土地利用结构，实现了种植业内部结构的优化调整，带动了草畜、林果、育苗等产业的发展。全区草原理论载畜量已由 2003 年 128.45 万羊单位提高到 2013 年的 298.48 万羊单位，全区羊只饲养总量由禁牧前的 380 万只增加到 2013 年底的 1585 万只，畜牧业年增长速度超过 10%，呈现出“生态恢复，生产发展”的良好局面。尽管退耕还林使耕地面积刚性减少，但由于粮食补贴到位，对农业产业结构、种植结构和粮食供需产生了显著影响，种植业和林业在农业总产值中所占比例明显下降，服务业所占比重明显上升。在大多数生态移民安置区和退耕区，尽管耕地面积减少了，但随着立地条件的改善，单位面积的产出有了明显提高。

5. *农民科技素养明显提高*。据对西吉县新营镇的调查，退耕还林后，70.9%的人非常乐意参加各类培训。农民对农业、林业技术推广活动非常感兴趣，积极参与，互帮互助，形式多样的活动促成了科技普及的良好氛围，农民真正认识到提高自身素质的重要性，促使农民向着精耕细作、科技种田、集约经营的方向发展。由于有了大量时间外出务工，使退耕劳动力的职业水平和社会地位呈现向上流动的趋势，从事非农产业的务工经历对退耕劳动力在经济收入、人际关系、思想观念方面影响很大，多数退耕劳动力的行为习惯和精神面貌都得到了改善。部分退耕劳动力反映，务工经历扩大了他们的社会交际圈，在与他人的交流和沟通中开阔了眼界，思想观念也随之得到了改变，文化在他们的“社会圈”中得到延伸。

6. *农村妇女社会地位明显提高*。妇女社会地位是衡量一个国家文明进步程度的重要尺度。巩固退耕还林工程的实施，使退耕家庭日常生活劳动量明显减少，许多家庭妇女有了走出去的机会。据对兴庆区月牙湖乡移民安置点的调查，安置点后续产业如设施农业项目，非常适合农村妇女就近就业，妇女劳动所得在家庭总收入中的比重上升，使其在家庭中的地位明显提高。

三、巩固退耕还林成果是一项涉及生态、经济、社会、政治的复杂的系统工程，持续巩固成果需要深化改革

随着国家农业优惠政策的增多和市场环境的变化，宁夏巩固退耕还林成果或启动新一轮退耕还林工程都面临着新的困难与挑战，必须以党的十八届三中、四中全会精神为指导，以改革创新精神和更加有力的举措力争有更大的作为：

一要加快调整区域经济发展的整体思路，整合生态效益与经济效益，变传统的“生态建设”为“生态文明建设”，使巩固退耕还林成果及生态建设与生态文明建设有机结合起来，使二者相互促进。

二要在项目运行机制和管理模式上有突破。积极推行巩固退耕还林成

果项目审批制、招投标制、监理制等先进的项目管理方法，努力培育能带动巩固退耕还林成果后续产业发展的经济实体，积极探索在农户、种养大户、农民合作社、生态企业、科技服务单位之间建立起一种利益共享机制，真正调动各方面实施巩固退耕还林成果工程的积极性。

三要建立有效持续的利益补偿机制。加快建立与市场接轨的退耕还林补偿制度，建立与粮食直补等农业优惠政策相平衡的机制，建立巩固退耕还林成果的长效补助机制；

四要制定可靠的科技支撑措施。建立巩固退耕还林项目区生态环境定点监测网络，做好生态建设气候分析和预测，加强巩固退耕还林项目区生态建设科学技术的研发，支持科研人员直接参与生态建设工程，强化示范成果推广力度并扩大示范规模；

五要制定可行的投融资措施。建立国家、地方和群众按比例共同承担的巩固退耕还林成果稳定投资体系，多方吸引国内外资金、技术、人才投入巩固退耕还林成果及生态建设。

六要建立科学的项目实施监测考评制度。要高度重视退耕还林工程效益的监测工作。要创造条件建立健全监测体系，尽快掌握退耕还林地区的生态、经济、社会变化趋势，科学评估退耕还林工程建设成效。要加强对项目区各级政府领导干部生态环境政绩考核和审计。实行新的绩效评价、考核制度，主要考核生态资源环境完整性保护情况，保护目标实现程度、保护对象完好程度，大气和水体质量，水土流失和荒漠化治理率，森林覆盖率、森林蓄积量，草原植被覆盖度、草畜平衡状况，生物多样性等指标，建立相应的奖惩办法。要切实落实专项资金、专账管理、专款专用的要求，合理确定自治区、市、县三级地方政府配套资金比例，提高地方政府配套资金和中央专项资金拨付到位率，改变资金拨付环节较多的现象，提高资金落实效率，按照资金拨付情况规范项目验收标准，切实加强涉农资金的整合利用。要严格考核奖惩制度，加强项目档案资料的管理。全面掌握巩固退耕还林各项目标完成情况，进一步落实市、县主要负责人和分管负责人的工作责任。

宁夏棚户区改造情况调研报告

张洪斌　俞学虹　史振亚　吴洪娟

“棚户区”由来已久，是城市、工矿等特定区域内中低收入困难群体居住比较集中的老旧危旧社区，因年久失修、破旧简陋、设施不全、环境脏乱，大多形同“贫民窟”，是推进新型城镇化不可回避的“隐痛”，是防治“城市病”必须直面的问题。宁夏“棚改”始自2005年，由石嘴山市先行试点，基本与辽宁省在全国率先开展“棚改”试点同步。总的看，全区“棚改”工作进展较顺利。

一、宁夏“棚改”的主要成效

（一）“棚改”受益范围逐年放大，基本覆盖各领域

宁夏棚户区数量比较多，集中在石嘴山、银川、吴忠和农垦系统，相对分散的是固原、中卫和林区。2005年石嘴山市开展试点时，“棚改”范围仅限于采煤沉陷区。2009年住建部等五部委下发〔2009〕295号文后，全区“棚改”范围由采煤沉陷区拓展到城市区和国有工矿区，2010年拓展到林区，2011年拓展到垦区，2013年又拓展至城市老旧社区、“城中村”。至此，“棚改”覆盖全区各地各领域，共五大类八小项。

作者简介　张洪斌，宁夏回族自治区党委政策研究室城市经济研究处处长；俞学虹，宁夏回族自治区党委政策研究室副主任；史振亚，宁夏回族自治区党委政策研究室信息中心主任、《宁夏工作研究》常务副主编；吴洪娟，宁夏回族自治区党委政策研究室城市经济研究处副调研员。

（二）“棚改”规模逐年增大，已完成全区1/3的任务

2009—2013年，全区累计实施棚户区改造任务10.4913万户，实际改造13.238万户，超额完成中央下达任务，前五年完成任务相当于全区“棚改”总量（2009—2017年，全区棚改总量约有32.86万套）的三分之一。截至2013年底，已建成7.79万套，有5.98万户居民乔迁新居。总体看，全区“棚改”规模逐年扩大。今年计划改造75801户，比前五年的总和还多，占2013—2017年全区“棚改”总量的40.5%。

（三）“棚改”模式多元并进，改造建设进程加快

各地发挥政府主导作用，探索运用市场机制解决“棚改”难题，呈现出“八仙过海，各显神通”的良好局面。项目准入上，吴忠市成立“棚改”领导小组统一指挥部，集中各部门行政审批权限，为“棚改”提供一站式“直通车”服务。开发建设上，银川市采取政府代建、引入企业商业开发等方式对市辖棚户区进行就地改造和异地安置。创新融资上，石嘴山市发挥市属国有企业和融资平台主体作用，采取金融租赁、信誉贷款、发放债券等方式筹集资金，缓解了“棚改”压力。土地置换上，兴庆区通过挂牌出让、土地出让金收益返还等方式，引入一批央企参与“棚改”，加速了辖区“棚改”进度。

（四）“棚改”投入逐年加大，拉动了大量社会投资和消费

2009—2013年，全区“棚改”总投资达262亿元，其中各类财政资金累计达34.4233亿元（其中，自治区财政争取到中央财政专项补助26.8286亿元，自治区本级财政投入2.1147亿元，国家开发银行提供贷款5.48亿元，分别占“棚改”投入总量的比重约为10%、1%、2%。此外，市、县级政府配套支出约占2%）。财政资金发挥了“四两拨千斤”效应，撬动了大量民间资本。前五年，约有85%左右的资金来自棚户区居民自筹和企业投资。

（五）“棚改”效应不断释放，多数“棚改区”实现多赢

通过“棚改”，不少危旧社区旧貌换新颜，已建成入住的新型社区与先前的危旧老房形成强烈反差。改造后，小区高楼伫立、环境幽雅、设施齐全，部分住户住进了带电梯的安置房，过上了想也不敢想的城市生活，还通过抵顶的公寓出租拥有了一份生计，实现了“棚改”既安居又置业的“多赢”。

二、宁夏“棚改”中存在的困难和问题

开展“棚改”以来，各地进程不断加快，但也不同程度地存在一些实际困难和压力。

（一）补助过低，难以支撑大规模“棚改”

“棚改”涉及千家万户的利益，情况千差万别，需要政府给予准福利性质的“兜底式”补助，尽量降低或减轻棚改区居民的住房负担。近些年，宁夏争取到的中央专项补助主要来自两个渠道：一是国家财政部转移支付资金，一是国家发改委项目渠道资金。从前五年的情况看，中央、自治区财政兑付了大量专项补助，但在“棚改”总投资中占比仍然很低。

（二）成本陡增，已经超出了政府承受范围

“棚改”涉及土地腾退征用、危房危楼拆迁、融资施工建设、新房分配安置、工程质量监管、人员过渡安置等多个环节的成本。实际操作中，受房价、地价、补偿价一路走高等因素影响，各地“棚改”成本不断推高，无形加大了政府支出压力。目前，“棚改”中的拆迁补偿、建设成本最高，融资付息、过渡安置成本居中，其余环节相对较低。近几年，“拆迁难”成为限制“棚改”发展的难题之一。不少棚户区居民因攀比不同地段不同标准的补偿价和弥补过大的购房差价拒绝“棚改”，以至上访。为完成“棚改”，不少地方采取折中办法，适当提高补偿标准、提高补偿安置面积和等面积“拆一补一”置换等方式予以解决。施工中，劳动力工资、建筑材料价格联动上涨等也加剧了建设成本。不断增加的“棚改”规模和成本使各级政府不得不走举债改造的路子。

（三）融资困难，后续建设面临极大压力

今后四年，全区“棚改”资金缺口非常大。据自治区财政厅测算：前五年，全区保障性安居工程建设累计投资540亿元，其中“棚改”总投资262亿元，剔除中央、自治区补助和银行贷款，还有222.31亿元的资金缺口。这些缺口一部分由各级政府通过预算安排、提取土地出让收益和住房

公积金收益支付，但只占小头。另一部分缺口较大，主要通过银行贷款和土地置换等方式解决，但由于缺乏融资平台和融资工具，仍有相当比例的资金难以解决。2014—2017年，全区还将实施棚户区改造20.12万户，按每户90平方米、建安成本2500元/米^{2}测算，总投资将达503亿元，除预计争取中央专项补助56亿元外，还需要自治区和市县（区）财政资金整合、融资贷款筹集447亿元。化解资金难题，成为各级政府最头疼的事。

（四）产权模糊，部分“棚改”户心里不踏实

主要集中在农垦和部分工矿区。由于“棚改”大多采用异地安置的办法进行，这两类“棚改”建设用地多是国有土地无偿划拨和集体土地变更划拨，由此使“棚改”后的房屋产权界限很难确定。“棚改”后的新房子依然没有政府确认的产权。

三、当前宁夏“棚改”中出现的新问题

“棚改”在加速，但出现了一些值得警惕的新问题、新迹象。

（一）“棚改”范围在变宽，有冲淡制度公平的嫌疑

“棚改”是化解历史遗留问题，破解城市内部“二元结构”的一项重大民心工程。经过多年探索，“棚改”房已成为保障性住房体系的重要组成部分，在我国包括廉租住房、公共租赁住房、经济适用住房、限价商品住房、各类棚户区改造住房、农村危房改造和游牧民定居工程在内的七大类11个品种的住房保障政策中，“棚改”政策与廉租住房、公共租赁住房一样，具有较强的专属性、福利性和特惠性。但从调研看，不少地方模糊“棚改”政策边界，改造范围大大突破，“棚改”政策已由“特惠”转向“普惠”。对照国家住建部标准，宁夏“棚改”范围有不断放大的迹象，但凡与“棚改”能沾边的住房建设，都可以纳入其中，如一些既不属工矿、城市棚户区，也不属“城中村”但功能相对齐全、发展相对成熟的老旧社区也被列入“棚改”范围。个别市、县（区）还将“棚改”范围扩展到旧城改造和已变更为城镇用地的城郊农村、城乡结合部综合治理等领域，使棚改一定程度上冲淡了“棚改”制度的公平性。

（二）“棚改”规模在变大，有稀释政策的迹象

受“棚改”范围的扩展和国家“棚改”新补贴方案的吸引，宁夏今后几年的“棚改”规模扩容增大。自治区住建部门确定2013—2017年全区需要“棚改”的总量是22.3644万户（自治区财政部门统计为20.12万户），这一数据是人口大省河南省40万套的一半[①]。如果加上前五年已实施改造的10.4913万户，全区共有各类棚户32.8557万户（财政口径为30.6113户）。目前相关部门还难以给出确切的基数，由此使“棚改”政策的“兜底”效应打了折扣，“棚改”专项补助也有被分散被稀释的可能。在地区分布上，“棚改”任务也不均衡。2014年，全区各地都确定了数量不等的“棚改”任务，地级市中最多的是银川市（市辖三区内共18042户），最少的是中卫市（沙坡头区有1500户）；13个县中，灵武最多（10512户），泾源最少（120户）[②]。这种地区间的差异间接表明，随着“棚改”的推进，“棚改”目标群已发生明显变化，已出现模糊“棚改”政策界限的倾向。

（三）“棚改”模式在变形，有偏离政策初衷的痕迹

宁夏“棚改”有三个方面的迹象值得关注。一是名为“棚改”，实为圈地搞商业开发。近两年，一些地方政府“棚改”摊子铺的很大，面临极大的支出压力，为解决这一难题，部分地方政府采取“以地换房”的办法，将拆除棚户区房屋所获得的净地一分为二：一小部分以国有土地划拨方式交由房地产企业先期垫资承建“棚改”安置房，另一部分则由国有划拨土地变更为商业用地，在抵扣企业代建“棚改”安置房成本后，通过“招拍挂”交由企业进行商业综合开发，如兴庆区上前城村去年纳入“棚改”范围后，对这块占地1965亩的区域进行集中改造。其中，用于建设“棚改”安置房的占地面积为280亩地，占整个棚改区土地面积的14.2%，计划建设37栋3998套，其中定向用于安置上前城村村民和周边友爱等“城中村”失地农民的安置1620套，约占棚改房总户数的40.5%，其余房屋全部按商品房价格对外出售。兴庆区今年开工建设的11处棚改区，全部引入开发企

① 数据来源：《南方周末》2014年5月8日15版《棚户区变形记》。

② 数据来源：自治区建设厅《2014年度全区住房保障目标任务分解表》。

业通过 BOT、BOO 等形式进行“棚改”。在其他市、县，也有类似的情况。引入市场机制参与“棚改”，让企业通过一定程度的商业综合开发收回垫资成本，并获得相应的利润，符合中央政策，也符合实际，但把大批量的国有划拨土地变更为商业用地，有违“棚改”政策初衷，也有让“棚改”由“建房子改善群众居住条件”演变为“企业变相圈地”的嫌疑，如果不加控制，将会使“棚改”由过去为解决“房子”向腾退地、搞融资、多进人的方向演变，实质上也是个别地方政府变相扩大城市土地供应量，个别企业借“棚改”获取土地和资本。二是“棚改”房屡屡超标，有的变相建别墅。国家对建设“棚改”房明确提出，要按照小户型、齐功能、配套好、质量高、安全可靠的要求，科学利用空间，有效满足基本居住功能。但从调研看，突破“基本”，求大求洋现象已经出现。个别“棚改”区超标建房，甚至建起了连排别墅。三是新增商品房供应量对房地产市场形成新的压力。一些地方政府对“棚改”的经济功能看得比较重，已经把“棚改”当成“救市”的重要途径，大规模启动“棚改”工程，大比例提高“棚改”区内的商品房供给数量。尽管“棚改”有刚性的住房需求，但商业开发新增的商品房面积将会扩大全区住房市场的总供应量，对于部分地区已接近警戒线的房地产市场，会形成更大压力。

（四）“棚改”取向在变化，有违背“人的城镇化”的苗头

“棚改”是一项利民生、暖民心的大好事，需要积极稳妥，量力而行。宁夏各地对“棚改”的总体方向把握是好的，但也有一些潜在的异变之处。一些地方政府把“棚改”视作扩大中央、自治区财政专项补助的一个重要渠道，成倍扩容增加“棚改”指标，以期获得更多的财政补助。还有的“棚改”前期工作没做细，正常程序没走完，与群众没沟通好，就让一些棚户区“被棚改”了，引起群众抵触。参与“棚改”的企业对片区选址有明显的“挑肥拣瘦”喜好。

四、推进“棚改”工作的对策建议

从全区来看，“棚改”任务十分艰巨，为此提出如下建议。

（一）理性把握“棚改”边界，防止政策稀释分散

“棚改”关系千家万户的切身利益，也关系社会公平正义。近些年各地解放思想，创新思路，在推进“棚改”上做了大量卓有成效的探索和实践，取得的成效是显著的，老百姓总体上是满意的，但也要对不断出现的突破政策边界与范围的“棚改”行为进行适当的总结与反思。

1. 开展“棚改”专项督查活动。组织相关部门人员，对全区“棚改”工程进行拉网式督查和清点，切实摸清全区“棚改”范围、区域、政策执行、受益人群、专项补助运用、地方负债等情况，进一步掌握底数，把好尺度，为下一步推进“棚改”提供更加科学、务实的决策指导。

2. 建立“棚改”政策体系。进一步突出“棚改”房的政府福利性性质，明确“棚改”房在全区住房保障体系中的独特地位，将“棚改”房与廉租住房、公共租赁住房统并为廉租住房。对不属于“棚改”范围的改造项目，予以剔除，不再享受各级专项补助。其他带有产权性质的经济适用房、限价商品房，全部归入市场机制，交由市场来调节。

3. 全面解决“棚改”房产权问题。本着尊重历史、着眼现实，分类处理、妥善解决遗留问题的原则，对农垦、工矿区2013年以前建成的职工住房和“棚改”房，按照有关规定办理自有产权证。对新建“棚改”房全面推行共有产权。今后，凡由中央财政和地方财政支持建设的“棚改”房，全部实行以政府专项补助资金折价股权的共有产权为主的保障性住房管理，防止“棚改”政策实惠被变相剥离，确保公共财政不流失。凡购置“棚改”房的住户，可以分期回购政府股权，但五年内不得销售。要销售的，由各级政府优先回购，并偿付土地使用费等。

4. 合理确定“棚改”保障对象范围。“棚改”重在“救穷”“解困”“兜底”，需要合理划定保障对象，把有限的资金放在刀刃上。鉴于目前享受“棚改”实惠的人群面宽量大，建议自治区依托社区网格化管理资源优势，加快建立科学严格的“棚户区”家庭档案，按照家庭收入、家庭住宅面积标准划分不同档次的棚户区人群，对纳入困难家庭和低面积城镇家庭的，优先保障棚改房；对家庭条件好，拥有两套以上住房的，原则上不再纳入棚改范围。依此标准，严格按照国家确定的“棚改”类型来确定保障对象，确保该保障的必须保障，防止特惠政策变异变相。

5. 扩大廉租住房和公共租赁房供给力度。按照《国家新型城镇化规划（2013—2020）》提出的到2020年“实现城镇保障性住房常住人口覆盖率达到23%”的目标，进一步扩大全区廉租住房和公共租赁住房建设力度，通过调整保障性住房结构，引导各类棚户困难家庭通过租售并举的方式实现住房梦。

（二）合理调控“棚改”规模，防止“热推”城镇化

1. 适时调整“棚改”盘子，合理确定改造规模。去年以来，宁夏“棚改”规模扩容很大，几乎是前五年的2倍多。建议自治区结合财力支出承受能力，对全区“棚改”总量按照20%的比例进行减调。

2. 加强规模控制。自治区相关部门和各级政府有必要强化上下联动的“棚改”工作机制，对现有“棚改”工程进行认真严格的清理整顿，严格控制“棚改”规模盲目扩容。

3. 合理确定“棚改”空间布局。各地要把“棚改”区切实纳入城市总体规划，充分考虑“棚改”区在城市空间分布中的合理性，方便居民出行和生活。要加大商品房配建廉租住房力度，妥善安排一批“棚改”户和进城农民异地安居，规避低收入群体集中居住，形成新的“贫民窟”。进一步配套完善“棚改”区公共服务设施和商业服务设施，提高“棚改”区居民的生活质量和水平。

（三）突出整治“棚改”难点，防止出现“两极分化”

通过多年“棚改”，宁夏先期进行的大部分棚户区多位于各地城市规划区内的好地段，由于具有较好的升值潜力，大多得到了很好的改造，未来几年将要改造的棚改区，大多地处偏远，既存在融资难度大的问题，也面临整治难度大的考验，如果不集中化解，势必产生新的城市住房“两极分化”。

1. 将城镇边缘、偏远地区的“棚改”区列为“棚改”重点。按照一个城市一年改造2个小区的办法，分步有序完成棚改难点，坚决啃掉“难啃的骨头”，确保这些区域的群众实现住房梦。

2. 集中建设“棚改”安置区。建议自治区采取异地集中安置的办法，引导有条件的市、县集中建设统一的“棚改”安置区，推动分片整治，集中安置，共享发展，从根本上改善这些困难群体的居住条件。

3. 探索推行“以大带小”“以商带改”联动机制。对通过委托代理或BOT、BOO等方式取得城市繁华地段“棚改”工程的房地产企业，明确要求各企业必须兼顾带动开发偏远地区的某个棚户区，以推动城内城外“棚改”工程同步推进、协调发展。

（四）正确发挥市场机制作用，防止过度商业化开发

在当前形势下，积极引入市场机制破解“棚改”融资难、改造难是一个好办法。但单纯依靠市场机制，单纯依赖房地产企业进行独家开发供应方式进行“棚改”，也容易形成新的投机和垄断，使“棚改”区域“变形”成为过度的商业化开发。

1. 把好“棚改”土地利用和变更关口。“棚改”需要大量用地，也需要优先安排，特事特办。从目前看，不少地方为引入企业参与“棚改”，保证“棚改”工期，出现了一些未批先建、边批边建的情况，有的还签订协议，以低价供给方式，将“棚改”腾退土地中的大部分定向低价出让给企业进行商业开发。对这些情况，相关部门要强化监管，把好土地供应关口，防止“棚改”土地流变成企业变相开发的商业用地。严防借用“棚改”之名形成“饥饿供给土地→地房涨价→吸引房屋投机→房再涨价→饥饿供给土地”的恶性循环。

2. 稳妥推行“以商补住”。借鉴辽宁省“以商补住”模式，允许地方政府采取按比例划拨和出让土地的方式开展“棚改”，对土地出让所获的收益全部用于“棚改”项目。允许在新建回迁小区内安排一定比例的商业开发用地，以完善“棚改”区的商业和公共服务功能，有效筹集资金反哺“棚改”区。

（五）积极拓展“棚改”融资渠道，防止没有抓手的“棚改”陷入“空转”

作为准公共品的“棚改”房，需要采取多种方式融好资，我区经济欠发达，收入来源有限，如果单靠财政一家支撑“棚改”，显然不胜其力。

1. 积极争取提高“棚改”补助标准。从中央对宁夏五大类八小项的专项补助标准看，已经转移支付的专项补助标准还比较低，在每套建成的棚改房中所占比重仅有10%左右。按照党的十八届三中全会确定的深化财税管理体制改革的总体要求，建议自治区向中央争取如下特殊政策：第一，争取中央财政把“棚改”专项补助确定为中央与地方政府间事权与财政支出责任的范围，切实提高“棚改”房专项补助标准，按一套住房建设成本的20%的标准，给予提标补助，以解决宁夏“棚改”缺口过大的难题。第二，向中央争取面向宁夏少数民族聚集区的城镇棚户区综合改造专项，每年给予20亿元的专项补贴，专门用于改善我区少数民族比较集中的中南部地区的县城城中村、棚户区改造。

2. 尽快搭建地方融资平台。根据自治区财政厅测算，2014—2017年，全区“棚改”总投资将达503亿元，剔除争取到的中央专项补助资金，全区将有447亿元的缺口。如果国家开发银行扩大对宁夏“棚改”的信贷规模，或可缓解一定的融资压力，但这些中长期贷款必须以透支未来土地收益作代价，还需要担负一定的还本付息压力。建议尽快批准组建自治区棚户区改造融资平台（宁夏惠民投融资有限公司），由自治区财政厅统一开展“棚改”融资工作，更好地为全区“棚改”提供融资服务和保障。

宁夏民办养老机构发展状况调研报告

民盟宁夏区委会

随着宁夏人口老龄化到来，老龄事业却滞后于人口老龄化发展，老龄事业不能适应老年人在物质、医疗、精神文化等方面的需求，由此出现家庭养老功能的日渐弱化和“空巢”“独居”老人的增加，老年人的生活照料、康复护理、精神文化等问题越来越突出。目前，宁夏60岁以上老年人口已达79.87万，占总人口的12.7%，其中80周岁以上老年人口6.6万，占老年人口的8.2%；失能失智老人14.98万，占老年人总数的18.56%。据测算到“十二五”末，全区60岁以上老年人口将达到90万以上，占总人口的13.6%，到2020年老年人口将达到110万，将占总人口的16%以上。而相对老年人口的快速增长，宁夏公办养老机构数量增长缓慢，造成养老供需不平衡，民办养老机构发展状况直接关系着社会养老服务体系的完善。为此，民盟宁夏区委会实地走访西夏区新天地老年公寓、灵武市民族综合福利院、银川市宁红爱心老年公寓和宁夏唐徕老年托护中心等民办养老机构，就民办养老机构的政府支持、政策落实、运行机制、社会氛围、发展渠道、人员管理等方面进行调研，并与有关部门和民办养老机构代表召开座谈会，听取情况介绍，了解目前民办养老机构发展现状和存在问题，并对问题产生的原因进行分析。现将调研情况汇报如下。

一、民办养老机构的发展成效

近年来自治区党委、政府紧紧围绕全区人口老龄化实际，采取有效措施，不断加强养老服务基础设施建设，扩大养老服务供给，健全完善扶持政策，积极鼓励社会力量投入养老服务业发展，民办养老机构建设取得了明显成效。自2006年宁夏首家民办养老机构——银川市宁红爱心老年公寓成立至今，民办养老机构为解决我区社会的养老服务难题做出了贡献。

一是完善政策支持，加大扶持力度。为应对人口老龄化、保障和改善民生，加强科学规划，自治区党委、政府加大对社会养老服务体系建设的政策扶持力度，包括项目优先审批、用地优先安排，加大财税扶持力度，支持一批家庭服务企业做大做强，鼓励各类人员到养老服务领域就业、创业。自治区政府对民办养老机构的扶持力度更是逐年加大。一次性床位补助费由2006年的1500元提高到2012年的5000元，每年运营补助费由2006年的120元提高到1200元。2014年再次提高民办养老服务机构床位补助和运营补贴标准，规定健全完善建设资金补贴、税费优惠、政府购买服务等扶持政策，鼓励支持社会力量兴办多种形式的养老服务机构，培育多种服务方式和不同收费水平的服务行业供给主体，满足不同层次、不同类型的养老服务需求。

二是坚持建章立制，规范管理服务。为进一步规范民办养老服务机构管理，各地区认真贯彻落实相关文件精神，相继出台了各项管理办法，以维护民办养老服务机构及入住老年人的合法权益，使民办养老服务机构健康有序发展。自治区民政厅、老龄办2014年6月在全国率先制定下发了《宁夏回族自治区民办养老服务机构管理办法》，就民办养老服务机构的设立、变更和终止、服务管理、政策扶持、监督检查等做出了57条规定，为进一步规范民办养老服务机构管理，提升服务水平，不断满足老年人多元化、多层次的服务需求，提供了保障。

三是加大建设力度，缓解社会压力。在宁夏各级政府各项优惠政策的支持下，社会力量兴办养老服务机构取得明显成效。目前已建成并投入使用的民办养老服务机构20所，总投资2.28亿元，床位3364张，占各类养老机构床位数的22.4%。民办养老服务机构的建设极大地缓解了公办养老机构服务供给不足与日益增长的养老需求之间的矛盾。目前，除投入运营的20家外，正在建设中的民办养老服务机构有8家，设置床位2597张，总投资2.5亿元。

四是创新运营模式，促进养老发展。为提升宁夏民办养老服务机构的服务保障功能，提高其发生意外责任风险时的应对能力和善后处置能力。自治区老龄办与中国平安财产保险有限公司宁夏分公司，联合下发了《关于开展民办养老服务机构综合责任保险试点工作的通知》，在全区选择6家民办养老服务机构进行综合责任保险试点。每位入住老人每年保费160元，由自治区老龄办和机构各承担80元。当老人由于工作人员的疏忽造成意外伤害事故时，由保险公司按合同给予赔付。个案最多赔付10万元，重大综合责任事故最高赔付100万元。此项保险通过试点逐步完善，将在全区所有民办养老服务机构中推行。

二、民办养老机构发展中存在的问题

宁夏尚处在民办养老福利事业模式探索期，养老机构在发展中难免受到政府政策、社会观念、自身管理、运营机制等多方面因素的制约。

一是资源配置不合理，传统观念难接受。宁夏养老服务机构一直面临公立养老院难进、私立机构价格偏高的局面。相对民办养老机构而言，公办养老机构无论是在政策支持，还是工作人员待遇上都具有绝对的优势。虽然政府对民办养老机构给了很多优惠政策，但始终没有把他们作为社会公共服务的生产者来看待，而是将其视为市场上的个体经营者。而公办养老机构则被视为公共服务的生产者，由民政部门统一管理、土地由政府划拨、建设由政府投资，各类社会捐赠、基金资金几乎也全部流入公办养老机构。资源配置的不合理导致了民办养老机构的价格要偏高一些，而政府一直以来向社会宣传、作为示范的又多是公办养老机构，这些都影响着群众对养老机构选择的倾向性。社会观念普遍认可公办养老机构，民办养老机构则被认为收费高、无人管，得不到社会应有的认可和支持。

二是优惠政策难落实，生存渠道受限制。近年来，为了给民办养老机构的发展营造良好的社会环境，自治区政府对养老设施和服务的投入不断加大，吸引民间资本进入养老产业的优惠政策也相继出台，特别是在土地划拨、税费减免、用水、用电、用气等方面提出了一系列优惠扶持政策。

但由于部门之间协调不到位，加之市、县（区）没有相关的配套政策，出现了政策扶持力度后劲不足的情况。如有些地区建设期一次性补贴和运营补贴目前尚未落实到位，一些土地租赁、房屋建设优惠、用水用电方面的优惠政策也未兑现。民办养老机构前期投入都比较大，经营成本较高，资金回收期又长，各项优惠政策尚未落实，一方面使得民办养老机构不得不提高收费标准，增加老年人的入住成本；另一方面也影响了社会力量兴办养老事业的积极性，使政府形象受损。

三是发展水平不均衡，缺乏规范化管理。目前宁夏投入运营和建设中的民办养老服务机构 28 家，从地区来看，大多集中在银川市、石嘴山市，吴忠、中卫市相对较少，固原市仅有正祥老年公寓一家，且还没投入运营；从发展情况来看，虽然各具特色，但由于受到资金、场地、人员等因素的限制，各个机构的基础设施、管理水平、服务水平等都存在着差异。民办养老机构作为自主运营的市场主体，应由一个政府部门主要负责引导与监督，做到政令统一。但事实上宁夏民办养老机构在运行中受到多部门的多重管理，相关部门也尚未出台民办养老机构设施配备、人员资格、星级评定等明确的行业标准，导致宁夏民办养老机构缺乏统一的、专业的规范管理。

四是护理人员专业技能差，养老服务教育水平低。养老护理员素质高低直接关系着护理水平的优劣。民办养老机构的护理员工作环境差，劳动强度大，待遇保障低，再加上传统观念对养老护理员这一职业存有歧视，导致护理员流失率较高。而目前宁夏民办养老机构普遍缺乏统一的、专业化管理，为保证正常运转，有的护理员几乎是“零门槛”进入，只要养老机构和护理员双方愿意，经过简短培训后，即可上岗。护理人员大多年龄偏大、文化水平不高，导致整体行业专业技能水平不高。部分进入养老服务领域的专业人才和经过培训取得资格证的护理员，在养老机构工作一段时间后，便会跳槽到其他行业，造成人才培养的浪费。宁夏养老服务教育起步晚，发展相对滞后，目前区内尚没有高等院校和中等职业学校开设养老服务相关专业。在校企合作方面，养老服务培训机构培养的人才满足不了行业的需求，行业的需求也无法顺利地传达到教育机构，这不仅造成了教育资源的极大浪费，也制约了养老服务行业的健康发展。可见，人员紧缺尤其是正规护理员少，成为宁夏民办养老机构亟待补齐的“短板”。

五是功能结构单一，拓展服务领域困难多。老年人慢性疾病多、突发危重情况多，不仅日常生活需要照料，还需要专业的医疗服务和精神上的疏导，这就需要养老机构要具备一部分医疗功能。而宁夏民办养老机构普遍存在养、护、医、送四大功能分离的情况，服务功能结构单一，老人的康复护理需求和精神文化需求难以得到满足。在宁夏20家民办养老机构中，唐徕老年托护中心入住率能达到90%以上，其最大的优势就在于是依托医院而建立的医护型民办养老机构。宁夏民办养老机构还停留在仅为老年人提供满足基本生活需求的单一服务，这是因为诸多因素制约着养老机构向医护型发展。首先，缺乏专业医疗资源。建立医护型养老机构必须要有专业医护人员、医疗设备，对建造的医护设计要求也要多一些，这些要靠民办养老机构自身力量是很难达到的；其次，审批条件高、手续复杂。对医护型养老机构建立标准在医护人员配备数量、建筑面积等条件等同于设立医疗机构，审批手续也涉及卫生、民政、工商、税务、食品药品监管等多个部门，而部门之间也缺乏有效衔接；最后，因达不到规定规模无法向劳动保障部门申请成为医保定点单位，入住老人无法使用医保结算治疗费用。

三、促进民办养老机构发展的建议

宁夏仍处于老龄化的前期阶段，民办养老机构作为养老服务业的“主力军”，承担了社会养老的责任，对民办养老机构来说，既是机遇又是挑战。为此，我们建议：

一是协调各部门加大政策落实力度，促进养老事业均衡发展。政府应当依据已经出台针对民办养老机构优惠支持政策建立能落实到具体部门、具体负责人的监督催办制度，定期召开部门协调会；将养老目标任务完成情况纳入政府部门年终效能考核；设立政策实施步骤计划表；鼓励民办养老机构和政府系统内部上级单位监督政策的落实情况；开设对执行不力部门的投诉渠道。落实好财政支持、税收优惠、政府购买、商业保险等政策，鼓励引导社会各方面力量积极参与对老年产业的投资，引入市场机制，拓宽资源配置渠道。对民办养老机构发展相对落后的市县，在资金、场地、人员等方面，降低门槛、简化手续、规范程序，为社会力量兴办养老服务机构提供便捷服务。支持企事业单位、社会组织及个人兴办家庭化、小型化的养老服务机构。制定政策，明确划分养老护理层级和服务标准，规范硬件设施和服务水平。同时根据不同标准，制定差别化补贴，如对接收失能失智老人多的养老机构要给予相对高的护理补贴，以补贴其护理成本，促进民办和公办养老机构均衡发展。

二是加强宣传教育，引导社会养老观念转变。随着人口老龄化进程加快，老年人口的失能失智化、空巢化不断加剧，老年人在生活照料、康复护理、精神文化等方面的服务需求日益凸显，养老服务形势日趋严峻。政府、媒体、民办养老机构自身都应发挥宣传作用，引导公众接受民办养老机构。政府应利用其权威性，借助社区、居委会、工会等力量以发放宣传手册、展板的形式宣传民办养老机构设备完善、专业服务和较高的性价比等养老优势；大众传媒应利用其广泛影响力通过报纸、电视、广播、网络等从管理理念、工作人员素质和机构内老人丰富的生活向社会宣传民办养老机构品牌，提升知名度；民办养老机构更要以优质专业的服务潜移默化地改变社会对民办养老机构的认识误区。

三是以制度规范管理，建立良好运行机制。政府相关部门应综合考虑各方面因素，设定民办养老机构行业规范与制度，设立准入门槛、设施配备标准、工作人员资格、收费标准服务等级、收费标准。民政、老龄委等部门应与民办养老机构加强协商，建立行业协会。通过行业协会，规范民办养老机构的日常管理。制定完备的奖惩条例，定期对机构内的生活管理、消防安全以及卫生状况进行综合检查，并开展优劣评选；建立公开公正的投诉渠道，为入住老人及其家属解除后顾之忧；注意土地划拨、租金优惠、水电气优惠政策以及各项补贴落实情况，及时向政府部门反映，为民办养老机构争取合法权益。使行业协会成为政府与民办养老机构构建沟通桥梁，合力推动民办养老机构的发展。

四是提升老年服务人才培养质量，实现职业资格管理制度。扩大人才培养规模，建立以职业教育为重点、以普通高等教育、短期培训为依托的多层次、立体式的老年服务人才的培养体系。要依托行业加强人才技能培养，开辟校企间信息沟通与交流的渠道，使行业或企业直接参与专业设置、课程开发，参与培养方案制订和实践教学指导，最大限度地确保人才培养与企业需求相适应，提高学生的就业竞争能力。加强政府财政经费保障，通过减免学费、提高学生生活补贴等方式吸引更多人才投入养老服务行业。按照《养老护理员国家职业标准》，对养老护理员进行专业化培训，经民政部职业技能鉴定中心考核，合格者颁发养老护理员国家职业资格证书，并按照职业资格等级确定工资档次，实行分级管理。保障养老护理员的合法权益和福利待遇，强制纳入社保体系，以保证养老护理员队伍的稳定。

五是创新发展观念，探索医养融合新模式。借鉴已进行“医养结合”试点地区的先进经验，结合宁夏自身特点，探索养老机构发展医养融合的新模式。首先，政府要从政策和资金上积极鼓励扶持医养结合的养老模式。鼓励有条件的社会医疗单位创办医疗康复相结合的养老机构。鼓励养老机构在符合医疗机构设置规划和医疗机构基本标准的前提下，经审查批准后内设医疗机构，实现医养合一。其次，相关部门应加强合作，协同制定相应的配套政策。政府应发挥主导作用，对医养结合养老机构实施卫生准入、民政扶持、医保定点等扶持政策，由卫生部门批准医养结合的养老机构成为有医疗资质的机构，由民政部门确认其非营利性并纳入医保，以促进养老行业护理水平的提高和老年医疗康复产业的发展。最后，建立健全相关制度。制定和完善相关的民办医护型养老机构行业标准，建立统一完善的养老和医疗服务标准，规范医疗护理行为，保障老人的养老和医疗需求。完善的医保制度进一步扩大养老机构医保结算的范围。健全多样化的商业保险机制，全面实施老年护理保险制度，鼓励和引导商业保险公司开展老年健康、长期护理、意外伤害等保险业务。

宁夏生态移民地区儿童生存现状调查*

——以银川市金凤区良田镇为例

孔炜莉

宁夏中南部是我国贫困地区中的特困地区。为了改善该地区人口的生存和发展，自上世纪80年代起，宁夏实施扶贫开发移民工程，相继迁移80多万贫困人口。尤其是“十二五”期间，自治区决定对中南部地区34.6万人实施生态移民，使其搬迁到交通便利、相对发达的区域。目前，生态移民地区公共服务设施比较完善，搬迁移民生活环境有了日新月异的转变，生产、生活得到了较大改善和提高，移民们有了希望和盼头。儿童是国家的未来和希望,贫困地区儿童的生存发展越来越引起社会各界的关注。本文对银川市金凤区良田镇生态移民地区的儿童进行问卷调查，对儿童在新环境中的生存状况进行描述和实证分析。

一、良田镇生态移民地区的基本情况

银川市金凤区良田镇属于纯移民乡镇，已具有30年的移民历史。早在1983年宁夏实施吊庄移民时，由泾源县移民搬迁形成了目前的移民乡镇。历经“三西移民”工程、芦草洼吊庄移民和移民交属地管理等发展阶段。

---

* ［**基金项目**］本文是国家社会科学基金项目“生态移民地区留守儿童权利保障问题研究”（编号12BSH081）阶段性成果。

作者简介　孔炜莉，宁夏社会科学院法学社会学研究所研究馆员。

2003年全区乡镇机构合并时，成立了良田镇，现辖8个行政村和银川林场居委会，总面积93.3平方公里，耕地4.3万亩，有5779户2.3万人，其中回族2.1万人，占总人口的92.4%，劳动力1.4万人。到2013年底，良田镇累计建设设施温棚达到8000亩8万间，全年肉牛饲养量达3.2万头，奶牛存栏达0.38万头，年输出劳动力5826人次，实现农业总产值3.2亿元，农民人均纯收入6280元，增长24%。

“十二五”期间，根据自治区中南部地区生态移民规划，金凤区投资2.2亿元，征用土地2100亩，在良田镇投资建立和顺新村作为移民安置点。2011年4月和顺新村正式启动建设，截至2014年9月全部完成。三年来先后安置三批生态移民750户3000多人，搬迁移民分别来自彭阳县小岔乡、草庙乡、王洼镇。移民村保证每户1套房、1栋日光温棚、1个卫生厕所、1个太阳能，村里配有“三通”（水、电、通信）、道路、学校、幼儿园、文化广场、垃圾中转站等公共服务设施配套。和顺新村主要经济来源是设施农业和劳务输出。设施农业是该村的主导产业，以种植温棚小吊瓜和西红柿为主。由于良田镇距离银川市区10公里，为外出务工人员交通上提供便利，因此大部分务工人员在银川打工，人均每天可获得劳务工资70—100元。移民每户年均纯收入达到3万元以上，人均纯收入达到了6000元。

二、儿童生存现状

良田镇光彩回民小学距离和顺新村数百米，学校学生主要是来自于泾源、彭阳的移民子女，共有学生900多名。笔者于2014年6月在该校调研，共发放调查问卷100份，收回有效问卷99份，其中男童占51.5%，女童占48.5%；汉族占40.4%，回族占59.6%；9岁儿童占4.0%，10岁儿童占18.2%，11岁儿童占54.5%，12岁儿童占18.2%，13岁儿童占5.1%。

（一）家庭基本情况

调查对象中，家中有3口人及以下的占5.1%，4口人的占35.3%，5口人的占33.3%，6口人及以上的占26.3%。可以看出，绝大多数家庭人口在4口以上。父母婚姻均为在婚。从宁夏其他县城搬迁过来的占91.9%，来自本乡镇的占3.0%，其他占5.1%，说明调查对象家庭绝大数是从宁夏中南部地区迁移过来的。

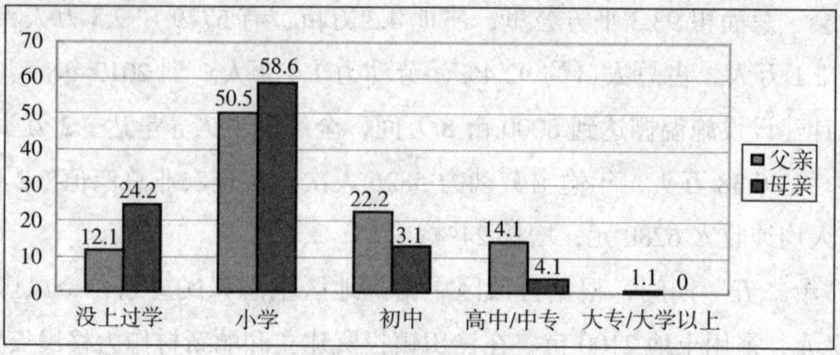

图 1 父母受教育情况（%）

调查显示（见图 1），近四分之一的母亲未接受过文化教育，母亲“没上过学”比较高出父亲 12.1 个百分点，说明母亲文盲率高于父亲；母亲接受“初中”“高中/中专”“大专/大学以上”教育的比例分别低于父亲 9.3、10、1.1 个百分点，说明母亲接受初中以上文化程度均低于父亲。

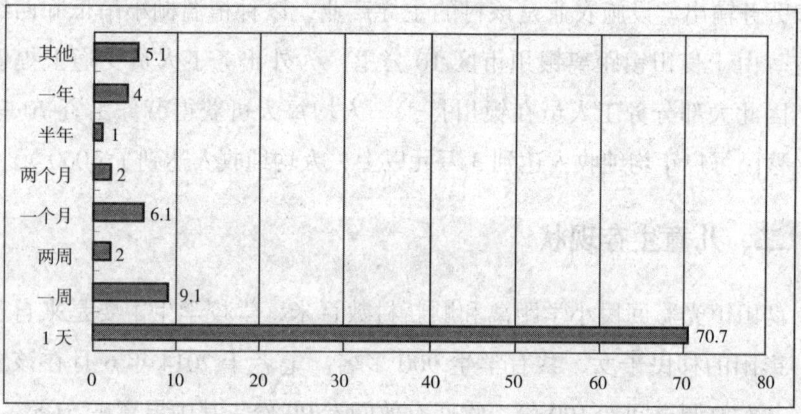

图 2 外出打工父母回家频率（%）

调查对象中父母有外出打工的占 98.0%，其中父母均在外打工的占 39.4%，父亲在外打工的占 47.5%，母亲在外打工的占 13.1%，说明以父亲外出打工为主。据调查（见图 2），外出打工父母每天都回来的占 70.7%，“1 周”至“1 个月”回来一次占 17.2%，“2 个月”以上回来的占 7.0%。可以看出，大多数外出打工的父母每天都能和子女团聚，他们和城市上班族一样，每天早出晚归，距离城市远的有车专门接送，交通方便的和城市人一起挤公交车上下班。他们除了在农村居住外，其他方面和城市人相差无异。

（二）生活卫生习惯

培养儿童良好的卫生习惯是身体健康的必要保证，会使儿童终生受益。调查显示，儿童每天“既刷牙也洗脸”的占 82.8%，“不刷牙只洗脸”的占 16.2%，“不刷牙不洗脸”的占1.0%，说明有 17.2%的儿童不刷牙，不懂得爱护牙齿。最近一次洗澡是在“几天前”的占 95.9%，“2 周前”洗澡的占 1.0%，“2 个月前”的占 2.1%，“1 年前”的占 1.0%。儿童每天睡眠时间在“10 小时以上”的占 14.1%，“10 小时”的占 31.3%，“9 小时”的占 27.3%，“8 小时”的占 15.2%，“7 小时”的占 8.1%，“6 小时以下”占 4.0%。可以看出，半数以上儿童（54.6%）每天睡眠时间在 9 小时及以下。

（三）营养状况

为了帮助贫困山区的孩子“吃饱饭，上好学”。2011 年秋季，我国启动“农村义务教育学生营养改善计划”，国家每年投入 160 亿元，为 680 个县市的 2600 万农村义务教育阶段学生提供营养膳食补助。截至 2012 年秋季，宁夏“营养改善计划”惠及贫困地区 36 万中小学生，占全区农村义务教育阶段学生的 35%以上。

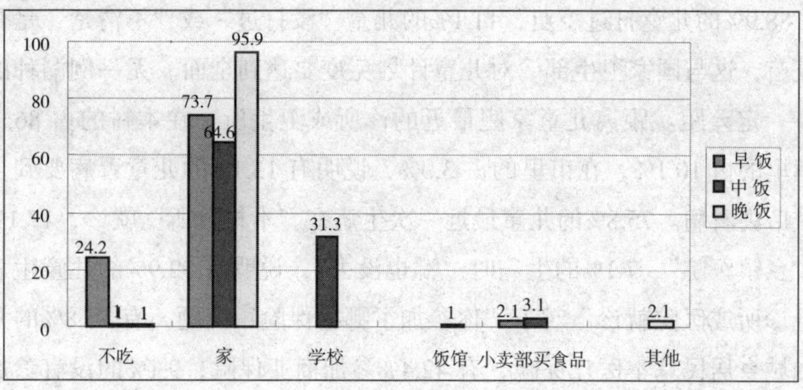

图 3　儿童一日三餐情况（%）

由于从中南部地区迁移出来到川区的移民则不再享受“营养改善计划”，因此良田镇移民地区小学生的一日三餐均由家庭解决。调查显示（见图 3），儿童多数在家中就餐，但三餐比例悬殊较大，晚餐的比例最高，为 95.9%，比早餐、午餐分别高出 22.2、31.3 个百分点，说明 26.3%和 35.4%

的儿童不在家中吃早、中饭。造成差异的原因是，有24.2%的儿童不吃早餐；由于父母在外打工，中午不能回家做饭，31.3%的儿童自带馒头、泡面等作为午餐，自行在学校解决；还有3.1%的儿童在小卖部买食品当午餐。

表1 一日三餐经常吃到的食物（%）

食品	米	面	蔬菜	蛋类	奶制品	肉/鱼	水果	其他
比例	52.5	91.9	60.6	23.2	19.2	21.2	30.3	3.0

调查表明（见表1），儿童一日三餐经常摄取的食物中，“面”食比例最高，为91.9%，这里的“面”食包括面条、泡面、馒头、饼子等食品。值得关注的是，儿童摄入的“米”仅有52.5%，比“面”低39.4个百分点，甚至比“蔬菜”的比例低8.1个百分点，说明儿童很少吃“米”。特别需要指出的是，仅有20%左右的儿童经常能摄入“蛋类”“奶制品”“肉/鱼”等三类优质蛋白，而且对奶制品的摄入低于其他两类蛋白质。虽然良田镇以设施农业、养殖业为主要产业，但移民的丰收硕果却不能惠及自己的子女，移民地区儿童营养缺乏应引起政府和家长的重视。

（四）生病治疗状况

除了营养获取之外，医疗卫生也是儿童生存的一项重要内容。调查显示，88.9%的儿童打过疫苗，11.1%的儿童“没打过”或“不清楚”是否打过疫苗，这与国家卫生部门对儿童计划免疫要达到全面、无一例漏种的要求有一定差距。距离儿童家庭最近的诊所或卫生所，在本村的占86.9%，在镇里的占10.1%，在市里的占3.0%，说明有13.1%的儿童看病要到乡镇或城市去看病。75.8%的儿童最近一次生病在“本村诊所”就诊，17.1%的在“乡镇医院”，7.1%的生病时“哪也没去”，说明有92.9%的儿童生病能够赴诊所或医院就诊。对于“你参加了哪些保险”问题，有75.8%的儿童参加城乡居民基本医疗保险，有42.4%参加商业保险，9.1%的没有参加保险，4.0%的不清楚是否参加保险。可见，有10%左右的儿童没有参与国家和社会的医疗保障，不能公平地享受医疗保障机会。

（五）参与家务劳动和娱乐活动状况

上学之余，儿童参与的各类活动表现了其生存状态，也反映了当地生活环境为儿童成长提供的条件和资源。调查表明，儿童课外时间“写作业”

比例最高，占 79.8%，参与家务劳动或干农活的占 56.6%。可以看出，半数以上儿童课余时间主要用于写作业和承担家务劳动，还有四分之一的儿童需要“照顾家人”。对于“你在家经常干活吗”的问题，59.6%的儿童回答“经常”干活，10.1%“偶而”干，30%的“有时”干，说明 100%的儿童参与家务劳动，其中“做家务”（包括照顾家人）的占 78.8%，“干农活”的占 16.2%，“帮父母照顾生意”的占 3.0%，“其他”占 2.0%。可以看出，大部分儿童主要承担家庭室内劳动，少部分儿童参与户外或与外部交流劳动。

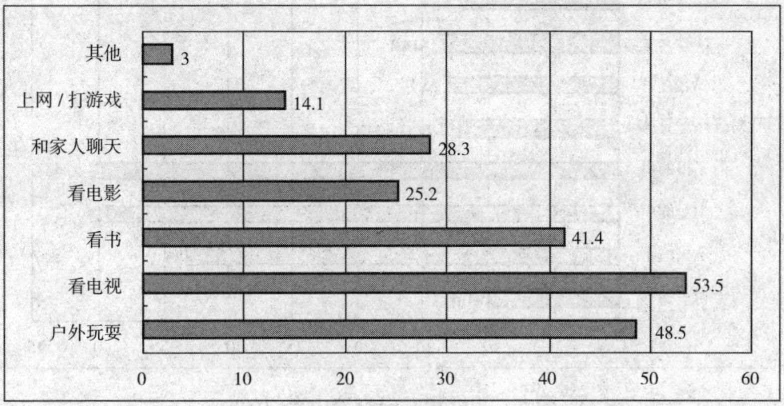

图 4　娱乐活动安排情况（%）

参与娱乐活动使儿童获得大自然和社会知识，能够开阔眼界，促进心智发展，使儿童心情愉悦，是陶冶情操、强身健体和锻炼意志的好机会。据调查，78.8%的儿童回答村里“有”娱乐活动场所，认为“没有”的占 15.1%，“不清楚”的占 6.1%，说明五分之一的儿童没有在村里公共娱乐活动场所活动过。调查显示（见图 4），除了“看电视”“户外玩耍”“看书”“看电影”等活动均不足半数，“和家人聊天”也不足三分之一，可以看出儿童参与各项娱乐活动的比例并不高。针对“你上一次看电影的时间”，89.9%的儿童是在“一周前”看的，这是由于学校在一周前通过多媒体在课堂上组织学生观看；7.0%的儿童是在“两年前”或“记不清楚”。可以看出，除了在学校活动外，儿童课余时间一方面用于写作业，另一方面主要参与家务劳动，参与娱乐活动的时间比较少。

（六）沟通交流状况

社会关系是人们之间产生互动，以实现物质、能量、情感、信息的交换和交流。儿童的社会关系主要反映在与父母、家人以及同伴的沟通交流上。在交流内容中（见图 5），子女与父母谈论内容在前三位的是“家里的事”“学习的事” 和“学校的事”，分别为 40.4%、39.3%和 33.3%，说明儿童与父母主要交流家庭和学习方面的事情，但是交流人数并不多。而对父母的关心、自己和同伴的关系以及村里事情交流非常少。

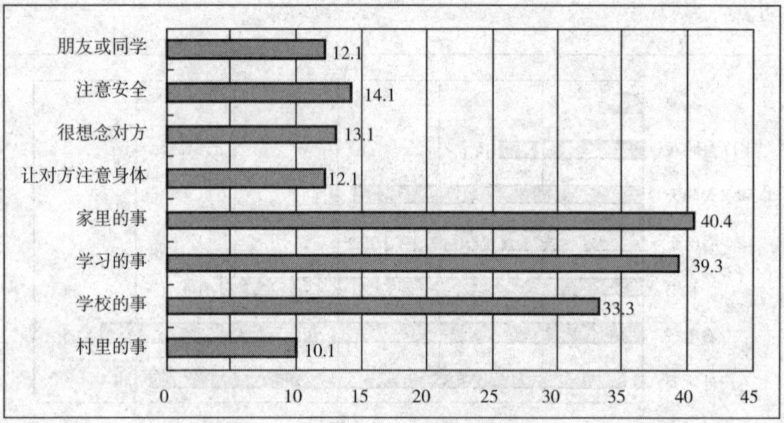

图 5　儿童和父母交流内容（%）

许多研究表明，同伴交往是儿童发展的重要内容和维护心理健康的主要条件，也是儿童获得社会支持的重要源泉。调查显示，99.0%的儿童有好朋友，好朋友中“男孩女孩都有”的占 33.3，其中女童选择比例高于男童 2.1 个百分点；好友“都是女孩”和“都是男孩”的分别为 31.3%，和 35.4%，二者相差 4.1 个百分点。可以看出，儿童与同伴的交往有一定的性别选择，三成左右儿童选择同性别作为朋友，男童同性好友比例高于女童，而且女童有不同性别好友的比例高于男童。

调查显示（见图 6），儿童心情不愉快时，向好朋友倾诉的最多，比例为 72.7%。在家人的交流当中，与母亲倾诉的最多（12.2%），比父亲高出 9.2 个百分点，与兄弟姐妹、父亲的交流比例相当。儿童与父亲、母亲的沟通上存在显著性别差异，反映出父亲在儿童成长中在心理沟通和交流上严重缺位。值得关注的是，儿童不愉快时，与母亲的交流仅是与好朋友交流的六分之一，与父母、兄弟姐妹交流合计也仅是好友交流的四分之一，同伴对儿童的心理支持远远高出父母57.5个百分点。可见，好友的交流是儿童心理支持的重要源泉。“没人可说”和“不向人说”占8.1%，这些儿童如果不引起重视，不利于儿童的心理健康。

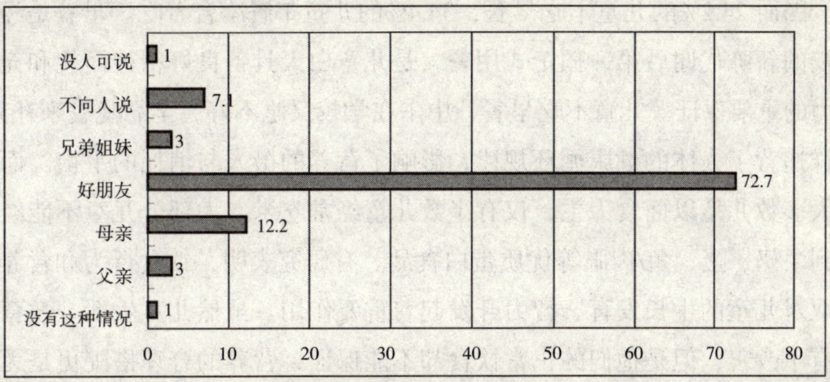

图6　儿童心情不愉快时的倾诉对象（%）

三、结论及讨论

（一）缺乏良好的卫生健康习惯，不利于儿童生长发育

良好的卫生习惯有益于儿童身心健康，能减少寄生虫病、消化系统疾病以及传染病等各类疾病的发生。调查对象中仍有部分儿童没有每天刷牙和经常洗澡的习惯。刷牙习惯应在学龄前开始培养，小学时期还没有良好的护牙习惯，不利于身体消化和营养的吸收。国内外许多专家建议中小学生每天睡眠时间不能少于9小时，有的省市以文件规定以保证中小学生睡眠时间。调查对象有一半以上儿童睡眠不达标准。以此推测，许多儿童早上7点以前起床，晚上10点以后睡觉，这与父母早出晚归有很大关系。有研究指出，儿童睡眠不足会对身心发育造成以下影响：（1）影响儿童生长发育，导致长不高；（2）长期晚睡会造成儿童乏力、嗜睡、抵抗力下降等，影响各项身体功能；（3）大脑功能恢复不好，会导致第二天注意力不集中、记忆力下降、心情烦躁、情绪控制能力差等。在综合大量研究成果后，专家建议，小学生每天睡眠时间应为10—12小时。

（二）饮食习惯不良，营养状况较差

儿童体质发育的好坏与一日三餐有很大的关系。多数调查对象的父母虽然每天回家，可他们忙于打工挣钱，保留搬迁以前在山区的饮食习惯，忽视照顾子女的饮食，不能保证儿童的一日三餐，更谈不上饮食的营养搭配。因而24.2%的儿童不吃早餐，34.4%的儿童午餐凑合着吃。早餐是经过一夜的新陈代谢后第一顿正式用餐，是儿童白天具备良好精神面貌和充沛体力的重要保证。儿童不吃早餐，中午在学校又吃不好，全靠晚餐来补充，这样违背了人体的健康循环规律，影响了营养的摄入与消耗的平衡。而且绝大多数儿童以面食为主，仅有半数儿童经常吃米，大部分儿童不能经常吃到牛奶、蛋、鱼/肉眼等优质蛋白食品。有研究表明，饮食行为和营养的摄取对儿童的生长发育、智力开发起着重要作用。虽然儿童生活、教育环境有了改善，但是他们的正常饮食却不能保证，营养的合理搭配更是无从谈起。不良的饮食习惯，饮食结构单一。长期下去，会造成儿童营养不良、抵抗力差，不利于儿童的智力发育和心身健康。

（三）承担家务劳动多，参与娱乐活动少

全国妇联对我国十二省市农村儿童调查显示，农村非留守儿童课余时间安排在前三位的是“做作业”“和伙伴一起玩”“在家看电视”，比例分别为74.6%、66.1%、52.4%。而本文调查对象课余时间排前三位的是“做作业”“干家务/农活”“看电视”，分别为79.8%、56.6%、53.5%，二者的“做作业”和“看电视”比例相当，分别位居第一、第三位。位居十二省市农村儿童课余安排第二位的“和伙伴一起玩”比良田镇儿童“户外玩耍”（48.5%）高出17.6个百分点；而位居良田镇儿童课余活动第二位的则是“干家务/农活”。参与“户外玩耍”“看书”“看电影”等娱乐活动儿童均不足半数，甚至7.0%的儿童是在“两年前”看电影或“记不清楚”何时看电影。这主要是由于村里公共娱乐场所不足，不能满足儿童的娱乐需求，加上学习压力和家务劳动占用儿童大量课余时间，使儿童玩耍的权利被剥夺。中国青少年研究中心孙云晓认为，户外活动是释放体内多余精力的重要途径，对于小学生来讲，如果过剩的精力得不到正常、足够的渠道发泄，孩子会在课堂上出现注意力不集中、小动作频繁等情况，而且容易出现烦躁、焦虑等不平衡的心理状态。参加户外运动在儿童社会化过程中起着重要作用，有诸多益处：通过运动，能促进血液循环和新陈代谢，强身健体；经常感受大自然，有利于右脑的锻炼和开发，能帮助孩子提升运动、社交及认知能力；增强孩子的体魄和健康的心理素质，进而适应社会。

（四）同伴关系紧密，家庭关系松散

在儿童不愉快时，同伴对儿童的心理支持远远高于父母的支持，仅有少数儿童与父母沟通交流，而且交流频次偏低，父母对儿童教育功能薄弱。与父母长期在外务工家庭相比，即使大多数父母每天能回家，加强亲子关系。但父母受传统观念和早出晚归等因素影响，往往忽视与子女的沟通，除了家庭事务外，最多关心子女的学习情况，对于子女的交友、心理等方面无暇顾及。外出父母对子女教育与影响的功能大为削弱，亲子关系松散导致家庭支持不足，尤其是对儿童的心理支持严重不足，对心理健康有一定影响。

生态移民地区儿童生存发展状况不容忽视，建议从以下几方面着手改善儿童的现状，以保障儿童健康发展。

——政府考虑将生态移民地区儿童纳入“营养改善计划”，以保障儿童健康的生长发育；加大医疗保障宣传力度，尤其加强对儿童父母的宣传教育，争取将农村儿童全部纳入城乡居民基本医疗保障范围。

——学校需要加强对儿童进行卫生保健教育，使其养成良好的卫生习惯；减轻课外作业负担，保障儿童参与娱乐活动的权利。

——父母需要转变观念，加强对子女的照顾和关爱。从儿童心身健康出发，加强亲子关系的交流和疏导；改善生活习惯，尽可能保证儿童的正常饮食，注意营养合理搭配，保障儿童健康、快乐的茁壮成长。

宁夏社会组织在社会治理中的作用研究

马丽娟

党的十八届三中全会《决定》指出："正确处理政府和社会关系，加快实施政社分开，推进社会组织明确权责、依法自治、发挥作用。适合由社会组织提供的公共服务和解决的事项，交由社会组织承担。" 十八届四全会又指出："发挥人民团体和社会组织在法治社会建设中的积极作用。"自20世纪90年代以来，社会组织作为推动社会发展的新兴力量蓬勃兴起，在促进社会治理多元化、民主化方面发挥了重要作用。社会组织作为区别于政府部门、企业部门的第三部门，由于社会需求的增加而大量涌现，其参与现代社会治理的积极功能日益得到社会各方瞩目。

一、社会组织及相关概念

社会组织指在我国主要由公民自愿组成，从事非营利活动的社会团体、民办非企业单位和利用社会捐赠的财产，从事公益事业的基金会三大类经民政部门登记的社会组织，以及未登记的各类群团组织。国外对社会组织，有不同的称谓，如"非政府组织""民间组织""公民社会组织""第三部门"等。在我国社会组织的成长与计划经济向市场经济转型密切相关。上世纪70年代末进行的改革开放，使群众生活多样化，民众参与社会服务和管理的积极性大为高涨，结社运动成为一种现象随经济的发展而兴起。

作者简介 马丽娟，宁夏社会科学院法学社会学研究所助理研究员。

另外，经济的发展又促使政府变革，政府的职能转变，使许多权力放权于社会，在大部分微观经济领域，如生产、经营、文化、学术等活动中，政府不再履行直接的管理职能，而是将这些职能转交给相关的社会组织，如行业协会、商会组织、同业组织等等。这些社会组织遍布城乡，涉及经济社会生活的各个领域，经过30多年的发展，初步形成了门类齐全、层次不同、功能互补、覆盖广泛、特色明显的组织体系，对激发社会活力、促进社会公平、反映公众诉求、化解社会矛盾起到了不可替代的作用，成为现代社会治理举足轻重的力量。

社会治理是指在市场经济条件下发挥经济手段、法律手段、道德手段、宣传教育手段的作用，通过法治、德治、自治、共治等方式，在政府治理和社会自我调节、居民自治的良性互动中，达到社会的和谐与进步。当前我国所强调的社会治理，是指基于对政府与社会、政府与市场关系的科学认识，对传统社会管理方式实行重大变革，实现社会有序发展的治理方式的重大转变。按照十八届三中全会的精神要求，社会治理要坚持系统治理，使治理主体从政府包揽向政府主导、社会共同治理转变；要坚持依法治理，使治理方式从管控规制向法制保障转变；要坚持综合治理，使治理手段从单一手段向多种手段综合运用转变；要坚持源头治理，使治理重心从事后处置向源头治理转变。

二、宁夏社会组织发展现状

改革开放以来，宁夏社会组织逐步进入稳步发展的阶段。特别是近年来，在各级党委、政府的重视和支持下，宁夏社会组织得到了较快的发展。截至2014年9月，全区共有社会组织4374家，各类社会团体、民办非企业单位和基金会大幅增长。[①]农村专业经济组织、登记、备案的社区社会组织、以及一些未登记但以社会组织名义活动的“草根组织”，得到了快速发展。从1989年到2014年，宁夏社会组织数量增长了20多倍（1989年宁夏社会组织不到200个）。尤其是经过近五年的快速递增，初步形成了与宁

①《宁夏手机报新闻晚报》2014-12-07。

夏经济社会发展相适应、门类齐全、层次不同、覆盖广泛的社会组织发展体系。

社会团体按照其活动领域和内容又分为四大类，第一类是社会性团体，即在社会文化领域开展各种活动的会员制组织，如各种学会、协会、促进会、联谊会等；第二类是经济性团体，如各类行业协会、商会等；第三类是农村专业经济协会，如农业技术服务协会等；第四类是社区民间组织，如各类文化体育活动组织、老年人协会、志愿者组织等。民办非企业单位主要集中在教育、卫生、文化体育、技能培训等领域。基金会是在各个领域里开展各种资助活动或资金运作活动的非会员制组织，如项目型基金会、资助型基金会等。

宁夏社会组织主要有以下几个方面的发展特点。

(1) 社会组织体系初步建立。经过多年的建设和发展，社会团体、民办非企业单位、基金会这三大类社会组织已经遍布宁夏城乡，涉及社会生活各个领域。社会组织成为继机关法人、事业单位法人、企业法人之后的又一重要的社会组织法人。

(2) 组织机构发展呈加速趋势。随着我国市场经济体制的逐步建立完善，国际交往的日益增多和政府职能的逐步转变，社会组织的活动空间也逐渐增大，社会组织建设也得到长足发展，新增社会组织逐年增长。

(3) 社会组织党建得到加强。纵向上，实现了自治区、市、县（区）三级社会组织工委工作体制全覆盖；横向上，指导全区性社会组织业务主管单位成立社会组织党委（党总支）。扩大党在社会组织的组织覆盖和工作覆盖，据统计，截至 2013 年 3 月，全区社会组织共建立党支部 1367 个，覆盖社会组织 1905 家，党组织覆盖率为 46.7%[①]。在全区社会组织中深入开展了党的群众路线教育实践活动和创先争优活动，努力构建“发展、监管、党建”三位一体的工作机制，全面加强了社会组织党建。

---

① 尤晓刚《宁夏社会组织党建工作影响力的现状、问题及对策》，载《中国社会组织》2013 年第 6 期。

三、社会组织在社会治理中的作用发挥

随着市场经济的发展，宁夏社会组织建设取得了很大成就，在经济、政治、文化、社会、教育、科技等各个领域发挥着独特而重要的作用，成为沟通党和政府与人民群众的桥梁和纽带，为维护公共利益、推动政府改革，发挥着不可忽视的重要作用。在社会治理中发挥着提供服务社会、协调社会利益关系、弥补政府职能不足、反映各方诉求、培育公民社会意识的功能，为实现社会治理的现代化起到了不可替代的作用。

第一，服务社会。在服务社会这一功能中，社会组织中的经济类组织表现尤为突出。经济类社会组织分布在宁夏经济发展的各个领域，围绕经济发展主题，积极配合政府工作，在规范市场秩序、开展行业自律、制定行业标准、调解行业纠纷、开展招商引资等方面发挥了积极的作用，已经成为市场经济体制不可或缺的力量。其中农村专业经济协会的作用十分突出，各类农村专业经济协会在促进区域经济、优势产业、提高农民收入等方面发挥了积极作用。农村专业经济协会架起生产与市场之间的桥梁，在提高农民组织化程度、调整农业产业结构，形成特色产业、品牌产业、绿色产业和为农户提供服务中作用日益突出。全区农村专业经济协会带动农户发展，促进农民增收，大力培训农村各类专业技术人员，提供各种咨询服务，并组团到先进地区考察，为农村各类专业户提供产前、产中、产后服务，受到了农民群众的称赞。社会组织汇集了众多优秀人才，各类民间组织充分发挥人才、智力优势，深入开展调查研究活动，服务宁夏经济社会发展的大局，为党委、政府和有关部门的决策建言献策。

第二，协调利益关系。一些社区社会组织积极配合政府部门，协调劳动关系，参与社区共治，化解了大量社会矛盾。民办非企业单位为社区、学校和社会弱势群体提供大量无偿或低偿服务，社会效益明显。农村专业经济协会、社区民间组织为村民、居民提供各类服务，促进了经济发展和社区和谐建设。社区民间组织在加强居民之间的联系与沟通、促进社区建设、丰富居民文体娱乐活动、方便群众生活和维护居民权益等方面发挥了良好作用。行业协会商会，在积极为政府服务，为企业提供政策咨询服务，

加强行业自律，维护企业合法权益，招商引资、发展经济等方面起到重要作用。例如自治区消协承担着向消费者提供信息、咨询服务，参与商品的监督、检查，受理投诉、维护消费者权益等社会公共事务管理和服务的七项职能，自1989年成立以来共受理大量投诉，解决率达98%以上，为消费者挽回重多经济损失，受到广大消费者和社会各界的好评。社会组织在各个领域的利益协调作用明显，成为构建和谐社会、推动经济发展和社会进步的重要促进力量。社会组织可以监督企业是不是按照要求生产合格的产品，督促企业做合格的产品，履行社会责任。社会组织还可以监督政府，监督官员，督促官员和政府公平地制定政策，更好地履行政府的职能，以助于各种社会关系的调整。

第三，提供就业渠道。随着社会经济的快速发展，全区民办非企业单位呈现出良好的发展态势，成为社会事业的有效载体、经济发展新的增长点、解决就业问题的重要渠道。民办非企业单位广泛利用民间资金，运用灵活、高效的市场机制，在经济、科技、教育、文化、体育、社会福利等领域向社会提供多样化、个性化的服务，有力调动了社会资本向社会事业的投入。民办非企业单位对于推动政企分开、政事分开，重塑社会主义市场经济条件下的新型社会管理体制，发挥了十分重要的作用。通过筹集社会资金，创办教育、医疗和科技文化等实体，解决了公共资源不足，促进了人力资源开发。通过动员社会力量，开展职业技能培训，实施社会救助，促进了社会再就业，维护了社会稳定。近年来，宁夏社会组织解决就业人员10万多人，每年协助政府部门招商引资500亿元以上①。

第四，弥补政府职能中的不足。解决并服务民生，逐步缓解这个矛盾，既要不断增加政府对公共服务的投入，优化公共资源配置；同时也要充分发挥社会组织在募集社会资金、动员公众参与、吸引志愿人员、直接面向个人或群体帮助他们解决具体问题与困难等方面的优点，使民间组织在市场不愿做、政府力不从心的公共服务领域，发挥拾遗补缺的重要作用。在宁夏基金会发展势头强劲，充分利用民间资金，协助政府参与扶贫济困、

①《宁夏社会组织党建助推经济社会发展》,宁夏党建网 2012-10-09。

救灾救济、安老抚幼、助学助医等公益活动，弘扬了尊老爱幼、互爱互助、扶弱济困、奉献社会的良好社会风尚，成为社会管理和公共服务的有益补充。宁夏现有的基金会大都是公募性的，涉及教育、科技、医药、卫生、文化、艺术、扶贫、环保、弱势群体保护等10多个公益领域。近年来，全区基金会通过各种渠道争取公益项目多个，如希望工程、母亲水窖、母亲健康快车、保护母亲河、资助贫困学生、奖励见义勇为英模、残疾人白内障手术等，募集大量公益资金，直接受益弱势群体、特殊群众和英模150多万人。在抗灾救灾和重大活动中，各类社会组织在募集款物，动员社会志愿者方面站在第一线，成为推进公益事业、弘扬慈善精神的引领者。基金会积极参与公益慈善事业，服务社会特殊群体，弥补了政府力量不足，促进了公益事业发展。

第五，表达诉求。随着就业结构、就业形式的变化，许多职工由“单位人”转变为“社会人”，城乡流动就业人员大量增加；在经济利益主体多元化的同时，社会成员的活动方式也日趋多样化。在这种情况下，规范发展民间组织，可以多渠道、多层次地反映社会诉求，尤其是关注容易被忽视的弱势群体的诉求。社会组织通过其宗旨、章程和自律，引导其成员遵守国家法律法规和社会公德。发挥社会组织自治机制的作用，比仅靠政府管理可以收到更好的效果。社会组织中有很多的社会成员，当这些成员的权益受到损害的时候，通过所在的社会组织向政府反映情况，由社会组织与政府通过谈判、协商的方式来维护成员权益，表达成员的诉求。广大社会组织广泛联系各个社会阶层，代表不同的利益群体，直接将党的声音传递给人民群众，把群众的呼声反映给政府部门，已经成了党和政府联系人民群众的桥梁和纽带。宁夏的一些社会组织在城乡基层选举中，较好地承担了公民教育、选举观察、协助过程设计等工作。社会组织的桥梁和纽带作用，有利于党和政府的方针政策及时准确下达和执行。

三、近年宁夏推动社会组织发展的创新举措

近年来，自治区政府为推进社会组织发展创新采取了一系列举措。

首先，取消下放相关审批事项。出台的《宁夏社会组织登记暂行办法》

取消、下放涉及社会团体、民办非企业、基金会等16项行政审批事项，精简率达32%。[①]

其次，成立了宁夏社会组织总会。近年来，宁夏社会组织快速发展，平均每万人有6.28个社会组织。社会组织在为我区经济建设作出重要贡献的同时，仍然存在法律法规、财税资金、规范管理等方面的不足，以及自身建设、功能作用等偏弱的问题。宁夏社会组织总会的成立对社会组织实行协调指导，为政府和社会组织合作互动提供了有效平台。[②]

第三，开展社会组织党建。宁夏在社会组织中实行了“一体化”和“精细化”党建模式，成立了中共宁夏回族自治区社会组织工作委员会。宁夏社会组织工委成立后，立即将抓好顶层设计作为社会组织党建工作的首要任务，创造性地开展了纵向上抓线、横向上抓面的党建工作模式。宁夏以“引导社会组织遵守法律法规、团结凝聚党员和组织成员、维护各方的合法权益”为社会组织党建工作目标，将社会组织基层党建的核心定位在“服务”上[③]。

第四，大力开展社会组织宣传工作。为全面提升社会组织参与社会治理和服务水平，扩大社会组织影响力，营造全社会关注和支持社会组织发展的良好舆论氛围，宁夏政府制定了《2014年全区社会组织宣传工作纲要》。逐步提高新时期社会组织宣传工作的整体水平，加快形成社会各界了解社会组织、理解社会组织、关心支持社会组织的良好舆论氛围。

第五，政府加大向社会组织购买公共服务力度。2014年5月，宁夏出台《政府向社会力量购买服务暂行办法》，规定政府购买服务的范围为：适合采取市场化方式提供、社会力量能够承担、突出公共性和公益性的公共服务，其中包括公共服务、社会管理服务、行业管理与协调、技术服务、政府履职所需辅助性事项等，选取民生关注度高、适合由社会力量承担的养老、教育、就业、医疗卫生、文化体育、社区服务、住房保障、残疾人

① 吴宏林《宁夏社会组织管理即将取消下放16项行政审批事项》,《宁夏日报》2013-11-13。

②《宁夏社会组织党建助推经济社会发展》,宁夏党建网2012-10-09。

③ 王润华《宁夏社会组织有了“娘家人”》,《华兴时报》2014-01-16。

服务等公共服务项目开展试点。

四、问题及讨论

社会组织作为社会治理的重要主体之一，在推进公民社会发展，促进政府职能转变，弥补市场失灵的公共治理中，发挥出巨大的优势。但目前，宁夏社会组织仍面临着发育不足、能力有限、运作不规范和相关法规制度滞后等问题，导致社会组织在参与公共事务，以及对政府职能转移和协助政府购买社会服务等方面不尽如人意。因此，必须紧紧抓住机遇，加强具有桥梁作用的社会组织的建设。一方面，要完善相关法律体制，确保社会组织的有序发展；另一方面，要以政府为主导，广泛引导社会组织参与公共治理，在参与中实现成长，逐步提升其承接政府相关职能的能力，助推政府改革和社会发展。

2015年宁夏社会蓝皮书
BLUE BOOK OF NINGXIA'S SOCIETY

区域社会治理创新篇

建设统一征信平台　推动法治社会建设

——关于打造宁夏统一社会信用信息平台的建议

李保平

诚信是一个社会底线道德，对个人来讲，诚信是一种品德。古人说，“民无信不立”，良好的信誉是一个人立足社会，成就事业的基石。对社会而言，诚信是一种粘合剂和资源，它可以使社会充满和谐，最大程度降低管理成本，从而提高了社会的治理效率。正因为如此，作为中华民族传统美德的诚信，虽迁延弥久，却亘古常新，构成社会主义核心价值观的重要内容。刚刚闭幕的十八届四中全会提出要增强全民法治观念，推进法治社会建设，其中，加强社会诚信建设，健全公民和组织守法信用记录，完善守法诚信褒奖机制和违法失信行为惩戒机制，使尊法守法成为全体人民共同追求和自觉行动是法治社会建设的重要内容。宁夏是经济社会欠发达地区，要在较短的时间内迎头赶上，与全国同步进入小康社会，不但需要付出艰辛的劳动，更需要审时度势，找准突破口，发挥优势。“两优”发展战略的提出，正是自治区党委、政府结合宁夏实际提出重大决策，它既是用“软实力”弥补“硬实力”不足，用“软实力”发展“硬实力”战略举措，也是推动宁夏经济社会文化全面发展的治本之策。

作者简介　李保平，宁夏社会科学院法学社会学研究所研究员。

一、征信平台建设是“两优”发展环境的重要保障

社会征信体系建设是“两优”发展战略的重要内容。建设西部最优，比东部更优的发展环境，是推动宁夏经济社会发展的重要推手。“两优”发展环境不是一种口号，而是有着实实在在的内容。制度体系、规范体系和价值体系构成“两优”发展环境的重要载体。所以，“两优”发展环境不仅仅是制度建设、政策规范等有形物，而且也体现为以社会主义核心价值观为内容的价值体系等无形物，其中，社会征信体系建设是发展环境的基础性工程。

社会征信综合信息平台建设是“两优”发展环境的重要抓手。社会征信综合信息平台将个人、法人、政府的征信信息集中发布，既是对社会诚信建设的推动，也反映了社会诚信的现状，更是衡量社会诚信的一个标尺。它用最简洁、最明了的方式反映了一个地区的发展环境，是“两优”发展环境的重要测评标准。

社会征信综合信息平台建设，也是运用“法治理念，法治思维”治理社会的重要体现。社会需要治理，发展环境的塑造更加依靠治理。社会征信综合信息平台建设就是利用治理理念，利用征信资源推动发展环境改善的重要手段。

总之，由于宁夏区域面积小，人口较少，自治区党委、政府高度重视信息化工作，提出打造智慧宁夏的战略举措，加之大数据时代的信息技术也为宁夏建设征信信息平台建设提供了有力的技术支撑，这些都是宁夏建设统一征信平台的有利条件。

二、宁夏当前征信信息平台建设及存在的问题

社会征信信息平台是市场经济发展的必然结果。在资本主义国家，随着市场经济的发展，较早建立了较为完善的社会信用体系，形成了市场主导、政府主导、会员制三种发展模式，建立了个人、企业信用管理和服务体系。美国是市场主导模式的代表，信用中介机构由私人部门发起成立并实行自我管理，欧洲是政府主导模式的代表，由中央银行建立的消费信贷

登记系统为主体形成社会信用体系，会员制模式则以日本为代表，行业协会在征信体系建设中发挥了重要作用。改革开放后，我国适应市场经济的发展需要，借鉴欧洲模式，建立了以银行信贷登记系统为依托的征信平台，用于查询个人与信贷有关的诚信记录。另外，许多市场监管主体、司法部门（主要是法院）也通过信用评级、建立黑名单制和限制市场准入等形式，对个人、企业法人等主体的社会诚信信息进行披露。宁夏的情况大致也与此基本相同。在市场经济发展的今天，这种以个人信贷诚信为主的征信结构体系已越来越不适应社会经济发展的需要，也暴露出许多问题。

首先，征信信息平台主体单一，缺乏市场主体和行业协会的参与，导致开放性不足。目前银行信贷登记系统是宁夏唯一的征信平台，其提供的单一的信贷信息无法满足市场主体和社会治理对征信对象的信用需求。监管部门和司法机关的信用评级、黑名单制和市场准入限制，更多的是一种管理方式和执行方式，还不是严格意义上的征信平台，市场化的征信平台建设还严重滞后。

其次，征信内容有结构性缺陷。一是银行只针对个人提供单一的信贷征信信息，对征信对象是否遵纪守法、是否有违反公共道德、是否违反合同约定等与征信有关的重要信息付之阙如；二是企业征信机构缺失，没有建立企业资信搜集和服务机构；三是政府信用没有纳入征信信息范围，使引领社会诚信风尚的政府信用事实上处于无人监督、无人评价的窘境。

再次，没有形成个人、企业、政府信用信息的搜集系统和共享机制。从征信信息结构看，个人信用信息、企业信用信息、政府信用信息构成一个完整的征信体系，但不同的信息有不同的信息搜集路径和规范要求，这就要求个人信用信息、企业信用信息、政府信用信息必须建立自己的信息搜集系统，这种不同的系统可以由一家征信机构完成，也可以分散在不同的征信机构，但最终通过建立共享系统实现征信信息价值的社会化。宁夏目前个人信用系统虽已建立，但内容不完整，企业信用搜集服务系统、政府信用搜集服务系统建设还没有提上议事日程，更谈不上共享机制的建立，从而使得统一征信平台建立缺少最基本的要素。现行的监管部门和司法机构的信用信息披露，也是在各自系统内运行，没有形成互联互通的机制。

三、几点建议

（一）整合现有与征信有关的资源，打造全区统一社会信用信息平台

随着市场经济的发展，现有征信信息平台建设的局限性日益显现，建立统一征信信息发布平台的需求日渐迫切。结合宁夏社会组织、民间机构发展的现实，宁夏统一征信平台的建设，可以先采取政府主导，搭建平台，由相对独立的第三方发布的形式，把政府与社会两种资源统合应用，发挥其积极效用。待条件成熟后，再建立以政府征信为主，民间机构、行业协会参与的多元征信信息搜集整理和发布体系，推动征信体系良性发展。当前首要的任务是统一综合信息平台的搭建，为此，我们建议：第一，依托现有的征信平台资源，由政府明确具体的筹建机构；第二，整合现有征信资源，建立统一的信息发布平台；第三，加强企业征信、政府征信机构体系化建设，推进征信信息平台建设的规范化。

（二）完善征信内容结构，打造全方位征信信息数据库

征信信息平台的权威性来自征信数据的完整性和准确性。目前宁夏现有的征信平台均存在内容单一的问题，银行只负责信贷征信信息的监控，监管部门只负责企业征信评级、社会责任的履行，司法部门只负责生效判决文书的执行，大量的与征信有关的其他信息特别是政府征信没有纳入征信平台，造成信息的严重缺漏，影响到征信平台的权威性。打造全方位征信信息数据库，是建立征信信息平台的重要内容：第一，建立个人征信信息、企业征信信息、政府征信信息搜集、服务系统，最大限度保障征信信息的准确性和完整性；第二，扩大征信内容结构，在法律许可的范围内，增加征信对象与信用有关的社会生活内容，个人征信内容要逐步采集个人非银行信用信息，逐步推进与电信、司法、公积金管理等部门信息的互联互接。企业、政府征信体系与征集机构要积极建立并纳入统一的征信系统。只有打造结构合理、内容全面的征信信息平台，才能为征信信息平台的权威性奠定坚实的基础；第三，发挥市场主体和行业协会在信息搜集中的作用，最大限度调动一切社会力量，保证征信信息搜集的时效性、准确性、完整性。

（三）建立科学的社会征信平台运行机制，打造权威征信信息发布平台

征信信息平台的权威性除取决于征信信息的来源主体、结构和内容外，还取决于征信平台建设运行机制的合理性。政府主导型信息平台要发挥征信主渠道的作用，就应该更加注意运行机制的建设：第一，建立科学合理的征信信息搜集机制，打造权威的信息数据库。信息搜集机制主要解决两个问题：一是参与主体，解决那些人有权参与的问题，二是信息搜集体系、结构，解决的是信息如何搜集和搜集那些信息的问题。通过建立区、市、县三级信息搜集体系，确立政府推动、事业运作的运营方式，实现个人征信信息、企业征信信息、政府征信信息搜集的全覆盖和最大化。第二，建立相关单位部门联席会议机制。目前宁夏个人、企业信用信息多集中在银行、工商、质检、税务建设、司法、电信等部门，要通过建立联席会议机制，最大限度实现信息统合和信息共享，同时也要重视社科院等智库在决策咨询和信息发布中的作用。第三，建立科学的征信信息汇总识别机制，防止虚假信息。虚假信息是信息时代的毒瘤，征信信息的搜集，必须要有严格的信息筛查机制，防止虚假信息流入，维护征信平台信誉。第四，建立征信信息利用的市场机制，保障征信信息平台的可持续发展。宁夏虽然建立的是政府主导型的征信平台，但征信平台作用的发挥和价值的实现以及可持续健康发展还有赖于市场化的运作，借鉴西方发达国家的经验，向公民、企业、政府、社会组织提供信用信息服务和信用增值服务是征信平台建设的方向。第五，建立征信信息的反馈机制，及时完善征信信息结构，补充征信内容，修订征信缪误。

（四）统筹规划，综合运用政府、市场、法律等手段，稳步推进宁夏统一信用平台建设

统一征信信息平台建设要考虑地区经济社会发展水平，要考虑法制环境和现实可能，不可能一蹴而就，要循序渐进，先易后难，稳步推进：第一，要在充分汲取国内外经验和实地调研的基础上，结合宁夏实际，制订切实可行的实施方案。第二，加强征信立法工作，制定与征信有关的法律法规，使征信信息的搜集与发布有法可依。第三，要充分利用传统和现代两种资源，加强诚信文化的培育与建设。第四，大力培育和发展征信中介机构，特别是企业征信服务机构，为征信业的健康发展注入活力。

以法治理念、法治思维探索解决宁夏农民工工资拖欠问题的新思路

保建国　杨永芳

近年来，拖欠农民工工资问题成为全社会关注的焦点，工资被拖欠不仅给农民工个人和家庭带来经济损失和精神痛苦,也对社会稳定构成严峻的挑战。尽管从中央到地方针对这一问题采取了一系列举措，但工资拖欠问题并没有从根本上解决。党的十八届四中全会提出了依法治国的重大方略，这对我们在法治轨道上解决这一问题将起到积极影响。解决拖欠农民工工资问题，要标本兼治，尤其要完善立法，做到“有法可依”，通过法律措施从源头上预防和遏制拖欠农民工工资，是当前创新社会治理的重要任务。

一、宁夏农民工工资被拖欠的现状

2014 年，全区在建工程达 12953 项，建筑面积 8500 万平方米，今年全区新开工工程达 2296 项，建筑面积 1638 万平方米。今年上半年全区完成建筑业总产值 202.17 亿元，同比增加 3.7%。2014 年前三季度，全区建设领域拖欠工程款引发信访事项 23 次，较去年明显减少（去年同期发生 28 次，今年下降了 17.8%），拖欠工程款主要发生在政府投资项目、房地产开

作者简介　保建国，宁夏回族自治区信访局副局长；杨永芳，宁夏社会科学院法学社会学研究所副研究员。

发项目。今年部分地区又出现了村镇建设项目拖欠工程款情况。1—10月份，自治区信访局受理农民工讨薪的来访165批2048人次，与去年同比批次和人次分别下降55.28%和37.83%。银川市受理此类来访202批6081人次，上访人数和金额同比增长了180%和236.1%。银川市上访量增加主要是首府在建项目相对较多，受国家宏观调控政策和经济下行压力等因素的影响，建设单位流动资金短缺，工程进度款不能及时支付到位，一些施工企业在前期已垫付大量资金，无力再继续垫资。

2014年前三季度，全区各级劳动保障监察机构共检查各类用人单位4130家，涉及职工17.92万人，受理欠薪举报投诉案件1045件，立案920件，结案率达88%，为1.83万名农民工清欠工资2.34亿元。目前，近八成政府类投资项目工程进度款支付不到一半，工程款支付不足问题突出，如果年底资金拨付不到位，将有4万余名农民工近6亿元工资被拖欠，建筑工程领域将依然是年终群体性上访讨薪的重灾区，对宁夏社会稳定造成很大压力。

二、当前农民工讨薪的特点及欠薪带来的社会危害

（一）农民工讨薪的特点

随着地方政府加大对农民工工资拖欠问题的治理力度，欠薪问题虽没有从根本上予以解决，但欠薪比例从全国来看有逐年下降的趋势，而欠薪带来的负面影响越来越大。2014年宁夏农民工讨薪出现新的特点，主要表现在以下三个方面。

1. 从讨薪方式上看，手段方式不断翻新。农民工在讨薪过程中，除了采取传统的群体上访、堵路，拉横幅等方式，近年来，一些农民工甚至采取了更极端的手段，如自焚、跳楼、绑架老板等等。在讨薪过程中伤残、命案等暴力事件也时有发生，造成极其恶劣的社会影响。

2. 从讨薪的内容上看，涉嫌作假，恶意讨薪增多。据自治区信访部门2014年受理的农民工讨薪案中，近一半涉嫌作假、欺诈，且这一比例还呈上升趋势。

3. 从讨薪的时段上看，前些年大都集中在年底年初或春节前夕。今年

以来，农民工为讨薪集体上访随时都在发生，而且这类上访一般滞留时间长，规模较大，涉及金额较多。

（二）欠薪导致的危害

据宁夏调查部队农民工监测调查结果，宁夏的农民工总量已达到84.1万人，占全区总人口的12.9%。据全区各级劳动保障监察机构不完全统计，外出农民工在建筑业中的就业比例占17.3%，这样一个庞大的社会弱势群体，由于工资被拖欠不仅对其家庭还是社会都带来了严重的负面影响。

1. 农民工遭受物质与精神的双重伤害。建筑业的农民工大多以青壮年为主，承担着赡养老人和孩子的主要任务，而打工收入是其主要经济来源。农民工为追回拖欠工资要在建筑企业、政府部门之间奔波上访，无形中又增加了误工费、食宿费、交通费等不必要的支出，身心俱疲，精神上受到巨大伤害。有的农民工为此对社会产生仇视和不满，不惜采取极端手段，对社会和谐稳定构成潜在的危害。

2. 影响行业健康发展。农民工工资拖欠主要发生在建筑行业，目前这一行业的惯常做法是工人工资年底结算，这种工资制度与工程层层转包、垫资接工程的行业惯例密不可分。事实上，建筑单位的层层转包与层层垫资，很大一部分垫的就是被拖欠的工人工资。这些做法，导致建筑业几乎没有行业准入门槛，包工队遍地开花。包工队通过压级压价、先行垫资、给回扣等不正当手段包揽了工程，在最低价中标而非最合理价中标的市场环境下，必然导致不规范竞争局面。当工程中标后，这些包工队不得不通过偷工减料等不正当方式来降低成本，从而产生了大量“豆腐渣”工程，不仅损害了行业形象，有的甚至给国家造成巨大的经济损失。

3. 扰乱经济秩序，影响社会和谐稳定。市场经济从本质上来说一种契约经济，经济活动中的各方以相应的契约来确定各自的权利和义务关系。在正常的秩序下，雇员和雇主之间应当订立合同，在合同规范下履行各自的义务，但雇主拖欠雇员工资，破坏了这种契约关系。企业拖欠农民工工资，实际上是市场经济活动中的虚假、欺诈行为，不利于诚信社会的构建，严重扰乱市场经济秩序。农民工为讨要工资可谓身心俱疲，有的不得不采取一些暴力极端的手段做法，如堵路、游行、绑架等，导致恶性事件及群体性事件大量出现，对社会稳定带来了极大危害。

4. 加大了行政执法成本。为解决企业拖欠农民工工资问题，自治区各级政府按照属地管理、分级负责、谁主管谁负责的原则，自治区政府负总责，人力资源社会保障部门负责组织协调和督促检查，住房城乡建设、发展改革、监察公安、财政等部门和工会按照职责分工承担相应工作。为有效解决恶意逃避支付劳动报酬问题，自治区人力资源和社会保障厅根据《刑法修正案（八）》关于拒不支付劳动报酬罪的规定，与自治区高院、检察院、公安厅建立了联席协调机制，在全区范围内对以转移资产、逃匿等方法逃避支付劳动者报酬的案件进行了清理。2014 年 5 月，四部门联合下发的《加强涉嫌拒不支付劳动报酬犯罪案件移送工作的通知》被国家人社部全文转发，供全国各地在完善劳动保障监察执法与刑事司法衔接制度，加大对欠薪犯罪行为刑事打击力度时参考借鉴，也填补了我区劳动保障监察执法和刑事司法衔接的空白。在四部门的通力协作下，今年全区有 9 人因恶意拖欠农民工工资被追究刑事责任，有力地震慑了欠薪犯罪分子。

三、宁夏农民工工资被拖欠的原因分析

（一）建设资金不到位导致层层拖欠

尽管国家已经明确立法严禁垫款施工，但由于目前建筑市场供求不平衡，一些建筑企业为了生存，采取低价、让利等方式进行竞争，特别是一些个体和私营企业，在建筑工程发包时往往采取“垫款施工”的方式进行捆绑式发包，如果不垫款，建筑企业就拿不到工程。由于工程款支付不及时不到位，建筑施工企业不得不提前垫付大量资金进行施工，造成施工企业没有足够的资金支付劳务企业或代班班长的劳务费，从而无法保证农民工工资按时足额支付。大部分建筑施工企业只能每月给农民工发放部分工资（生活费），工程完工后或年底再结算农民工工资。由于建设工期较长，造成拖欠工资的时间也较长，形成了建设单位拖欠建筑企业工程款、建筑企业拖欠劳务企业或代班班长劳务费、劳务企业或代班班长拖欠农民工工资的层层拖欠现象。

（二）非法挂靠层层转包，管理不规范，责任不明晰

一直以来，建筑工程领域由于管理不规范不严格，有的建筑企业以挂靠形式承接工程，有的施工企业承揽工程项目后，受技术力量、资金实力等各种因素的影响，再将工程转包给低资质的企业。由于出现多次转包，资金拨付环节过多，利润被多次分配，终端承包企业的利润空间被大大压缩。另外，施工企业对承包方的劳动用工情况缺乏管理和监督，农民工工资没有纳入劳务分包合同条款，对能否按时发放农民工工资缺乏监督。处于低层的包工头由于组织松散，如果出现中途更换班组，或恶意克扣、拖欠农民工工资，卷款逃匿等现象，政府往往很难有效监管。而农民工处于整个链条的末梢，中间任何一个环节出现问题都会直接影响工资发放。层级多,纠纷出现的概率自然大。由于农民工工资不是按月给付,又进一步增加了工资被拖欠的风险。

（三）农民工流动性快，劳动合同签订率低，权益难保障

由于建筑业用工具有阶段性、临时性和流动性的特点，大部分劳务企业认为签订劳动合同对农民工的随意流动不能加以制约，还要为农民工缴纳各项社会保险费，增加其管理成本，所以，企业不愿与农民工签订劳动合同。其次，由于农民工自身文化素质偏低，法律意识较淡，签订劳动合同的意识不强，加之农民工本人也不愿缴纳各项社会保险费，认为签订合同会限制自己的自由，因此，双方对签订劳动合同都缺乏积极性。当然，也有少数建筑企业项目部对施工队伍采取“以包代管”，但劳动合同的签定率仍然较低。由于没有劳动合同保障，农民工无法提供与施工企业存在劳动关系和被拖欠工资的有效证据，给劳动监察和仲裁机构通过法律途径解决问题造成困难，出现拖欠工资时农民工则很难依法维护自身权益。

近年来，建设主管部门不断加强对建筑领域劳动用工执法监察，劳动合同签订率逐年提高，但一些包工头利用造假花名册、记工单、乱打欠条等方式，借机唆使、串通或雇佣农民工围攻企业领导、到党政机关集体上访等方式恶意讨薪。恶意讨薪往往涉及人员多，金额大，增大了行政成本，造成了恶劣的社会影响。

（四）涉及农民工权益保护的法律法规不健全，政策文件落实不力

近年来，国务院及相关部门为解决农民工工资被拖欠问题，先后颁布了一系列政策、文件，具有很强的针对性，如劳动和社会保障部的《关于确立劳动关系有关事项的通知》和国务院办公厅转发十六部委《关于进一步解决建设领域拖欠工程款问题的意见》的通知等，这些文件对解决拖欠农民工工资有明确的规定，尤其是对违法分包及包工头大量存在的情况，农民工如何维权做出了直接规定。但由于劳动仲裁或法院在审理农民工案件时，针对这些政策文件的法律效力和适用问题有不同认识；有的是因为"法规冲突"，针对同一个问题不同部门出台的规定不一致；还有的是因为"部门冲突"，也就是劳动部门认为最高人民法院的司法解释不能在仲裁中适用，而法官则认为对于国务院、劳动部以及地方政府的规章等文件有权选择性适用。实际部门在工作中面临的这些困境反映出我们当前立法滞后、执法不规范的问题。

四、解决农民工工资被拖欠问题的建议和对策

（一）加强立法，建立支付农民工工资的约束和保障机制

要从根本上解决农民工工资被拖欠问题，首先必须加强建筑工程领域的立法，保证执法者有法可依，严格执法，让违法者付出高昂的代价，不敢以身试法。其次，要完善工资支付保证机制，严格执行农民工工资保证金制度。2012 年 1 月 1 日宁夏自治区政府颁布并实施《宁夏回族自治区农民工工资保证金管理办法》，农民工工资保证金指的是由建设单位、施工企业在办理施工许可手续或工程开工报告前，按工程中标价的 2%向人力资源社会保障部门指定的银行专户存储的资金，专门用于支付拖欠或者克扣的农民工工资。未经建设行政主管部门和劳动保障行政部门确认建筑施工企业无拖欠农民工工资行为的，任何部门和单位不得动用工资保障金，监察部门要做好督查工作，建立起良好的联动协调机制。近年来的实践证明，农民工工资支付保证金收缴率越高的县市，发生工资拖欠的比例越低。

（二）整合监管力量，加大监管力度

农民工工资被拖欠问题不仅涉及面较广，而且比较复杂，需要各相关

部门通力合作，密切配合，齐抓共管，形成合力。各级财政和审计部门要加强对政府投资项目建设资金的管理和监督，对于资金不到位或严重不足的项目要坚决停止招标，要加强建设资金使用情况的动态管理，防止和避免验资报告不实或虚假验资。要采取有力措施制止建筑施工企业层层转包、分包，严厉查处违法分包和违法挂靠行为。对建筑施工企业违规操作，造成拖欠农民工工资的，要在市场准入方面进行限制。各级公安部门要积极配合建设行政主管部门、劳动保障部门，对恶意拖欠农民工工资和欺诈、非法侵占农民工工资的，及时立案侦查；对携带农民工工资款逃逸的，要加大追逃、打击力度；对组织、煽动聚众上访，影响社会稳定的，要依法严肃处理；各级司法部门要确定法律援助机构，为施工企业和农民工提供法律援助，指导公证机关做好拖欠工程款还款协议，赋予强制执行效力公证。总之，各部门之间必须通过联动合作，建立“绿色通道”，才能有效解决恶意欠薪、无故拖欠、克扣农民工工资问题。

（三）强化劳务合同的法律效力，规范企业劳动用工管理

企业是劳动用工的主体，建筑施工企业要切实加强劳动用工管理。企业必须依法与招用的农民工签订书面劳动合同，并向劳动保障部门办理用工备案，参加社会保险，执行国家有关工资支付规定，按月足额将工资直接支付给劳动者本人。劳动保障部门要把劳务合同的执行情况作为评价用人单位资质、诚信度的重要依据。没有劳动用工主体资格的施工队或个人的用工属非法用工，建筑施工企业分包、转包产生的劳动纠纷和违反劳动保障法律、法规的后果都由建筑施工企业承担责任。

（四）完善社会信用约束机制，营造全民守法的社会环境

随着建筑市场管理的逐步完善，建筑企业和劳务分包企业拖欠工资一旦发生，就会在建设行政主管部门留有记录。为此建议：一是建立信用档案，对于严重或恶意拖欠工程款及搞不正当竞争的建筑业企业应向社会公开曝光。二是在工程招投标前，政府相关部门对严重或恶意拖欠工程款及搞不正当竞争的建筑企业实行一票否决权，禁止其参加招投标。通过这些举措引导企业和全体公民自觉遵守国家法律法规，诚实守信，自觉维护经济社会秩序，在法治轨道彻底根除拖欠农民工工资的问题。

（五）强化法律法规宣传，发挥新闻舆论监督作用

要充分发挥新闻媒体的舆论监督作用，对重视劳动用工和农民工工资支付管理的用人单位及时进行宣传报道，对拖欠农民工工资的单位或个人予以曝光，对恶意欠薪的违法犯罪活动，及时移送公安机关予以处理。同时，深入用人单位向劳资双方宣传劳动保障法律法规，不断提高农民工自我维权意识，增强用人单位守法经营、依法用工的观念和方式。

固原市社会治理创新研究

狄国忠

加强和创新社会治理，是我国经济社会发展的重大战略任务。近年来，固原市各级党委、政府及各有关部门高度重视社会治理工作，不断完善“党委领导，政府负责，社会协同，公众参与，法治保障”的社会治理格局，各项工作取得了较好成绩，但也存在一些不容忽视的问题，需要不断创新社会治理方式，提高社会治理水平。

一、固原市社会治理的主要做法

（一）化解社会矛盾，促进社会稳定

一是各级党委、政府及各有关部门注重从源头预防、妥善化解社会矛盾，维护社会稳定。二是注重建立健全社会矛盾调处机制，开展“百日矛盾纠纷化解活动”，以及“重大社会矛盾纠纷化解攻坚年”活动等，有效预防和减少各类案件发生。

（二）推进平安创建，着力惠及民生

一是从理念上把平安建设视为发展所需、民心所盼的重大民生工程。二是通过持续开展“命案攻坚”、打击“两抢一盗”犯罪等专项活动，保持对严重刑事犯罪高压态势。三是不断完善治安防控体系，健全社会、社区、单位、特种行业、重点部位和虚拟社会“六张防范网”。

作者简介 狄国忠，中共宁夏回族自治区委员会党校社会与文化教研部主任，教授。

（三）公正执法司法，促进社会公平

一是坚持运用法治思维方式谋划社会治理，着力推进执法司法规范化。二是不断提高各级政府依法决策水平，落实重大行政决策听证和风险评估制度，加强重大政策、重要项目和涉及民生信息公开力度。三是建立完善举报投诉制度，推进行政复议纠错案件、违法过错责任追究，进一步推进社会治理机制的自我完善和发展。

（四）完善律师服务信访工作机制，维护社会和谐稳定

一是在解决涉法涉诉信访案件中，通过律师服务信访机制，发挥法律服务处理涉法信访案件的专业优势和独特作用，维护全市社会和谐与稳定。比如，全市先后有6800多名信访群众经过律师接待解答，通过司法途径和行政渠道反映解决问题，最后息诉罢访，维护了社会和谐稳定。二是在律师服务信访工作中，通过律师的参与，有效解决相关重大案件。比如，先后成功化解了原六盘山水泥厂216名职工股权确认案件，紫竹家园、维多利亚洗浴中心拖欠农民工工资、西吉“1·29”特大交通事故、牡丹花园开发、试验区得军公司非法集资等有重大影响的群体性上访案件。

二、固原市社会治理中存在的主要问题和原因分析

（一）固原市社会治理中存在的主要问题

虽然固原市社会治理创新取得了一定成效，但随着各项改革措施的实施和城镇化的逐步推进，社会治理工作也面临诸多压力和挑战，存在不少困难和问题。

1. 思想认识不到位。一是少数领导干部对加强和创新社会治理工作仅仅停留在概念和口头上，没有从思想上真正给予重视，社会治理理念明显滞后。二是有些干部存在重经济建设、轻社会管理，重行政、轻法治，重管制、轻服务，以控促稳的思想。三是有些干部缺乏社会治理创新意识，没有把社会治理创新摆到应有的位置上。工作仅仅抓常规，解决疑难问题的主动性不够。

2. 基础性矛盾不断加剧。一是针对部分群众尤其是边远贫困农村群众的生产生活困难，政府在出台和落实惠民政策中存在好事没有办好、实事

没有办实的现象，人民群众还不够满意。二是许多青壮年劳动力学历低、无专长，外出就业务工难，这些人逐步沦为社会闲散人员，成为社会不稳定的因素。三是随着劳务移民、自发移民等人口流动增加，城乡异地购房、社保医保及子女教育等问题日益突显。四是当前的户籍制度改革、社会保障制度建设以及环境污染和生态破坏等社会问题，对社会治理创新提出了新的课题。

3. 重大安全事故防范滞后。一是经济欠发达地区发展不足引发的各种深层次矛盾集中显现，社会利益格局调整的广度深度不断加大，社会矛盾多发易发，但一些地方和部门对此缺乏认识。二是近年来“到市”“赴银”“进京”非正常上访批数和人次呈现逐年递增趋势，一些地方和部门对“到市”“赴银”“进京”非正常上访认识不清、重视不移、解决不力，易造成潜在危机。三是涉及道路交通、食品、药品、医疗等安全问题，由于监管不力，容易酿成重大公共安全危机。四是因农民工工资拖欠、非法集资、民间纠纷、征地拆迁等导致的非法聚集围堵活动易发多发，暴力程度加剧，非利益群体的介入使事件发展复杂难控。

4. 民族宗教纷争问题增多。民族地区易引发教派矛盾、教产矛盾、教权矛盾等民族宗教问题。这些突发事件或矛盾纠纷往往复杂、敏感、棘手，容易迅速转化升级，出现失控局面。

5. 社会治理工作进展不够平衡。一是一些部门“党委领导，政府负责，社会协同，公众参与，法治保障”的管理体制不健全，齐抓共管的责任机制还未形成。二是县（区）之间、乡镇（街道）之间、村（社区）之间社会治理工作进展不平衡，基层规范化、信息化建设滞后。三是流动人口、精神病人、农村“三留守”人员等服务管理存在断档，基础信息管理流于形式。四是由于经费投入不足，个别乡镇、街道社会管理精细化程度不够。

6. 社会组织化管理程度低。一是由于经济社会发展程度总体较低，固原市大部分基层基础设施薄弱。二是干部群众观念较为封闭，思想不解放，部分基层组织“软、懒、散”，缺乏战斗力、号召力和凝聚力。三是社会服务组织太少，服务能力不强，社会组织化管理滞后。四是贫困落后地区公共服务设施缺乏，公共事业乏力。五是基层干部的群众工作能力有待提高。

7. 体制机制不健全。一是有些地方不能结合实际制定科学系统、完备有序、公平公正的社会建设和管理规则，政策法规公开透明不够。二是有些单位机制不健全，在项目建设中存在“与民争利”现象，少数干部在管理服务中慢作为、不作为、乱作为。三是有些干部执法执纪不公，工作简单粗暴。四是有些干部发扬民主不够，群众意见较大。

8. 思想道德建设仍需加强。一是对一些干部群众的社会公德、职业道德、家庭美德、个人品德教育的重视程度力度不够。二是少数干部群众心态失衡、道德失范，拜金主义、极端个人主义等不良思想倾向严重。三是一些干部存在“官本位”思想，以权谋私现象时有发生。四是一些不法商人造假、售假现象依然存在。

9. 公共服务和社会保障体系建设不够完善。一是城镇化进程中大量农村人口涌入城市，增加了城市压力，增添了城镇社区管理难度。二是一些地方在教育、文化、就业、卫生、市场、停车场等城乡公共服务体系建设上滞后，学生“大班额”、劳动力“就业难”、群众“就医难”、农产品进入“市场难”、市民“停车难”等现象依然存在。三是社会保障体系建设难以跟进，城乡低保金较低。

（二）固原市社会治理问题原因分析

1. 职责定位不科学。一些地方党委把社会治理的任务定位给政法综治部门，认为社会治理是政法综治部门的事，没有跳出“社会管理”的圈子，没有放到“全局”思考问题，没有当做系统工程谋划治理，存在认识上的局限性。

2. 政府还没有彻底放权。政府存在不敢放权的顾虑，认为放了权就乱了套，社会治理就没有人抓、没有人管，陷入“无政府”状态，对社会组织和群众缺乏信心，没有处理好政府在社会治理中的“主导”作用和其他社会组织、群众在社会治理中的主体作用的关系，一味强调政府管理的重要性，不敢逾越管理的门槛，存在体制上的障碍。

3. 社会组织的协同作用发挥的不够好。社会组织的活动范围狭小，仅限于某一方面或几个方面，大多属于授权范围内的工作，从根本上没有赋予其社会治理职责；政府在社会组织责任体系评价中，没有将履行社会治理职责纳入责任评价体系，没有建立奖惩机制，社会组织活力不足，从而无从谈起“协同”。

4. 群众的参与热情不高。一方面受传统观念的束缚，群众自治自治的意识不强；另一方面政府在社会管理、治理中，将基层村民委员会（居民委员会）自治组织作为延伸单位，以行政命令的方式让其履行政府职责，没有将基层自治组织从行政方面剥离出来，从而削弱了基层组织“自治”作用的发挥，影响了群众参与村级社会治理的热情。

5. 社会治理的成效还没有显现。社会治理尚处于探索阶段，没有真正探索出适合当地社会治理的行之有效的模式。基层单位、社会组织还处在“摸着石头过河”的阶段，没有摆脱惯性思维，存在一干二看的问题。

三、固原市社会治理创新的思路

（一）深化思想认识

注重社会治理理念的宣传和培育。在管理主体上，要从重政府作用、轻各方参与向更加重视政府主导型，社会各方共同治理转变；在管理方式上，要从重管制控制、轻协商协调向更加重视协商协调转变；在管理环节上，要从重事后处理、轻源头治理向更加重视源头治理转变；在管理手段上，要从重行政手段、轻法律道德手段向更加重视多措并举综合施治转变。要注重对机关单位和乡镇、村干部进行创新社会治理理念的培训，促进他们转变理念。促进他们从监管为主、管住就好向以人为本、服务为先转变，从不计代价、急功近利向科学决策、高效实用转变，从“以虚为主，制度为先”向“虚功实做，项目推进”转变。

（二）强化民本意识

重视基础设施建设和基层基础建设，紧紧抓住生态移民和扶贫攻坚两大战略，积极向上争取多方筹措资金。加大公共财政投入，加强社会公益事业建设，切实解决好收入分配、公共设施、社会保障、社会救助、社会治安等人民群众最关心、最直接、最现实的利益问题。建立社情民意表达渠道、反馈渠道和诉求平台，通过各种途径使人民群众对与自身利益密切相关的社会政策有充分而广泛的民意表达渠道，确保政策合理性和科学性。

（三）加强基层组织建设

要把责任感强、热心为群众服务办事、群众认可的党员选拔到党组织当中，真正发挥基层党组织的战斗堡垒作用。要加大对“软、懒、散”基层组织的整顿力度，进一步加强乡村、社区干部队伍建设，直接下派驻村干部，直接挂职到后进村当干部，切实有效解决好基层组织有人办事的问题。加强村、社区办公阵地和附属设施建设，借鉴发达地区社区智能管理、网格化管理等先进管理理念，有效解决好基层组织有地方办事、方便办事的问题。要适当提高基层干部待遇，增加办公经费，改善办公条件。加大村、社区干部的培训力度，努力提升基层干部整体素质。切实为城乡社区“减负”，着力改变日益严重的社会治理行政化倾向，真正让城乡社区干部有更多时间和精力去服务群众。

（四）推进思想道德建设

要注重发挥宣传、民政、共青团、妇联等组织的积极作用，加强社会主义核心价值体系建设，深入开展社会公德、职业道德、家庭美德、个人品德等主题实践教育活动，着重解决社会转型时期价值观、道德观失衡问题。要加强社会诚信体系建设，综合运用法律、行政、经济、道德等多种手段推进诚信社会建设。要结合实际制定具有可操作性的社会建设和管理规则，努力构建“公道正派，遵守法纪，讲求信誉，公平竞争，反对暴利”的社会环境。

（五）维护法制权威

要坚决维护宪法和法律的权威。党员干部要牢固树立忠于宪法、遵守宪法、维护宪法的自觉意识，努力提高运用法治思维和法治方式深化改革、推动发展、化解矛盾、维护稳定的能力，推动形成办事依法、遇事找法、解决问题用法、化解矛盾靠法的良好法治环境，在法治轨道上推动各项工作。注重普法宣传工作，要推行领导干部和广大公务员定期学法。在全市开展“法治型机关”创建活动，引领法治建设，提升法治水平。充分发挥固原市普法依法治理律师顾问团和普法讲师团的职能作用，在群众冬春返乡之际，组织宣传员进村组、社区。深入开展“法律进机关”活动，让广大律师积极参与“平安固原”创建活动，全面提升领导干部和行政执法人员的法律素养，在全社会营造尊法用法守法的浓厚氛围。

（六）创设基层服务机制

要在社区推行网格化服务机制。按照“党委领导、政府组织、企业参与、社团运作、服务居民”原则，依托社区网格，加强网格管理员管理。要强化群团组织作用，充分发挥群团组织聚合带动、教育引导、帮扶服务的功能。要建立群众诉求服务机制，拓宽集聚社情民意、畅通群众利益诉求的表达渠道，使群众更快更有效地反映利益诉求，使各级党政干部更好地把握群众所思所想，将矛盾化解在基层。同时，鼓励各级党政干部以更加开放的姿态面对群众，在有条件（有大学生村官）的村组，积极建立村级公共服务热线和信访咨询平台，为人民群众提供依法、畅通、有序表达诉求的平台。

（七）搭建服务平台

要以“依法化解”为根本，推进大调解法治化建设，不断提升调解的权威性；要完善医患纠纷、交通事故、劳动争议、拆迁安置等专业调处机制，促进常态化、实体化运行。要适应新时期矛盾纠纷新情况新特点，完善大调解工作体系；搭建公共法律服务平台。按照诉前与诉后程序，加强公共法律服务中心和法院诉讼服务中心建设。以司法局为主，推进市司法行政管理资源和律师、公证、基层法律服务资源的高效集聚，打造“一站式”综合性公共法律服务平台。将更多无力负担法律服务费用的困难群众纳入法律援助范围，实现法律服务城乡全覆盖。对进入司法渠道解决纷争的当事人，提供全方位、全流程的导诉服务、诉讼指导、法律咨询、判后答疑、司法救助等服务，让人民群众既感受到法律的公正，又体验到司法的温情。

（八）加快社会治理创新

加快推动现代社会服务体系创新，加快形成政府主导、覆盖城乡、可持续的基本公共服务体系，加大政府向社会力量购买服务的力度，推进基本公共服务均等化、城乡一体化、提供多元化、供求社会化；加快推动社会治理体制创新，形成党委领导、政府主导、社会协同、各方参与、多元共治的社会治理体制，完善社会治理体系，改进社会治理方式，激发社会组织活力，创新预防和化解社会矛盾机制，健全公共安全体系，完善互联网治理体制；加快推动社会治理机制创新，形成源头治理、风险评估、防治统一、动态跟进、应急处置相结合的社会治理运行机制。健全畅通有序的诉求表达、心理干预、矛盾调处、权益保障机制，进一步强化政府依法行政、企业依法经营履行社会责任、社会组织和社区依法自治、公众依法有序参与，不断提升社会治理法治化水平。

新时期参与社会治理的新型社会组织研究

李　温

当前，我国改革处于攻坚期，社会稳定进入风险期，维护国家安全和社会稳定的任务十分繁重艰巨，社会管理面临种种新情况新问题，必须通过深化改革，实现从传统社会管理向现代社会治理转变。“关心下一代工作委员会”简称“关工委”就是适应这一形势而产生的新型的关心教育青少年的社会组织。

一、“关工委”的发展历程

我国“关工委”经过20多年的发展大致经历了四个阶段：一是初创探索阶段（1984—1989年）。从1984年初，河南安阳市关心下一代协会诞生，得到中央领导同志的肯定，到1989年底全国有21个省、自治区成立了关协组织，有90多万老同志参加到关心下一代工作中。二是稳步发展阶段（1990—2002年）。1990年6月成立了中国关心下一代工作委员会，至此建立健全了组织，统一了组织名称，全国关心下一代工作稳步发展，参加关工委工作的老同志队伍不断壮大，2002年底“五老”人员已达600多万人。三是创新提高阶段（2002—2007年）。2004年2月党中央国务院下发了《关于进一步加强和改进未成年人思想道德建设的若干意见》，召开形成一支专兼结合、素质较高、人数众多、覆盖面广的未成年人思想道德

作者简介　李温，宁夏回族自治区关工委法制教育委员会主任，研究员。

建设工作队伍，重视关心下一代工作委员会的工作，这使“五老”人员深受鼓舞，截至2007年参加各级关心下一代活动的“五老”人员达到900多万人。四是科学发展阶段（2007年至现在）。党的十七大以来，关工委经过20多年的实践、发展，各项工作都上了一个新的台阶，亮点、品牌纷呈。各级关工委组织遍布省、市、县、乡镇、村、社区，2013年底全国关工委组织达92万多个，“五老”人员发展到1250多万人。

20多年来，关工委在加强和改进青少年思想道德建设、促进青少年全面健康成长方面，做了大量卓有成效的工作，受到家长和青少年的欢迎和社会的称赞。20多年的发展历程证明：关心下一代工作委员会具有时代特色、中国特色、组织特色和群众特色。

宁夏的关心下一代组织起步于1986年6月，灵武市10多位离退休的老干部自发地在县委老干部局的支持下，成立了宁夏第一个老干部关心下一代协会。1988年11月，经自治区党委批准成立了自治区关心下一代指导委员会。1998年10月，自治区党委办公厅、政府办公厅下发《关于进一步加强关心下一代工作的通知》，将自治区关心下一代指导委员会更名为宁夏回族自治区关心下一代工作委员会。经过28年的发展，现在全区已有关工委组织4542个，遍布市、县、乡（镇）、街道、社区，参加活动的老干部、老战士、老专家、老教师、老劳模等“五老”人员达9.5万多人。

宁夏自治区党委分别于1998年、2002年和2013年三次下发了《关于进一步加强关心下一代工作的意见》，自治区党委、政府的主要负责同志2011年以来对关工委的工作就做过33次批示。党委的主要负责同志和主管领导每年都听取关工委的工作汇报，参加关工委的重要会议并做重要讲话。关工委的领导成员由党委批准任命，县以上关工委都有在编工作人员，并按公务员管理，经费列入财政预算，这是关工委开展工作的重要保证。

二、宁夏“关工委”的主要工作成就

（一）开展主题教育活动，增强广大青少年的社会主义理想信念

为加强青少年的思想道德教育，多年来，宁夏关工委根据国家每个时期的中心任务，结合中华民族的传统节日、党和国家的重要纪念日和各地

的具体情况，与有关部门密切配合，在青少年中开展主题教育活动。已先后开展了“中国了不起，中国人了不起，做个了不起的中国人”的演讲和征文比赛，“传承民族文化，构建和谐社会，迎十七大诗词书画大赛”，“了解宁夏，热爱宁夏，建设宁夏”，“学党史，忆党恩，跟党走”，“老少共筑中国梦”等教育活动，这些活动内容丰富、形式新颖、吸引力强，使广大青少年思想得到熏陶，精神生活得到充实，道德境界得到升华，增强了辨别真善美与假丑恶的能力。

（二）在青少年中开展社会主义核心价值观教育

1. 引导青少年树立正确的世界观、人生观、价值观，养成高尚的思想品质和良好的道德情操。多年来，宁夏各级关工委围绕这一战略任务，根据青少年的特点，开展了形式多样的思想道德教育活动，如开办法制学校、就业培训中心、四点半学校；组织中小学生参加寒暑假社会实践活动，组织雏鹰护绿小分队、红领巾巡逻队等，收到了良好的效果。

2. 开展民族团结教育。2008 年自治区成立 50 周年，宁夏各级关工委根据党委的统一部署在青少年中开展了“中华魂——民族团结主题教育”活动，组织了 570 多名“五老”宣讲员，深入学校、社区和监管场所做报告 1600 多场，55 万多青少年受到了一次民族政策和民族团结再教育，进一步坚定了青少年“三个离不开”的思想，坚定了以爱国主义为核心的民族团结精神，增强了对伟大祖国的自豪感和爱国主义情怀，巩固和发展了平等团结互助和谐的民族关系，同时丰富了社会主义核心价值体系主题教育的内容。

3. 开展社会主义荣辱观教育。2006 年 3 月，胡锦涛同志提出在全党全社会开展以“八荣八耻”为主要内容的社会主义荣辱观教育，根据自治区党委的统一部署，宁夏各级关工委组织“五老”人员，配合教育部门，在学校、社区开展了社会主义荣辱观教育活动。还配合司法部门在全区青少年服刑人员中开展社会主义荣辱观教育和征文活动。通过学习，他们认真反思自己违法犯罪的主观原因，深刻忏悔给社会和人民造成的损失和危害，按照“八荣八耻”的精神矫正自己今后前进的方向。通过社会主义荣辱观教育，广大青少年面貌发生了深刻变化，在社会上树立了正气，抵制批判歪风邪气，促进了社会主义精神文明建设和社会主义和谐社会建设。

（三）积极参与和创新社会治理

加强和创新社会治理是中央在新时期作出的一项重大战略决策，近年来，宁夏各级关工委组织和广大“五老”人员在参与社会治理创新方面发挥自身优势，做了大量工作，进行了有益探索，得到了社会的肯定。

1. 在青少年中开展法制教育。为了加强青少年法制教育，1999 年自治区关工委设立了法制教育委员会，对青少年进行法律启蒙和法律常识教育，增强法制观念。全区发动组织 1800 多名“五老”人员组成 300 多个法制宣讲团，在学校、社区宣讲《义务教育法》《未成年人保护法》《预防未成年人犯罪法》《治安管理处罚法》和《交通安全法》等法律常识。对全区的中小学校的政治品德课教师和班主任都进行了法律知识培训，并在“五老”人员和政法部门聘请了 2592 名法制副校长和法制辅导员，他们每学期都能到学校进行两次法制讲座或报告会。“五五”普法期间，司法部门还向学校发放了法制宣传资料 123 万份，法制教育传单 31 万余张，仅 2009 年各地关工委就协助中小学校举办法制教育活动 5820 多场次，既配合学校发挥课堂法制教育的主渠道功能，还配合有关部门在中小学校开展适合青少年生理、心理特点的校园法制教育活动，使广大中小学生受到现实生动的法制教育。“五五”普法总结验收时，全区有 262 所中小学校被评为宁夏法制教育四星级学校，609 所被评为宁夏法制教育五星级学校。

为了巩固普法教育成果，“四五”“五五”“六五”普法教育期间，自治区关工委联合党委宣传部、教育厅、司法厅、公安厅、普法办、团委、妇联和青少年犯罪研究会共同举办了三次法律知识竞赛和“学习法律知识，争做遵纪守法小公民”征文活动，每届都由学校、县（区）、市级层层评选，上报自治区，分别评出一、二、三等奖和优秀奖，第三次组织全区 6000 名中小学生参加了全国青少年普法教育活动办公室组织的法律知识竞赛。在青少年普法教育活动期间，全区有 120 所中小学开展了创建“零犯罪学校”活动，取得显著成绩。各市、县（区）关工委不定期的联合有关职能部门和一些企业开展了各具特色的学习法律演讲比赛、法律知识竞赛、征文比赛，收到很好的教育效果，为平安宁夏建设做出了贡献。

2. *连续十多年对网吧进行监督*。2002年，自治区关工委组织“五老”人员对银川市互联网经营场所进行了调查，并向自治区党委呈报了《关于网吧对未成年人产生不良影响的调查报告》，引起自治区党委的高度重视，陈建国书记批示，责成文化、工商、公安、电信、政法委等职能部门进行研究，联合下发了《关于开展互联网上网服务经营场所专项治理的通知》，关工委配合职能部门对全区网吧进行整治。多年来，关工委把各地的老同志组织起来，在市、县（区）、乡镇和街道、社区建立老年志愿者网吧监督检查组织，在文化行政部门的指导下因人、因地制宜地开展网吧监督工作。2012年自治区关工委与文明办、文化厅对近四年来的网吧监督工作进行了总结表彰，并聘请了500名“五老”文化市场义务监督员将网吧监督工作的范围扩大到书店、报刊亭、录像厅、歌舞厅、文化演出场所在内的文化市场。进一步完善了政府管理与社会监督相结合的文化市场长效管理监督机制。各地关工委还协助教育、文化、工商等部门清理整顿中小学校周边200米以内的商贩和文化娱乐场所，仅2003至2005年就劝说搬迁了59家网吧、游戏厅和录像放映场所，净化了学校周边的文化环境。

3. *举办诗书画竞赛，美化心灵，陶冶情操*。多年来，自治区关工委联合自治区党委宣传部、老干部局、文明办、教育厅、宁夏书画艺术发展促进会、宁夏科协、宁夏反邪教协会、宁夏青少年犯罪研究会等，在全区青少年中先后举办了“传承民族文化，构建和谐社会，迎十七大诗词书画比赛”，“心向党，迎十八大全区青少年书画大赛”和“崇尚科学精神，倡导文明新风，构建和谐宁夏论文、诗歌、书法、美术作品征文赛”等书画诗词大赛，最多的有40多万青少年参加，征集作品5000多件。通过这些活动，美化了青少年的心灵，增强了崇尚科学反对迷信，抵制错误思想的能力，使中华民族传统文化得到了继承和发扬，受到广大家长和青少年的欢迎。

4. *创建未成年人零犯罪社区*。为了预防和治理青少年违法犯罪，关工委以社区为依托，联合相关单位在社区开展丰富多彩的法制宣传教育，为社区青少年营造安全、健康、文明和谐的社会环境，各社区关工委根据本社区的实际、组织以知识讲座、公德实践，趣味活动相结合的青少年系列教育活动，开展国防教育、普法教育、防护自救教育、安全教育、科普教育和文艺演出，学雷锋活动，清明祭扫革命先烈、举办夏令营、植树绿化祖国、“结对子”帮扶等多种活动，寓教于乐，吸引社区青少年融入健康愉快的活动中。从2005年开展创建活动以来，全市青少年犯罪嫌疑人占刑事犯罪总人数由2005年的61.83%下降到2014年1—9月的33.37%，下降了28.46个百分点。青少年犯罪的绝对人数也下降了50.5%。2009年7月，自治区关工委召开全区创建未成年人零犯罪社区经验交流会，在全区推广这一创新活动。这项活动得到中央领导和中国关工委领导同志的肯定和高度评价，指出：这是关工委参与社会治理创新的卓有成效的新探索，并在2011年全国关心下一代工作会议上进行大会介绍，作为经验在全国推广。

5. 在服刑人员中开展“中华魂”主题教育读书活动。为了帮助服刑人员转变思想，矫正恶习，提高教育改造质量，2010年9至11月，自治区关工委与司法厅、监狱管理局共同在全区监狱系统服刑人员中开展了“中华魂”主题教育读书活动，并为服刑人员送去《三字经》《千字文》《弟子规》《百家姓》等国学书籍。组织“五老”人员赴全区各监狱为服刑人员做国学辅导和民族团结教育报告。通过开展“中华魂”主题教育读书活动，使服刑人员多读书、善读书、读红书，逐步养成读书学习的好习惯，提高法律道德素质，促使他们把刑期当学期，学文化、学技能，争做社会主义和谐社会的守法公民。关工委还多次在全区服刑人员人员中开展了“学习法律知识做遵纪守法公民”和“树立社会主义荣辱观，争做社会有用之才”征文活动和演讲比赛，使服刑人员受到深刻的法制教育。

三、推进关工委创新社会治理的对策建议

（一）加大宣传力度

各级关工委要通过各种媒介，广泛地向社会宣传关工委的工作方针、工作定位和“五老”精神，宣传关工委和“五老”在教育青少年中的特殊优势和作用，宣传关工委工作中涌现出的先进典型，以扩大关工委的知名度、凝聚力和影响力。

（二）不断补充新力量

关工委是以离退休老同志为主体的群众工作组织，要保持旺盛的生命

力，应尊重自然规律，每年都要吸收一些刚从工作岗位上退下来的同志参加进来，年龄较大的同志可以退出。组织人事部门每年要为关工委推荐一些相对年轻、身体好、能力强、有威望、热爱关心下一代事业的同志参加关工委工作，以增加工作的生机和活力。

（三）做好参谋助手

关工委是以关心、教育、培养各族青少年健康成长的群众性工作组织，是党和政府教育青少年的参谋和助手，联系青少年的桥梁和纽带，是配合、协助党政职能部门培养、教育青少年，既要满腔热情，主动作为，又要做到有位不越位，配合不代替，协同不主导。要根据党的中心工作，深入基层，深入青少年中进行调查研究，抓好典型，形成具有宁夏地区特点、民族特色的工作品牌，做出成绩，在全社会推广。

（四）培育和践行社会主义核心价值观

关工委的工作很多，应把在青少年中开展培育和践行社会主义核心价值观作为最主要的工作和各项活动的永恒主题。关工委拥有一大批经过党培养教育和革命、建设、改革实践培育的德高望重的老同志，他们长期从事革命和建设事业，有丰富的经历和高尚的思想品格，对下一代健康成长有着强烈的使命感和责任感，组织他们以自身的经历讲理想信念，讲革命传统，最有说服力，效果最好。各地关工委要充分发挥“五老”的优势，组织他们到学校、社区结合宣讲党的十八届四中全会精神，讲解社会主义核心价值观，使广大青少年都牢记、理解“三个倡导”二十四个字的精神实质，人人都成为社会主义核心价值观的践行者、推动者、引领者。